新剩余理论

揭示商业秘密的认知重构

沈超红 著

清华大学出版社
北京

内 容 简 介

新剩余理论是对利益相关者理论，对客观价值论和旧剩余理论进行批判性思考的产物。该理论的解释力很强，是一种具有普适性的理论。它为理解经济现象，但不限于经济现象，提供了一个独到的视角。在微观上，该理论解释了交易的形成、领导地位的形成、朋友圈的形成、企业的本质；在宏观上，该理论解释了创造性破坏的创新何以可行、人类文明的测度以及人类智力进化的缘由。

本书的适宜读者为经济管理领域的实践者、研究者，对理论建构过程感兴趣者，以及有求知欲、好奇心、愿意提升自己的广大读者。

本书封面贴有清华大学出版社防伪标签，无标签者不得销售。

版权所有，侵权必究。举报：010-62782989，beiqinquan@tup.tsinghua.edu.cn。

图书在版编目（CIP）数据

新剩余理论：揭示商业秘密的认知重构 / 沈超红著.
北京：清华大学出版社，2025.1.
ISBN 978-7-302-68110-6

Ⅰ．F031
中国国家版本馆 CIP 数据核字第 20250N28A3 号

责任编辑：左玉冰
封面设计：徐　超
版式设计：方加青
责任校对：宋玉莲
责任印制：刘海龙

出版发行：清华大学出版社
网　　址：https://www.tup.com.cn，https://www.wqxuetang.com
地　　址：北京清华大学学研大厦 A 座　　邮　编：100084
社 总 机：010-83470000　　邮　购：010-62786544
投稿与读者服务：010-62776969，c-service@tup.tsinghua.edu.cn
质 量 反 馈：010-62772015，zhiliang@tup.tsinghua.edu.cn

印 装 者：小森印刷霸州有限公司
经　　销：全国新华书店
开　　本：170mm×240mm　　印　张：14.75　　字　数：263 千字
版　　次：2025 年 3 月第 1 版　　印　次：2025 年 3 月第 1 次印刷
定　　价：128.00 元

产品编号：106564-01

Nothing is quite so practical as a good theory.
没有什么东西，比一个好的理论更具有实践意义。

—— Andrew H. Van de Ven, 1989

目 录

序一 ··· VII
序二 ··· XI
前言 ··· XVII

第一部分　CHS 理论的建构

第 1 章　CHS 理论的缘起 ································· 2
　1.1　什么是 CHS 理论 ··································· 2
　1.2　CHS 理论产生的具体过程 ······················· 4
　1.3　CHS 的理论渊源 ··································· 6
　1.4　此剩余不是彼剩余 ································· 8
　1.5　此剩余与利润及机会成本的解释力 ··········· 10
　1.6　利益相关者理论为何如此流行 ·················· 11

第 2 章　CHS 理论解释和预见的现象 ················ 21
　2.1　为人处世 ·· 21
　2.2　方案评价 ·· 23
　2.3　问题解决 ·· 25
　2.4　企业的本质 ··· 26
　2.5　公地的另一面 ··· 28
　2.6　文明的测度 ··· 30

第 3 章　CHS 理论的深化 ································ 33
　3.1　CHS 理论的边界 ····································· 33
　3.2　CHS 理论的公理化 ································· 37
　3.3　CHS 理论的形式化 ································· 39
　3.4　CHS 大小的测度 ····································· 40
　3.5　CHS 理论的操作化 ································· 41
　3.6　CHS 理论的动态性 ································· 44

第 4 章　CHS 理论与相关理论的对比 ··············· 45
4.1　利益相关者理论 ··············· 45
4.2　消费者剩余理论 ··············· 46
4.3　双赢策略 ··············· 47
4.4　效率工资理论 ··············· 48
4.5　激励相容理论 ··············· 50
4.6　强制执行的制度、自动执行的制度 ··············· 51
4.7　创业有哪些理论 ··············· 52
4.8　国际贸易理论 ··············· 55
4.9　帕累托改进、创造性破坏 ··············· 57
4.10　CHS 理论建构小结 ··············· 59

第二部分　CHS 理论的主要应用

第 5 章　高被引商业模式理论论文解构 ··············· 61
5.1　引言 ··············· 61
5.2　"魏-朱商业模式"一文的学术贡献 ··············· 62
5.3　"魏-朱商业模式"理论建构中的局限 ··············· 63
5.4　"魏-朱商业模式"理论的修正 ··············· 65
5.5　结论与讨论 ··············· 71

第 6 章　一个指导创业实践的准企业理论 ··············· 73
6.1　引言 ··············· 73
6.2　文献回顾 ··············· 74
6.3　研究方法 ··············· 78
6.4　研究发现 ··············· 83
6.5　讨论 ··············· 84
6.6　结束语 ··············· 87

第 7 章　共享经济为什么能爆炸性增长 ··············· 89
7.1　Airbnb ··············· 89
7.2　Uber ··············· 97
7.3　WeWork ··············· 100
7.4　三个案例的共性发现 ··············· 105

第三部分 CHS 理论应用的拓展

第 8 章 单位住房分配的帕累托改进
——第三方评估合理吗 ····· 109
- 8.1 单位现行住房调配方式的典型问题 ····· 109
- 8.2 住房分配的消费者剩余与供给者剩余分析 ····· 110
- 8.3 几种帕累托改进的方法 ····· 111
- 8.4 结束语 ····· 113

第 9 章 锚定效应与消费者购买意愿关系研究
——高价产品为何能促销 ····· 114
- 9.1 引言 ····· 114
- 9.2 研究假设 ····· 115
- 9.3 研究方法 ····· 118
- 9.4 研究结果 ····· 121
- 9.5 研究结论 ····· 125

第 10 章 共享经济背景下政府规制与供给意愿关系研究
——如何提高供给意愿 ····· 127
- 10.1 引言 ····· 127
- 10.2 典型案例 ····· 128
- 10.3 研究假设 ····· 130
- 10.4 研究方法 ····· 132
- 10.5 研究结论与启示 ····· 140

第 11 章 合约安排与节能服务项目的市场拓展
——如何制定有效合约 ····· 142
- 11.1 引言 ····· 142
- 11.2 案例 ····· 144
- 11.3 合约安排的有效性解释 ····· 147
- 11.4 结语 ····· 149

第 12 章 合约安排与市场拓展关系研究
——合约成败的根源 ····· 150
- 12.1 文献回顾 ····· 150

12.2 研究方法 ··· 153
12.3 案例及其结果 ··· 154
12.4 理论模型与结果分析 ··· 157
12.5 结论 ··· 161

第13章 "合约相关者剩余"视角下的"封贡互市"协议
——贸易能终结战争 ··· 163
13.1 "合约相关者剩余"的基本概念 ·· 163
13.2 CHS视角下"封贡互市"协议的有效性 ··································· 164
13.3 "封贡互市"有效性的边界条件 ·· 166
13.4 小结 ··· 167

第14章 基于"合约相关者剩余"的商业模式研究
——何为有效的商业模式 ·· 169
14.1 研究背景 ··· 169
14.2 研究现状 ··· 170
14.3 基于CHS理论的商业模式 ··· 171
14.4 基于CHS理论的商业模式的实证研究 ···································· 176
14.5 研究结论与讨论 ··· 183

第15章 创业绩效结构探索与合约解释
——如何度量创业的成功程度 ·· 186
15.1 引言 ··· 186
15.2 创业绩效结构的研究假设 ··· 187
15.3 创业绩效结构的研究结果 ··· 189
15.4 创业绩效结构研究的结论与讨论 ·· 190

参考文献 ··· 195

后记 ··· 211

序 一

● 王建国 ●

学者的使命是创造知识。合约相关者剩余理论,是沈超红教授独创的一套融贯经济学和工商管理学的理论。深入阅读本书,必受益匪浅。

按照现有的经济学,社会要寻求和证明一套经济制度和治理结构使人人自利社会得益,使社会福利最大化。工商管理学则是在给定的制度约束和人性假设的前提下寻求与证明一套最佳的公司治理结构、管理制度及领导方法,使企业的利润最大化。没有垄断就没有利润,企业必须追求垄断,管理是为了提升企业的效益,所以是提升企业垄断的学问。竞争程度越高,价格越低,质量越好,资源配置越合理,对消费者和全社会越有利,这正是经济学的目的,所以说经济学是追求完全市场竞争的学问。

然而,学界对现代经济学有多方面的批判。例如:对假设的合理性的批判,如理性假设、完全市场竞争假设等;对狭隘价值观的批判,将经济行为和效率作为最高目标,忽视了其他的价值维度;对数学建模的局限性的批判,忽视了现实社会的复杂性和不确定性;对用自然科学的范式追求确定性和普适性规律的批判,认为难以很好地解释复杂的经济现象。下面从七个方面看经济学家对现代经济学的批判创新。

(1) 生产者生产函数中没有制度安排的变量,产量只是劳动和资本的函数。这一漏洞的填补产生了新制度经济学。

(2) 消费者效用函数中效用仅仅是消费者自己绝对消费变量的函数,但它同时也是与他人比较的相对消费变量的函数。这一漏洞的填补产生了相对效用理论，这也是我的博士论文研究的主题，有多篇论文发表在国际学术期刊。

（3）消费者的偏好被假设为外生变量，但事实上消费偏好可以是内生变量，如花一定成本就可以戒烟、戒酒。一旦偏好变为内生变量，很多结论，如价格波动对资源配置的影响、定价策略、垄断的效果、价格的需求弹性等，都会改变。这方面也有经济学家研究，我和黄有光教授以及我的博士研究生都有这方面的论文在国际期刊发表。

（4）消费者与生产者分离，劳动分工和专业化这个关键变量对经济的发展演化和配置资源的作用从理论演绎中消失，只剩下价格调节配置资源。这一漏洞的填补形成了杨小凯和黄有光的新型古典经济学，若杨小凯不英年早逝，已经因此而获得诺贝尔经济学奖。

（5）把经济的网状结构网络价值假设为线性结构、线性价值，产业边界清晰，消费过程只消费价值、不生产价值，生产过程只生产价值、不消费价值。在这些假设前提下分析演绎的结果，导致企业的定价空间和盈利空间完全受限于目标顾客的意愿价格、生产者的平均成本和目标顾客的消费者剩余，得出对目标顾客的产品价格小于生产者的平均成本就要亏本，垄断企业一定是限产高价等的结论。我的《1P理论》填补了这一漏洞：从分工与交换出现开始，经济就是网状结构网络价值的，行业没有清晰的边界，消费过程可以同时生产价值，生产过程可以同时消费价值，一切经济活动都产生网络价值，都有第三方关联价值存在，它是扩大企业定价空间和盈利空间的网络价值来源，低于平均成本定价，免费，甚至负数价格照样可以盈利，而且可以大盈利，垄断价格可以比竞争价格更低、产量更大。

（6）为追求市场价值会毁灭使用价值。市场经济驱使人们追求市场交换价值而忽视使用价值，人们生活在市场价值里而不是使用价值里，沉迷在高消费、低使用价值的虚幻幸福感之中，这是人类生活的自我欺骗。

（7）资源稀缺没有考虑资源边际非稀缺，误导了产业政策。边际非稀缺产品指这样的产品：一个产品一旦用一个起始固定成本生产出来，就可以无穷复制而不需任何追加成本，即边际成本为零，或边际成本递减。诸如软件、互联网服务等，其边际成本接近或等于零。

（6）和（7）我本人也有专文讨论，得出可以解决的结论。[见我发表在"人民日报"理论版的《边际非稀缺经济》（2005年）和《1P理论》（2016年版）]

经济学还有不少漏洞。任何学科，所谓科学的结论，都是有漏洞的，都有前提假设条件的局限，都有无穷补漏的过程。这个过程，就是科学发展创新修正完善的过程。

沈教授旁征博引，通过吸收以往经济学、管理学和心理学的研究成果，批判创新经济学和工商管理学的相关理论，基于个人主义和主观价值思想体系，构建合约相关者剩余理论，回答为什么交易会自愿达成的基本问题，论证合约相关者能获得交易剩余是市场制度得以存在的根基，并用以解释经济现象和企业的本质。

按照 CHS 理论，全称是"合约相关者剩余"（Contract Holders' Surplus）理论，交易的达成，不是遵循等价交换的原则，而是遵循主观价值均有剩余、互利共赢的原则。以解释单个交易作为微观起点，演绎和解释综合性的交易为什么可行，包括创业、企业、商业模式，以及创新、创造性破坏的市场经济为什么可行。

CHS 理论把所有的交易，如长期、短期、显性和隐性交易，均视为合约，即交易就是合约，从而使合约概念的内涵大于法律合约概念的内涵，并将所有交易参与者如买者、卖者、创业者、投资者、管理者、员工、消费者等，都视为合约相关者，而合约相关者剩余包含所有交易参与者的剩余，以及传统的消费者剩余和供给者剩余。

CHS 理论把交易契约和契约相关者剩余作为经济学与工商管理学研究的共同主题，把宏观经济和微观经济融入中观经济的层次，这确实是一个独辟蹊径的思路和理论创新。

非常值得期待在现有 CHS 理论的基础上向宏观和微观双向延伸，进一步研究在什么样的市场约束条件下能达到市场均衡，使全社会契约相关者剩余总量最大化，以及单个契约相关者怎样才能达到其剩余最大化的决策，以此为政府经济政策和契约相关者提供更深入、广泛的决策理论和方法论支持。若此，CHS 理论成为一个学派可期。

2024 年 5 月，于北京大学

序二

穿透商业迷雾的新辉

> 朱亚宗

与人类文明同样悠久的商业交易与管理，数千年以来，已有无数智者尽心竭智地进行研究，希望洞察其中的奥秘，更好地驾驭其运行。近代文化与科技的发展，使这一研究插上新的翅膀。然而，资本主义与社会主义经济结构及运行规律的发展，表明商业运行规律在不断变化，相应的理论研究也必须与时俱进。

我以渴望求解的心情读完沈超红教授的新作《新剩余理论》，作者持恒深研的历程、飞鸟俯瞰的视野、顶天立地的建构，以及基于融合中西、综罗众说而独辟蹊径的理论创见，都令我感佩不已。深入阅读本书的读者自会见仁见智，我仅做抛砖引玉的解读，简述如下粗浅的体会。

一、独树一帜的理论新构

作者在本书中详尽阐述的 CHS 理论，全称是"合约相关者剩余"（Contract Holders' Surplus）理论，简称新剩余理论，是关于商业交易活动的原创性深层理论。这一新颖理论缘起于作者不经意的一个灵感，而后经过十余年宏微相济的持续探索，使原始创意蝶化为精致独到的理论。在我看来，这一理论有三个特点。

1. 综合性

作者基于丰富多彩的学术经历与勤于探索的不懈努力，最后聚焦于商业交易活动，谙熟该领域的各种概念、理论，并以深刻的领悟与独到的见解，将其创造性地转化为 CHS 理论的基本元素与独特结构，使新理论比以往理论更为精确与简约。如关于"剩余"概念："'合约相关者剩余'概念，一方面，拓展和整合了剩余的'主体',使之更为简洁,用一个概念,概括了所有交易主体的剩余(这里的'交易主体的剩余',意指交易所以能达成,是因为交易为各方都创造了价值,所创造的价值被称为交易的剩余——引者),不仅可表示消费者剩余、生产者剩余,还包括企业家剩余、管理者剩余、投资者剩余、中间商剩余等,无须给不同交易主体的剩余以不同的名称;另一方面,结合了'锚定效应'的概念,以揭示'保留价格',即愿意成交的最高价格或最低价格的形成机制。"

但是吸纳相关的概念,并非只是简单地归并,常常需要进行创造性的转换。作者生动地描述了"合约相关者""合约相关者剩余"概念形成的创造性转化过程,这是包含阅读联想、类比、构造的创新过程:"一次,笔者从阅读词条 organizational effectiveness ('组织绩效'——引者)中得到启发,该词条指出,如果把组织看作一个合约中心,组织绩效就可以用合约各方的满意度来测量。'合约'一词使笔者想起了'消费者剩余'和'供给者剩余'等重要概念,结合当时流行的'利益相关者理论'(Stakeholder Theory),很自然地提出了'合约相关者剩余'概念。"

"合约相关者剩余"的概念理论,看起来似乎不怎么复杂,所包含的元素不是很多,但是,任何一个有效新概念的生成,都是一个前所未有的创新,都是创造者长期探索的结晶。普朗克于1900年提出的"量子"概念,不过是一个两个字的新概念,却是一系列持久深入探索的结果:研究经典物理难以解释的黑体辐射实验、改造描述黑体辐射现象的两个公式——维恩公式与瑞利-金斯公式为统一的普朗克公式,从经典物理基础理论推导出普朗克公式,上述最后一个环节使普朗克突发一个创造性灵感:黑体的能量辐射不连续,而呈分立的量子性,由此开启了人类通向量子世界的科学大门。人们怎能轻看普朗克只有两个字的"量子"概念创新呢?本书作者持续十余年,探索所创的CHS新概念与新理论也不失为商业交易领域一个令人钦佩的创新业绩。

2. 能动性

同是概念与理论,对主体的能动性激励大有区别。如"读书"与"实践",对学习和行动的影响必有不同,"字斟句酌"与"知行合一",对古文爱好者言行的影响也会有别。马克思主义认识论重视认知,更强调行动。他创造并阐发了区别于黑格尔唯心主义与费尔巴哈机械唯物主义的核心观念——实践,倡导主观性与客观性的辩证结合。《关于费尔巴哈的提纲》一文特别强调从主观方面去理解的新的认识论:"从前的一切唯物主义——包括费尔巴哈的唯物主义——的主要缺点是:对事物、现实、感性,只是从客体的或者直观的形式去理解,而不是把它们当作人的感性活动，当作实践去理解，不是从主观方面去理解。……哲学家们只是用不同的方式解释世界，而问题在于改变世界。"（《马克思恩格斯选集》，第一卷，人民出版社，1972年，16-19页）

CHS理论所以被称为能动性强的理论，是因为这一理论非常契合马克思认识论的实践观念，是客观性一面与主观性一面辩证结合的理论，而此前的"剩余""利润"等商业交易所追求的指标，往往强调客观性一面，正如本书作者所揭示的："资本家既是资本所有者，又是资本使用者……拥有全部的剩余索取权。不难看出，这种剩余，即余额是一种客观价值，而CHS理论中的'剩余'则是一种主观价值。"

至于消费者剩余的概念含义，CHS理论汲取"马歇尔的消费者剩余（consumers' surplus）概念，吸收了其'剩余'的核心思想，即'剩余'为愿意成交的、主观的'保留价格'与客观的实际'成交价格'之差"。

"剩余与利润不同，前者是一种主观价值，而后者是一种客观价值，有剩余不等于有利润，有利润也不等于有剩余。"

毫无疑问，由于CHS理论比传统的剩余理论更强调主观性价值的一面，因此对消费者商业交易行为的激励更为强烈，最终会对推进与持续经济繁荣产生深远的影响。

3. 兼容性

人类文化史上成功的创新理论无不兼容原有理论的合理性因素，同时又将其扩充提升到新的高度。马克思主义理论即扬弃黑格尔哲学、李嘉图经济学与空想社会主义的产物，爱因斯坦狭义相对论与广义相对论是对牛顿力学引力理论的扬弃，而量子力学则是对经典微观物理的扬弃。CHS理论也是对一系列相关理论扬弃后的创新理论，因此与曾经热门或尚在流行中的许多理论兼容，并有自身独到的优长。本书列举了与CHS理论相关的九种学界公认或流行的理论：利益相关者理论，消费者剩余理论，双赢策略理论，效率工资理论，激励相容理论，强制与自动执行制度理论，创业理论，国际贸易理论，帕累托改进与创造性破坏理论。

作者对九大理论逐一分析，并与CHS理论进行比较。如关于自动执行制度，是指"对于国家制度、公司规定或者与他人之间的协议等，参与者将积极主动地去执行和达成，不需要外部的强迫或督促，更加具有主观能动性。例如：百姓每年主动购买养老保险、医疗保险；营销人员将努力完成业绩指标以获得绩效奖金；等等"。对上述唯象理论，CHS理论揭示了其深层的原因："CHS理论认为，当合约相关者均有剩余时，合约就会自动执行。制度之所以能够被自动执行，正是因为它给各主体带来了剩余。自动执行的制度具有激励和引领作用，它能给积极遵守、履行制度的参与者带来益处。"

关于双赢策略理论，从质性研究视角而言，与 CHS 理论似乎相同，但是作者从量性研究视角指出，"双赢策略中的'赢'的内容模糊，并未表明如何测度。而在 CHS 理论中，'剩余'是具体的，是可以进行测度的，即 CHS=$D×C$，其中 D 为交易主体的'保留价格'之差，C 为交易数量"。

作者对 CHS 理论与九大理论的总体评价是：CHS 理论"与以上九大公认的理论具有兼容性，而且揭示了九大理论可行的根本原因……因此，在某种程度上，CHS 理论是这九大理论背后的理论，它更为抽象、简洁，不仅能降低人们的认知负荷，而且能深化人们的认识。正如 Hempel（1967）所言，指向一个概念，或由该概念出发的箭头越多，由该概念构成的理论就越强大。牛顿力学用'力和引力'概念既能解释地上的自由落体运动、单摆运动和潮汐现象，又能解释天上的月球绕地球运动、行星绕日运动、彗星和人造卫星的运动轨迹以及双星互绕定律。因此，牛顿力学是一个接受度很高的伟大理论。显然，CHS 理论只是一个试探性的理论，不能与牛顿力学相提并论，但我仍寄希望于，在读者的批评指正下，发展为一个被广泛接受的理论"。

这一高屋建瓴的评鉴，不仅展示了作者广博的经济管理学理论基础，而且彰显出作者哲学思维与哲经相融的深厚底蕴。

二、积厚流光的学术境界

本书的阅读，不仅在我知识园地里栽入新奇的花木，而且使我深切感受到一位知识创造者非凡的学术境界：在广博深厚的知识积累基础上，自然而然散发出精彩独特的学术辉光。

首先是文理交融。作者有自然科学的专业背景，转向文理交叉的科技哲学与科技史领域后，形成纵览全局、寻根探源的思维方式，后进入经济学、管理学领域深耕，又对实用理性、工具操作等方面有很广的研究。作者丰富的知识积累与学术经历，积厚流光，在《新剩余理论：揭示商业秘密的认知重构》这本新著中，夺目的辉光随处可见。

这方面最令人印象深刻的是，抽象深奥的哲学理性概括与定量计算方法共融于 CHS 理论体系之中，用当其所，各臻其妙，令人感受顶天立地的理论深度。如作者从哲学高度指出理论构造的三种基本路径："其一，经验主义，理论是通过对复杂的现实世界进行抽象归纳而成……；其二，理性主义，理论是通过剖析以往大师的解释，经过演绎推理而成……这种方法追求内部逻辑一致性；其三，规范主义，理论是通过价值观、信念而构建。其主体认为，理论的最佳用途，不是描述现实世界'是什么样'，而是告诉人们世界'应该是什么样'。理论不是捕捉现实的'照相机'，而是产生现实的'发动机'。"作者以这样的哲学性视角，评述了与 CHS 理论相关的某些理论的特性及其局限。

与此同时，作者对 CHS 理论的定量测度与操作化也进行了深入研究与恰当表达。对于商业交易活动，计算公式是

$$CHS = D \times C$$

或

$$CHS_t = \sum_{i=1}^{n} D_i \times C_i \quad （多个交易）$$

其中，CHS 为"合约相关者理论"，D 为买者的"保留价格"与卖者的"保留价格"之差，C 为成交数量。

文理交融之外，本书另一个特点是中西贯通。作者不仅谙熟与 CHS 理论直接相关的西方经济管理领域的九大理论，而且对理论建构有方法论启示意义的马克思经济理论，波普尔、库恩、拉卡托斯等的科学哲学理论（证伪论、规范论等），哈耶克经济观点等，都有介绍或述评。与此同时，作者对中国前辈或同行的创造性工作及指导也给予足够的关注与尊重，如对古祖雪、王重鸣教授方法论启示，王建国教授的"1P 理论"创新，以及提出"基于利益相关者交易结构"的"魏－朱商业模式"创新，等等，都有恰当的引用与述评。而正是在评鉴、综合中西各家理论的基础上，作者原创性地提出了独树一帜的 CHS 理论。

三、不懈探索的治学精神

阅读本书，读者会感受到一种藏于著作文字背后，犹能扑面而来的强烈精神气质——不懈的探索精神。这是与才华、技能相对独立的精神，是对治学者有深远影响的重要素质。

中国古代文豪苏轼，天赋、学力、成就俱臻一流，却特别强调坚韧不拔的精神："古之立大事者，不惟有超世之才，亦必有坚忍不拔之志。"（文婕、宋学海：《唐宋八大家》，云南人民出版社，2011 年，第 243 页）

现代伟大的科学家爱因斯坦，盛赞居里夫人，也以品格为上："第一流人物对于时代和历史进程的意义，在其道德品质方面，也许比单纯的才智成就方面还要大。即使是后者，他们取决于品格的程度，也远远超过通常所认为的那样。"

（许良英、李宝恒、赵中立等编译：《爱因斯坦文集》第一卷，商务印图书馆，1977年，第339页）

中国现代文学家、思想家与革命家鲁迅，对于文学创作也认为"工夫在诗外"，着重精神、态度等因素："弄文学的人，只要（一）坚忍，（二）认真，（三）韧长，就可以了，不必因为有人改变，就悲观的。"（《鲁迅全集》第12卷，人民文学出版社，1991年，第234页）

鲁迅所言三条，皆与创作有关，但非创作才能本身："坚忍"，是克艰攻难的勇气；"认真"，是解决问题的态度；"韧长"，是追求目标的坚持。

中外先贤、大师所总结的千百年来创新者的成功经验表明，全面、深入地认识创造性工作，不能局限于创新成果与专业才能，同时要关注创新者的精神品格，这是人类宝贵的精神财富，甚至是比成果与才能更重要的精神财富，对于著作的阅读者而言，以这样的眼光阅读，可收品智双修之效。

本书作者有丰富而曲折的治学经历，有自然科学专业背景，有中学教师的经历，有科技哲学与科技史研究生经历；长期从事重点大学经济管理学教学与研究工作，曾多次出国做访问学者，也曾在国内多所名牌大学求学访问，是基础坚实、学养深厚、锲而不舍、永不止步的优秀学者。其具有横跨化学、科技哲学、经济学、管理学、心理学等多个学科的知识结构，身为教授而赴浙江大学攻读博士学位，积十余年功力至耳顺之年而完成《新剩余理论》的原创性研究，皆有令人感佩的传奇色彩，虽非出道即巅峰的奇才，却是中国广大学术界后学值得学习效仿的楷模。

最后，就用爱因斯坦喜欢引用的莱辛的名言作为本序的结语：对真理的追求要比对真理的占有更为可贵。

2024年5月，于国防科技大学

前 言

希腊的批判性讨论传统，是一种理性传统，依赖这一传统，科学知识得以增长。科学开始于对神话、对巫术技巧和实践的批判性讨论（Popper，1963）。同理，"合约相关者剩余"理论的产生，得益于对"利益相关者"理论，以及"客观价值论"和"旧剩余理论"的批判性思考。

人际之事，一切皆交易？CHS 理论是解释交易"为什么"能达成的理论。之所以被称为"新剩余理论"，是因为它与"剩余价值"理论采用了同样的词语——剩余（surplus），但其内涵完全不同，而且隐含的"人、物、交换原则、交换结果"前提假设不一样。传统的"剩余理论"暗示了人与人之间不平等，而"新剩余理论"蕴含着人与人之间的平等关系；前者持客观价值论，后者持主观价值论；前者认为交易遵循等价交换的原则，后者认为交易遵循各方均有剩余的原则；前者认为剩余越大，剥削程度越高；后者认为剩余越大，创造的价值越大。因此，从传统的"剩余"到"新剩余"，是一种范式的转换。

在传统的观念中，无商不奸，士农工商的市民排序，都体现对商业的鄙视。持这种观念的人，至今仍然不少。然而，事实上，商业交易，本身就能创造价值，而不是普遍认为的等价交换。如果封闭自我，没有商业交易，任何个人、组织、地区、国家，都不可能致富；可以毫不夸张地说，没有商业交易，也就没有人类文明的演进。因此，对商业交易的认知，亟待重构。

重构需要抽象概括。概括是科学的起源，发现的艺术就是正确概括的艺术（Reichenbach，1959）。十万个现象，给出十万个"为什么"的不同解释，不是科学研究的目标。

CHS 理论隐含着两次概括。第一次概括是，根据现代经济学的观点，将所有的"交易"，无论是长期还是短期，也无论是显性还是隐性的交易，均视为"合约"，从而使合约概念的范围宽于法律的合约概念范围。这样，"一个交易就是一个合约"。买一个包子，就隐含着买卖双方的权利与义务。第二次概括是，将所有直接的交易主体都视为"合约相关者"（contract holders），无论是买者，还是卖者，无论是创业者、投资者、管理者、员工，还是消费者。于是，将"合约相关者"与"剩余"相结合，就得出"合约相关者剩余"这一概念，它可以描述所有直接交易主体的剩余，从而超越"消费者剩余""供给者剩余"等概念的局限性。

概括的结果是，"合约相关者剩余"这一概念获得了很强的解释力。它能统一解释多层面的商业活动，包括一个交易、一个项目、一家企业、一个商业模式，以及"创造性破坏"的市场经济"为什么"可行。

本书由三部分构成，每一部分都包含大量的实例，又有理性思考，期望能雅俗共赏、各取所需。第一部分为CHS理论的建构，包含CHS理论的缘起、理论解释和预见的现象、理论的深化、与其他理论相比增量何在。第二部分叙述了CHS理论的主要运用，通过案例，深化了CHS理论对商业模式、创业、共享经济的理解。第三部分以公开发表的八篇论文，拓展了CHS理论的运用范围。

要说明的是，尽管"剩余"是经济学专业术语，揭示了商业的本质，但是本书并没有预先假定读者具备经济学基础。只要读者有一定的常识，并愿意学到一些多于常识的东西，就可以读懂本书，跟随其论述，一并前行。读者阅读了1.1节以后，就可以跳读，先阅读自己感兴趣的章节。读者如跳读完全书，则对知识产生的全过程有所了解，或许能体会到思维的乐趣；更为重要的是，可感受到理论的魅力，领略到理论对现实世界的强大解释力，从而理解为什么"没有什么东西，比一个好的理论更具有实践意义"。

新剩余理论是基于个人主义、主观价值的整体性思想。新剩余是如何从概念发展成为理论的？Hempel（1967）认为，概念的形成与理论的形成是并肩前进的，因为概念兼具经验与理论含义，在某种意义上，理论是一个由核心概念构成的概念之网，该网络的形成便是理论的形成。那么，新剩余理论的核心概念"合约相关者剩余"是如何产生的？笔者反思发现，这是小概率事件，是一系列偶然事件的结果，并非计划的结果。没有历史提供的机遇，提出这一概念是根本不可能的。

Bacon（1625）有言，读史使人明智，数学使人精细，逻辑使人善辩，诗歌使人灵秀，凡是学问，皆成性格。本人的多学科经历，或许是产生CHS概念的原因之一。

笔者大学专业为化学，为了弄明白化学元素是怎么发现的，化学理论是如何产生的，本人研读了不少科学史、科学哲学方面的著作。后来发现，科学哲学专业招收研究生，笔者也就报考了该专业的研究生，成为中南大学（当时为"中南工业大学",前身为"中南矿冶学院")科学哲学硕士研究生。导师的洞察力、逻辑思辨和建构能力,给笔者留下了深刻的印象,也打下了深深的烙印。而该校陈国达教授是研究生崇拜的学术偶像,他创立的"地洼学说"具有国际性影响,人们根据其理论揭示的成矿规律,找到了石油,挖到了矿。

在专业学习中,Popper(1963)的"猜想与反驳"证伪主义思想,Kuhn(1962)的"范式理论",让笔者感到震撼与惊喜,个别智者的思想,使人类的认知水平大大提升。如果不读书,不与智者对话,一般人的认知,不可能达到这个水平。毕竟,他们是一个世纪的智者、那个时代最聪明的人。可是,纯粹的思辨有点飘,在20世纪90年代,功利主义盛行,纯粹的思辨连生存都可能成为问题。

转机出现了,硕士即将毕业时,中南大学管理学院招聘教师。笔者去应聘,当天借到一本《企业管理学》教材,第二天上午试教该书内容,讲了大约半小时,留苏回国的高阳院长打断了讲课,"好的!就讲到这里吧。"我心里一惊,怎么了?"你和从来没有上过课的人不一样,思路很清晰,逻辑性很强,我们要了。"就这样,一名经济管理基础为零的硕士生,就成为985高校的讲师,放在如今,这根本不可能。

留校后,笔者任教"企业管理学""财政与金融""西方经济学"等课程,所有课程,都是"边买边卖",一边自学耶鲁大学的《微观经济学》《宏观经济学》等经典教材,一边备课上课,有时在去上课的路上,还在看备课笔记。不久,因上课深受学生欢迎等因素,笔者居然成为企业管理系主任。

1997年6月至7月,笔者作为全国56所高校的MBA(工商管理硕士)教师之一,在清华大学接受了沃顿商学院陈明哲教授的培训,其"精于一"的思想深入人心,他原创的"动态竞争理论",使人对理论的创造感觉不再陌生。

1998年2月至7月,出于名校情结,笔者到清华大学经济管理学院访问学习。在"微观经济学"的课程中,教授画了两条简单的需求、供给曲线,用"剩余"概念强有力地解释了干预市场的政策将导致的"净损失",笔者当时就觉得"剩余"这个概念真美,解释力真强!

2003年,笔者成为浙江大学管理学院企业管理专业的博士生,导师对研究方法有深刻的理解。是博士期间的学习,使笔者真正打通了从"猜想"到"反驳"的全过程,包括如何产生新思想(new idea)、如何设计研究、如何收集数据、如何分析数据、检验假设。也就是在攻读博士学位期间,笔者首次提出了"合约相关者剩余"概念。

2010年12月至2011年12月,笔者获得了国家留学基金的资助,到美国伊利诺伊大学香槟分校访问学习。其间,在"组织行为学"研究方法的课程上,偏导数的绝对值大于零,就是研究的价值所在。这种将数学与研究方法联系的跨界思维,给笔者留下了深刻印象。

事实上,"合约相关者剩余"概念亦是跨界思维的结果。"合约"(contract)和"剩余"(surplus),这两个概念均来源于经济学,如果没有教过"西方经济学",或者没有听过清华大学教授的"微观经济学"课程,则笔者不太可能提出"合约相关者剩余"概念。

"相关者"(holders)直接来自"利益相关者"(stake holders)这一管理学概念。CHS 理论的发展多次受到"利益相关者"概念的启发。一次是正向启发,即将"相关者"定义为研究主体。两次为反向启发:一是认识到"利益相关者"边界模糊,提出边界清晰的"合约相关者",即直接交易主体的概念;二是根据其无法有效地解释"共享经济爆炸性增长"这一现象,而引进"锚定效应"(anchoring effect),用"合约相关者剩余"概念解释该现象。同样的道理,如果没有对"利益相关者"这一管理学概念的深刻理解,笔者也不可能提出"合约相关者剩余"概念。

当然,如果不是碰巧受过科学哲学的熏陶,笔者或许压根儿不会想到,要提出一个新概念,以解释发现的新现象,因为传统的教育,在绝大多数的情况下,没有鼓励批判性思维、创造性思维,更不用说提出新概念、创造新理论。

更直接的是,如果笔者不是去浙江大学攻读博士学位,或者导师没有指定博士论文题目,则几乎不可能产生 CHS 概念。

历史本身就隐含着逻辑,根据历史与逻辑统一的原理,以上对 CHS 概念产生的过程进行了简约的回顾。不难看出,CHS 概念的产生是机遇眷顾的结果。为报答诸位智者的启发,笔者期望 CHS 成为一个概括性更强的理论,能更经济地回答一系列现象"为什么"如此的问题。读者如从中获得愉悦、产生共鸣,笔者的努力就更有价值了。

沈超红

2024 年 2 月,于中南大学静宜园

第一部分
CHS 理论的建构

在理论构建的三种方法中，一般认为，理性主义最为理想，它采用演绎逻辑，从几个简单的、不证自明的公理出发，推演出整个理论体系；而经验主义和规范主义都存在明显的局限，经验主义采用归纳推理，从个别事实上升到一般规律，没有逻辑通道，归纳具有不可靠性；规范主义从价值观、信念出发，认为世界"应该"是什么样，认为理论不是捕捉现实的"照相机"，而是产生现实的"发动机"。可是，现实往往不是规范主义期望的那样。好在 Feyerabend（1975）认为，"什么都行"，关键是，提出的理论假说，能产生可检验的蕴含现象。CHS 理论是如何产生的？能解释与预见哪些现象？其简单性如何？与已有的理论相比，增量何在？是本部分要回答的内容。

第 1 章
CHS 理论的缘起

Nonaka（1994）认为，个人的"隐性知识"是知识创造的起点，通过"四化"而螺旋式地发展。CHS 理论的产生，不经意间也经过了"四化"过程：首先，通过阅读哲学、经济学、心理学等"显性知识"而"内化"（internalization）为自己的知识；然后，经面对面的沟通，将导师及陈明哲、李德昌等学者的"隐性知识"转化为笔者的知识，实现了知识的"社会化"（socialization）；再通过一系列的实证研究，将笔者的"隐性知识"转化为"显性知识"，实现了知识的"外化"（externalization）；最后，将笔者的"显性知识"与前人的"显性知识"相结合，实现了知识的"结合化"（combination）。

1.1 什么是 CHS 理论

什么是合约相关者剩余理论？它是回答交易"为什么"可行的理论，因为交易能创造价值。只有当交易为各方都创造了价值，即为各方均产生了剩余，交易才能达成。为便于记忆，可把该理论称为"新剩余理论"，其经验含义，可从以下实例获得。

有一次，笔者在小校门的报刊亭发现了一张微软百科光碟，当笔者支付完 7 元拿到心仪已久的光碟，正准备离开时，报刊亭的老板却突然叫住了笔者，说："哦，我忘记了，这张光碟已经有人预订了，请你把光碟退给我，我把钱还给你。"

现在，请你设身处地地想一想，如果是你买了这张光碟，你是否愿意退？

绝大多数人是不愿意退的，为什么不愿意退？根据购买前、中、后的顺序，人们可以提出各种解释。

有人说，既然是心仪已久的光碟，那么我一定花费了不少时间寻找，好不容易获得，当然不愿意退。

又有人说，交易已经达成，钱货两清，老板的疏忽，不是我的错，所以不愿意退。

还有人说，退了以后，我还得花时间去寻找，并且不一定能找到，所以我不愿意退。

以上回答都有一定的道理，但这些解释是散装的、碎片化的，没有抽象出概念、上升到理论。而智者却能从这稀松平常的交易中抽象出学术概念——消费者剩余，从而更深刻地解释了为什么不愿意退。

如果笔者买这张光碟愿意成交的最高价格是 100 元，实际成交价格为 7 元，那么笔者获得了 93 元的"消费者剩余"，也就是说，笔者还剩 93 元没有支付出去。换句话说，笔者赚了 93 元。如果退回光碟，笔者就没有消费者剩余，也就没有赚了。因此，笔者不愿意退。

另外，报刊亭的老板为什么同意 7 元卖出光碟？如果他 2 元进的货，愿意成交的最低价格为 4 元，实际成交价格为 7 元，那么他获得了 3 元的供给者剩余（suppliers' surplus），也就是说他多赚了 3 元。

抽象地来说，买卖双方都有剩余，交易才能达成。其中，买方的剩余，等于其愿意成交的最高价格，减去实际成交的价格；卖方的剩余，等于其成交的实际价格，减去愿意成交的最低价格。

综合来看，一笔交易就是一个合约，直接交易的主体就是合约相关者。于是，可概括出一个新的概念——合约相关者剩余。它用一个概念包括了所有交易主体的剩余，从个体层面看，它是指每个交易主体的剩余；从交易的整体层面看，它是指一个交易的总剩余，即各交易主体的剩余之和，以上光碟交易的总剩余之和为 93+3=96 元，这就是该交易创造的价值。

合约相关者剩余理论认为，一个交易只有各直接交易主体均有剩余时，才能自动执行。在买者愿意成交的最高价格与卖者愿意成交的最低价格之间的任意一个价格，买卖双方都有剩余，均可成交。

买者愿意成交的最高价格与卖者愿意成交的最低价格，是两种不同的价格，如何进一步创造一个概念概括这两种价格？

显然，对于绝大多数人来说，要创造一个概念，以概括这两种价格，是一件难事。终于有一位智者解决了这个问题，他提出保留价格（reservation price）以概括这两种价格。当价格高于买者愿意成交的最高价格时，买者就保留其货币；当价格低于卖者愿意成交的最低价格时，卖者就保留其商品。因此，保留价格就是成交的两个极限价格，一笔交易的总剩余，就是买者与卖者的"保留价格"之差。上述光碟交易的总剩余为 100-4=96 元。

知识的本质就是抽象概括，而抽象概括要看到不同中的相同、相同中的不同。从买到光碟，不愿意退还的事例中，可抽象概括出"消费者剩余""合约相关者剩余"和"保留价格"等概念。从此,掌握了这些概念的人与没有这些概念的人,看到的世界就不一样了。正如 Wittgenstein（1921）所说,语言的界限,即我们认识世界的界限。你掌握的概念体系越复杂、越精细,那么你看到的世界就越精妙。

不仅如此,概念还能塑造你的大脑。1985 年夏,将要获得诺贝尔文学奖的卡尔维诺（Calvino）,文理兼通,因脑出血开颅,主刀医生惊叹道,我从未见过任何人的大脑结构像卡尔维诺那样复杂而精致。

更为重要的是,一个以核心概念为中心的概念之网,就是理论。在概念的网络中,指向一概念的箭头和由此出发的箭头越多,则以该概念为核心的理论就越强大。CHS 理论就是以"合约相关者剩余"概念为中心的概念之网。

1.2　CHS 理论产生的具体过程

"合约相关者剩余"概念是笔者在构思博士论文时不经意中提出的,而后来挖掘其解释与预见现象,揭示其理论的前提假设,开发其操作工具,厘清与已有理论的关系,则断断续续思索了十余年。

2003—2006 年,笔者在浙江大学攻读博士学位,导师将其主持的国家自然科学基金重点项目"基于人—职—组织匹配的企业家成长机制与创业环境研究"的子课题"创业绩效结构及其形成机制研究"分配给笔者,作为博士论文题目。拿到该题目,笔者不知其意,又不敢问导师,因为在一次例会散会时,有一同门问道,"王老师,我这个论文要怎么做?"导师回答说,"我知道怎么做,那还要你做干什么?"笔者一时无从下手,只好埋头阅读文献。

在阅读中笔者发现,关于创业绩效,缺乏统一的认识,大多是用一些指标直接测量,为何如此测量创业绩效,则缺乏理论依据。对创业绩效本身研究的英文文献,只有一篇,因为难达成一致意见,该文甚至建议放弃"创业绩效"这一概念。2004 年,Mair 和 Rata 提出多维创业绩效模型,它包括财务绩效、员工满意度、客户满意度。该构思的长处是"员工满意度与客户满意度"是导致财务绩效的过程绩效,并且有内外对称之美；但美中不足的是,该构思过于一般化,没有反映创业的独特性,更适合测度成熟企业的绩效。为了更好地反映创业企业的特点,笔者将员工满意度、客户满意度分别改造为员工承诺度、客户信任度。

后来,在文献阅读中,笔者发现"企业生存"与"企业成长"是两个被广泛认可的创业绩效维度。这样,反映创业自身特点的四维度绩效模型初步成型。尽管该模型具有对称性,即员工承诺与客户信任在空间上对称,企业生存与企业成长在时间上对称，但是，研究要理论导向，笔者难以容忍指标的简单堆砌，希望揭示指标背后的理论基础。

一次，笔者从阅读词条 organizational effectiveness 中得到启发，该词条指出，如果把组织看作一个合约中心，组织绩效就可以用合约各方的满意度来测量。"合约"一词使笔者想起了"消费者剩余"和"供给者剩余"等重要概念，结合当时流行的"利益相关者理论"（Stakeholder Theory），很自然地提出了"合约相关者剩余"概念。此时，该概念并没有与以上四个维度产生联系。

在一次国际会议的茶歇时间，一位同门师弟说："你上次报告的合约理论很有意思，是否还在做？"一语惊醒梦中人，笔者恍然大悟：两个孤立发现的知识点之间有内在的联系，四个绩效维度后面有一个共同的理论基础——合约理论。"企业生存、企业成长"测度了合约的数量、创业的效果，是结果绩效；而"员工承诺、客户信任"测度了合约的质量、创业的效率，是过程绩效。

至此，创业绩效的四个维度，不再是只有对称美，后面还有坚实的理论。当然，针对该构思是否有效，笔者还进行了一系列实证研究检验，对其认识得到了深化与修正，如实验研究发现，创业绩效的四个维度并非同等重要，"企业成长"是其中最重要的一个维度。在博士学位论文答辩后，有几位同门师兄弟认为本人的论文具有原创性。同门的肯定，激励了我持续阅读、观察、思考。

2007 年，笔者申请的"创业绩效结构研究"项目获得了国家自然科学基金的资助。

2013 年在清华大学经济管理学院的"中国管理学者交流营"汇报了"合约相关者剩余"理论，同一小组的清华大学副教授对笔者说："你有你自己的理论，我还没有。"吉林大学管理学院副院长孙乃纪教授说："沈教授的理论很简略、很美。"

"动态竞争理论"的原创者——美国管理学会 2012—2013 年度会长、陈明哲教授则指出："理论向上发展，是哲学理念；向下发展，是开发操作性工具。"智者的一句话，为笔者指明了努力的方向。

2014 年在广州中山大学的学术会议上，笔者再次遇到"势科学"理论的原创者——李德昌先生。笔者直觉认为，李教授的"I（信息）=D（差别）×C（联系）"公式，与 CHS 理论密切相关。会后，笔者与正在斯坦福大学攻读博士学位的儿子讨论，最终得出一次交易的总剩余为：$CHS=D\times C$。该公式保持了原信息公式的"差别"与"联系"的内涵。儿子提示，CHS 是用货币度量的剩余，D 为买者与卖者的"保留价格"之差，已为货币单位，与 CHS 的单位相同，则 C 应该无量纲，推出 C 为交易的数量，显然，C 越大，买者与卖者之间的联系越紧密。

更进一步，如果将 CHS 改为价值 V，则 $V=D \times C$，其普适性更强，如一讲座与学生的认知差异越大、与其工作生活联系越紧，则该讲座的价值越大，一项研究的价值也是如此。

2017 年，笔者申请的"共享经济现象的 CHS 理论建构与实证研究"作为国家社科基金重点项目获得资助。有意思的是，当笔者将申请书征求博士同门的意见时，有同门说："CHS 理论尚未公认，最好不要写在标题中。"笔者回答说："正因为没有公认，就应该写在标题中。"国家社会科学基金是匿名评审，最后获得了资助，说明在某种程度上得到了认可。

在一次给博士生上"学位论文的理论建构与评价"的课上，当笔者将"合约相关者剩余"的英文"Contract Holders' Surplus"首写字母 CHS 写在白板上，忽然发现这几个字母很面熟，低头一想，这就是自己名字英文表述的缩写。冥冥之中，这或许是上天的安排。此时，距离博士毕业已有六七年，说明发现真不是一件容易的事情。

1.3　CHS 的理论渊源

尽管 CHS 概念是不经意之作，它却有着深厚的理论渊源，具体来源如图 1-1 所示。

"利益相关者"概念产生于 1963 年斯坦福研究院，它指的是这样一些群体："没有其支持，组织就无法生存下去"，显然，该概念聚焦于组织自身的生存；Freeman（1984）拓宽了此概念的内涵与外延，将"利益相关者"定义为："能够影响组织目标实现，或受到组织目标实现过程影响的个体或群体"（Donaldson & Preston, 1995）。该概念不仅关心组织自身目标的实现，也关心组织目标实现过程中被影响的个人及群体，这样带来了两个问题。一是概念问题，其内部概念问题是：一方面，该概念边界模糊，影响和被影响的主体边界难以确定；另一方面，内部逻辑不一致，它要求企业不仅追求经济绩效，还追求社会绩效，这就隐含着经济绩效与社会绩效是两个独立、不相关的集合，而实际上，两者的关系是一个交集。外部概念问题是：与公认的、揭示市场经济本质的"创造性破坏"概念相冲突。二是经验问题，与现实的现象相矛盾，如共享经济企业不顾部分利益相关者的利益而能够爆炸性地增长。

为了克服 Freeman 所提出概念的缺陷，在受 Alchian 和 Demsetz（1972）"企业是一个合约中心"以及 Cheung（1983）"企业的合约性质"思想的启发后，笔者回到斯坦福研究院提出"利益相关者"概念的初衷，特提出"合约相关者"

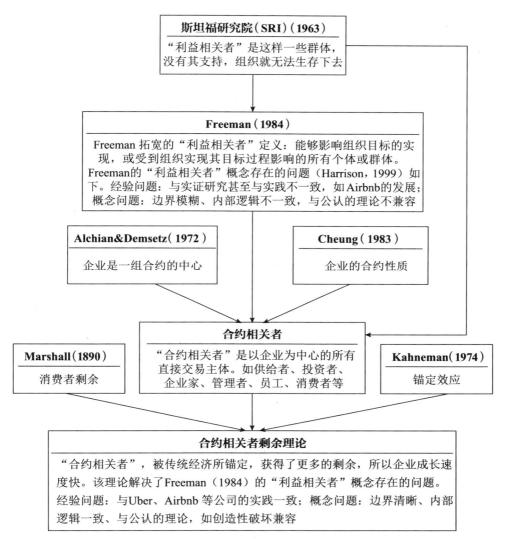

图 1-1 CHS 理论的渊源

概念——以企业为中心的所有直接交易主体,如供给者、投资者、企业家、管理者、员工、消费者等。该概念不但内涵、外延与斯坦福研究院提出的"利益相关者"具有一致性,而且其目的也相同,即关心组织自身的生存与发展。提出新概念,而不直接使用"利益相关者"概念的目的:一是避免与 Freeman(1984)所提出的概念混淆;二是克服了 Freeman 的概念问题与经验问题。然后,笔者借用 Marshall(1890)"消费者剩余"中的"剩余"概念,提出"合约相关者剩余"概念。"合约相关者"是否有"剩余",以及"剩余"多少,往往被主体的经验所锚定(Kahneman,1974)。

不难看出,"合约相关者剩余"概念,一方面,拓展和整合了剩余的"主体",使之更为简洁,用一个概念概括了所有交易主体的剩余,不仅可表示消费者剩余、生产者剩余,还包括企业家剩余、管理者剩余、投资者剩余、中间商剩余等,无须给不同交易主体的剩余以不同的名称;另一方面,结合了"锚定效应"的概念,以揭示"保留价格",即愿意成交的最高价格或最低价格的形成机制。

这样,"合约相关者剩余"概念可以解释共享经济企业为何能够爆炸性增长:以共享经济企业为中心的"合约相关者",被传统经济所锚定(anchoring),即以传统经济作为参照系,获得了更多的"剩余",所以共享经济企业能够爆炸性增长。

1.4 此剩余不是彼剩余

为准确理解 CHS 理论,有必要将 CHS 中的"剩余"与相关概念区别开来。CHS 中的"剩余"是因"交易"而产生,一笔交易的总剩余等于买者的"保留价格"与卖者的"保留价格"之差,而买者和卖者任何一方的剩余,等于交易主体的"保留价格"与实际"成交价格"之差。其中"保留价格"隐含着交易主体所期望的最小净收益(minimum net gain)。无论是买者还是卖者,多于"最小净收益"的收益,才是一笔交易所得到的剩余。

要强调的是,剩余之所以产生,源于同一物品,在不同人的心中,有不同的价值。因此,此"剩余"与彼"剩余"不同,也与"利润"和"组织租"(organization rent)不同。

1.4.1 与剩余价值中的"剩余"不同

马克思认为"只有劳动才能创造价值""剩余价值应该按劳分配"。剩余价值是指在生产过程中,劳动者所创造的超过劳动力价值的那部分价值,即劳动增殖的部分为"剩余"。为了增加剩余,生产资料的所有者(资本家)会想办法强迫工人延长劳动时间,提高劳动强度增加绝对剩余价值;或通过技术进步,提升劳动生产率增加相对剩余价值。按照马克思的剩余价值理论,剩余价值依旧是属于工人的劳动创造,理应该归工人所有,但现实却是被资本家占有,马克思把这种经济学现象称为"剥削"。

因此,虽然在"剩余价值"与"合约相关者剩余"的概念中,两者均使用了"剩余"一词,英文单词也完全一样,均为"surplus",但其内涵却不一样。前者隐含着人与人之间不平等，是一种冲突关系，揭示了剥削的程度，"剩余"越多，剥削程度越深，"剩余"具有负面含义，是贬义词；而后者揭示的是自由人的自由交易，隐含着人与人之间平等，是一种分工合作关系，体现了交易所创造的价值，"剩余"越多，交易所创造的价值越大，"剩余"具有正面含义，是褒义词。

简而言之，从某种意义上来说，从剩余价值的"剩余"到合约相关者剩余的"剩余"，是一种范式的转换，也就是从零和博弈向合作博弈的范式转变。

1.4.2 与剩余索取权中的"剩余"不同

剩余索取权（residual claim）是一项索取剩余的权力，即对资本剩余的索取。其"剩余"是指企业收入减去各项合约支出后的余额，其英文单词"剩余"（residual）与合约相关者剩余的"剩余"（surplus）不一样。

对于一个创业项目来说，剩余索取权是对企业家承担风险的回报。一般而言，索取权的基础是所有权。当资本家用自有资本进行生产和交换活动时，资本所有权和使用权是统一的，资本家既是资本所有者，又是资本使用者。在这种情况下，资本的所有者拥有全部的剩余索取权。不难看出，这种剩余，即余额是一种客观价值，而 CHS 理论中的"剩余"则是一种主观价值。

1.4.3 与消费者剩余的异同

CHS 中的剩余概念，直接来源于马歇尔的消费者剩余（consumers' surplus）概念，吸收了其"剩余"的核心思想，即"剩余"为愿意成交的、主观的"保留价格"与客观的实际"成交价格"之差。

然而，CHS 更为简洁、抽象。它不仅包括消费者剩余在内，还包括生产者剩余、企业家剩余、管理者剩余、投资者剩余、中间商剩余等所有合约相关者剩余。它用一个概念将所有交易主体的剩余包含其中，无须给不同交易主体的剩余以不同的名称。

1.4.4 与"利润"不同

剩余与利润不同，前者是一种主观价值，而后者是一种客观价值。有剩余不等于有利润，有利润也不等于有剩余。

如 A 花费 500 万元建造了一栋房屋，房屋建成后，整个家族发展顺利。B 愿意出价 800 万元购买，A 不同意，他至少要卖 2 000 万元。对 A 来说，尽管有 300 万元的利润，但没有剩余，只有高出 2 000 万元的增量，才是剩余。相反，A 由于某种原因，对此房屋不满，愿意以最低价格 400 万元出售，则 450 万元可以成交。此时，A 没有利润，但有 50 万元的剩余。

此外，"剩余"与"利润"在现实世界中的解释力不一样，其差别见 1.5 节。

1.4.5 与组织租不同

组织租是指企业组织创造的超出单个成员从事生产经营活动收益总和的剩余。其"剩余"的一般计算方式为：组织获得的总收益，减去组织成员作为个人单干的收益之和，它也是一种客观价值。

另外，就边界而言，组织租只考虑了组织内的成员，而没有考虑顾客、供应商等组织外的其他交易主体，因此 CHS 理论的边界要更为宽广。

综上所述，合约相关者剩余概念是"消费者剩余"概念的概括与拓展，反映了交易的本质特征：只有合约相关者"剩余"大于等于零时，交易才能达成，相应的交易方案才能自动执行。它与剩余价值中的"剩余"、剩余索取权中的"剩余"，以及"利润""组织租"均不相同。正因为其内涵不同，所以其解释的现象也不相同。

1.5 此剩余与利润及机会成本的解释力

1.5.1 剩余与利润

在现实世界中，剩余与利润的解释力不一样。利润不是交易的充要条件。有利润，不一定交易；没有利润，不一定不交易，因为，哪怕是纯粹的经济行为，也不是由单一的经济因素所决定的。

首先，"企业家判断有利润，就会投资"这一论断是不严谨的。企业家考虑的，不是是否有利润，而是是否有足够的利润。超过足够利润的利润，才是剩余。有剩余，企业家才会投资；低于足够的利润，则不会投资。如果一个项目只有 1 分钱的利润，企业家会投资吗？肯定不会。因此，更严谨的表述是，企业家认为有剩余，才会投资。不难看出，有利润就会投资，是忽略了个体差异，对同一个项目，不同企业家有不同的最低利润预期，所以，剩余反映了个人主义的特征。

其次，利润是表层的、结果变量，在一定程度上，是创新成功的同义词。而各方均有剩余是潜在的中介变量，它能回答创新何以成功的问题，即能回答"why"的问题。

最后，对投资结果的解释力不一样。同一城市、同一行业的两家企业，一家利润微薄，却仍维持经营，而另一家企业获利更多，却关门歇业。这一现象是利润难以解释的。而用剩余这一主观价值概念，能较好地解释这一现象：只要达到了企业的主观期望，即使没有利润，企业亦会继续运营；相反，倘若没有达到企业的主观期望，即使有利润，如果没有剩余，企业也不愿继续运营。

1.5.2 剩余与机会成本

剩余与机会成本的解释力也是不一样的。按照机会成本的理念，一个收益高于机会成本的选择，就是一个选择集中的最优选择。

然而，人们对失去比对得到更敏感，即失去 1 万元，比得到 1 万元对满意度影响的程度更大。因此，假设甲的最高收益，是在 A 单位工作，则此收益为甲选择 B 单位工作的机会成本，B 单位收益，若只比 A 单位好一点，甲不会跳槽去 B 单位，只有当 B 单位的收益高出足够多的时候，即有剩余时，甲才会跳槽。所以，剩余是比机会成本更充要、解释力更强的概念。

1.5.3 解释力不同的原因

为什么剩余比利润、机会成本的解释力更强？因为利润、机会成本是纯粹的经济学概念，它们只考虑了单一的经济因素对决策的影响，而剩余是一个隐含综合因素的经济学概念。显然，人们的决策，哪怕是经济决策，不是由单一经济因素所决定的，而是综合考量的结果，例如情感、信仰、迷信、社会关系等因素，对经济决策有不可忽视的影响。恰似对一老师满意度的评价，综合考虑所有因素，比只考虑单一指标更精准。因为前者吻合了所有学生内在的评价结构，包括指标和权重，而后者很难吻合。

1.6 利益相关者理论为何如此流行

合约相关者剩余理论在一定程度上，是对"利益相关者"理论的改进。因此，有必要对它存在的问题及其流行的原因进行分析。

"利益相关者"理论，从 1963 年被斯坦福研究院提出以来（Freeman，1984），在商业社会、政治等领域占据了越来越重要的位置，被广泛运用在企业战略制定、企业社会责任、商业伦理、政策制定中（Bidhan et al.，2010）。在商业社会领域，花旗集团、辉瑞制药、联合利华等表示，它们的商业任务和战略的基石是建立和维护强大的利益相关者关系（Kull et al.，2016）。在政治领域，某些国家以自己是利益相关者为由，干预南海问题，增强了问题的复杂性和模糊性，"利益相关者"理论已成为干预者的托词（2010）。从这些实例可看出，"利益相关者"

理论虽然很"好用",但也存在着"边界模糊不清"等问题。

"利益相关者"理论,不仅在实践领域被广泛运用,而且引起了学术界的广泛关注。以"利益相关者理论""stakeholder theory"为关键词,分别在中国知网和 Web of Science(WOS)中检索它们在文献标题中出现的次数,变化趋势如图 1-2 所示。

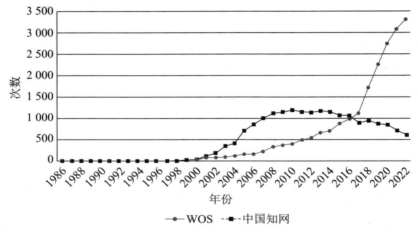

图 1-2　国内外研究数量趋势

由图 1-2 可知,不论国内外,关于"利益相关者"理论的研究,在 2000 年以前,相关文献数目都较少,尚处于待开发阶段。2000 年以后,国内外关于"利益相关者"理论的相关文献数量迅猛增长。在国内,即使 2017 年热度稍显下降,在 2022 年仍发表相关文献 500 篇以上。而在国外的相关研究则一路持续增长。

"利益相关者"理论为何如此受欢迎?通常,学者们会归因于该理论的正面影响。该理论的支持者们表示,企业可以运用该理论为股东以外的利益群体创造价值,从而促进了该理论的运用。但是,当"利益相关者"理论被笼统使用时,它对管理的指导和影响几乎是无限制的,这一事实会直接导致该理论具有很大的力量(Phillips et al.,2003)。这样,"利益相关者"理论的缺陷或许是其流行的又一原因。探索该理论流行的原因,可以深化对该理论的认识,更有效地指导实践,减少对该理论的滥用。

1.6.1　利益相关者理论流行的原因

从上一部分的数据分析可知,"利益相关者"理论的研究热度在国内外都迅猛增长,通过对国内外文献的深度研究,发现了该理论的正面影响、自身的缺陷是其流行的表层原因,而该理论的构建方式是其流行的深层原因。

1. 理论的正面原因

一个理论的流行,离不开它的初衷。"利益相关者"理论产生,挑战了"股东利益最大化"的管理地位(Friedman,1962),成为公司治理新模式。"股东利益最大化"这一思想,造成了组织及其利益相关者之间的冲突,产生了潜在的负面结果(Lampe,2001)。文献研究发现,"利益相关者"理论对学术研究和企业实践有着深度的正面影响,这是其流行的主要原因。

1)抨击了"股东利益最大化"思想

"利益相关者"理论的主张是,关心所有合法"利益相关者"的内在价值。它排斥单一股东利益最大化,反对"利己主义",无论是个人还是企业都不应该只关注自己的利益,而应该倡导保证"利益相关者"的利益,更好地服务社会(Jones & Wicks,1999)。"利益相关者"理论以"规范性"作为基础,认为关心其他"利益相关者"的利益是企业内在价值所在(Hendry,2001)。它的出现,引发了企业管理中对"股东利益最大化"战略的质疑,从新的角度思考企业治理。同时,对利益相关者的关心,使得企业的目标发生转变,从单一经济价值转变为企业多重价值的结合。

于是,"利益相关者"理论与"股东利益最大化"思想之间产生了不断的争议,Friedman(1962)认为,经理人是为了实现股东利益最大化,才去关注关键利益相关者。而"利益相关者"理论,则从内在价值出发,认为每一个利益相关者都有相应的所有权,应该关注他们的利益(Bidhan et al.,2010)。这种争论,引发了学者们对"利益相关者"理论不断的讨论和研究。

2)整合了分散的企业利益群体

"利益相关者"是一个很有力的术语,正是由于"利益相关者"概念囊括了企业相关的利益个体和群体,它们才有了统一的名称——"利益相关者"。将与组织利益有关的、原本分散的群体,如股东、员工、客户、供应商等,联合起来,统称为"利益相关者",为往后的研究提供了便利性。

3)提高了对商业伦理的重视

利益相关者理论是现代商业伦理的一个重要组成部分。随着社会问题的不断出现,包括环境破坏、员工不合理待遇、产品缺陷等,商业伦理的落实变得越来越重要,而"利益相关者"理论是组织管理和道德规范的理论。一方面,从文献分布情况来看,大部分与"利益相关者"理论相关的研究都发表在与商业伦理相关的期刊上,尽管其他学科已经有过并扩展了"利益相关者"理论的研究,但是那些直接分析和发展"利益相关者"理论内容的成果,绝大部分来自商业伦理领域。这部分说明"利益相关者"理论已经演变成理解商业伦理的主要理论之一。另一方面,"利益相关者"理论将商业和伦理融合在理论中,认为两者不能分开讨论(Tullberg,2013),它明确将道德和价值观当作管理组织的核心特点(Harrison & Freeman,1999)。

4)强化了企业社会责任的落实

更激烈的竞争、更发达的媒体,造成了更复杂的管理情境,促进了企业责任的敏感性。在这种情形之下,也引发学术界和企业对"利益相关者"的关注,使管理者不得不考虑这些非股东利益相关者的利益(Freeman,1984)。企业社会责任(Corporate Social Responsibility),作为"利益相关者"理论的一个组成部分,管理者必须了解他们的所有者和其他利益相关者的合法性要求,以及每一个群体拥有的强制执行这些诉求的权力。积极进取的企业将逐渐利用企业社会责任更有效地创建和更新竞争优势(Munilla & Miles,2005)。一方面,管理者为了维持良好的企业声誉,通过"利益相关者"管理来解决冲突问题。同时,通过弘扬"利益相关者"管理,加强了企业对非股东利益相关者的重视,一定程度上维护了弱势利益相关者的利益。

不难看出,"利益相关者"理论对学术研究和企业实践产生了积极的影响,从追求"股东利益最大化"到关注"利益相关者"的转变,为非股东利益相关者带来了好处,降低了社会冲突。正是这些正面影响,使"利益相关者"理论受到广泛的关注,同时运用该理论进行管理指导的企业也越来越多。

2. 理论自身缺陷的原因

"越完美的学科,历史越短"(Barber & Andrew,1997),言下之意,越不完美的学科,历史越长。对于理论也是如此,理论越不完美,其发展周期越长。"利益相关者"理论正是如此。

1)"利益相关者"理论的"概念问题"

Laudan(1977)认为,"概念问题"指的是有关结构(例如:理论)的基础是否牢靠得更高一级的问题,它分为两种情况:一种是"内部概念问题",即显示出某种内部不一致,或是基本范畴含混不清。另一种是"外部概念问题",即与其他理论不兼容。

而"利益相关者"理论的"内部概念问题"主要表现为概念不统一、边界不清晰、内部逻辑不一致等问题。"外部概念问题"表现为与Schumpeter(1942)的"创造性破坏"相冲突。其具体表现如下。

第一,概念不统一。利益相关者是一个很有力的术语,在一定程度上是因为其概念的广度。这个概念对不同的人来说意味着不同的东西,因此引起各种各样的学者和实践者的赞扬或蔑视。这样广泛的解释,虽然是利益相关者理论的最大优势之一,也是其最突出的理论缺陷之一(Harrison & Freeman,1999)。从 1963 年出现至今,对于该概念的表述很多,但没有一个定义得到普遍认同(Errigo,2016)。Mitchell 等人(1997)曾总结了"利益相关者"的 27 种代表性概念表述,本书通过梳理,总结了以下有代表性的定义,如表 1-1 所示。

表 1-1 利益相关者定义

来　　源	定　　义
Stanford memo（1963）	"利益相关者"是这样一些群体,没有其支持,组织就无法生存下去
Corneal & Shapiro（1987）	拥有合约的债权人
Evan & Freeman（1988）	在企业中拥有债权或合约
Freeman & Evan（1990）	合约持有者
Freeman（1984）	能够影响组织目标的实现,或受到组织实现其目标过程影响的所有个体或群体
Savage 等（1991）	在组织行动中存在利益,并且有能力去影响组织行动
Clarkson（1995）	在企业或者企业活动中拥有所有权、权利或者利益
Donaldson & Preston（1995）	在企业活动的过程中以及(或者)本质上,拥有合法利益的个体或群体

"利益相关者"概念最早出现在斯坦福研究院 1963 年的备忘录中,其认为"利益相关者"是这样一些群体：没有其支持,组织就无法生存。其思路主要从企业利益出发,界定利益相关者与组织之间的关系(Donaldson & Preston,1995)。

而在所有文献中,Freeman(1984)的定义引用最多,他认为,"利益相关者"是"能够影响组织目标实现,或受到组织目标实现过程影响的个体或群体"(Donaldson & Preston,1995)。这一定义直观地描述了利益相关者与组织之间的互惠关系,涵盖的范围很广,它认为对企业活动造成直接或间接、或大或小的影响的群体与个人都是利益相关者。

对比这两个概念,不难看出,Freeman(1984)泛化了"利益相关者"概念,拓展了利益相关者群体的范围,它不仅包括影响组织目标实现的个体和群体,还包括被组织影响的个体和群体(Néron,2010),在某种程度上,是将"利益相关者"概念,从一种"利己主义"范畴,扩展成一种既要"利己",又要"利他"的范畴。毫无疑问,Freeman(1984)的用意是好的,但是它带来的问题也很大,使得企业在运用该理论时,难以界定战略制定时关心的对象,太宽泛的关心对象分散了企业的注意力,往往难以聚焦于企业发展的核心群体。

第二,边界不清晰。由于"利益相关者"概念未达成共识,其涵盖的群体非常广泛,引起学者对"利益相关者"分类的关注。作为有争议的概念,学者们试图通过识别"利益相关者"的边界,帮助企业在战略制定时,区分不同层次的利益相关者,也需要对利益相关者进行分类。学者们曾经提出过很多分类方法,本书归纳如下。

Freeman(1984)从外部影响进行分类。从所有权、经济依赖性以及社会利益三个角度出发,所有权的利益相关者指的是:所有持有公司股票者;而经理人、债权人、雇员、消费者、供应商、竞争者、地方社区等是对企业有经济依赖性的利益相关者;像政府领导人、媒体等,是与公司有社会利益的利益相关者。

Frederick 等人(2002)从与企业关系进行划分,将利益相关者分为直接利益相关者和间接利益相关者,其中直接利益相关者是与企业直接发生市场交易关系的利益相关者,包括股东、企业员工、债权人、供应商等;间接利益相关者则是与企业发生非市场关系的利益相关者,包括中央政府、地方政府、社会活动团体、媒体、一般公众等。Clarkson(1994)从自愿性上划分,将利益相关者分为自愿和非自愿,区分的标准是主体是否自愿向企业提供资本投资。

运用最广泛的分类方法由 Mitchell 等人(1997)提出,其认为"利益相关者"具备三大属性:合法性、权力性、紧急性。所以,根据这三大属性对它们进行分类。其中,三大属性均拥有的群体是确定型(definitive)利益相关者,按这种方式对三个属性进行排列组合,可以形成七种不同类型的利益相关者。但是这种分类方法产生的利益相关者类型过于繁杂,在实际中,难以进行严格的区分。

在此基础上,Ackermann 和 Eden(2011)提出,"紧急性"只有在其他属性同时存在的情形下,才能有效。因此,他们将 Mitchell 等人(1997)的三个维度整合为利益和权力。如图 1-3 所示,其将利益相关者划分为四种类型。

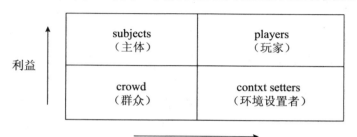

图 1-3　Ackermann 和 Eden 的"利益相关者"分类

从上面的分类可知，对"利益相关者"分类众说纷纭，虽然这些分类方法对"利益相关者"理论的具体运用有一定的作用，但是每一类利益相关者的划分标准仍较主观，并且差异较大，不能为企业实践提供实质帮助，没有统一的标准告诉企业在决策时如何选择，同时，面对众多利益相关者，确定战略中心和赋予权重，仍是个难题，需要找到更好的方法来确定对不同层次的"利益相关者"的利益确定和分配（Harrison & Freeman，1999）。

第三，模型不精致。理论应该是对观察到的现实尝试性的系统性的理解，为观察到的看似混乱没有联系的事实创造秩序和逻辑，并且，一个好的理论应该有解释性价值和预测性价值（Key，1999）。而"利益相关者"理论仅仅把这个"关心利益相关者利益"的观点抛出，忽视了利益群体间的不同，这些利益相关者可能是不同性质的，追求的利益也可能完全不同，对每一个"利益相关者"群体没有一个精致的思考。

第四，内部逻辑冲突。"利益相关者"理论强调组织不仅要关心经济绩效，而且要关心社会绩效。这一观点成立的逻辑前提是，经济绩效和社会绩效是两个独立的概念。然而，这两个概念至少是个交集，事实上，经济绩效具有社会效果，而社会绩效也具有经济效果（Harrison & Freeman，1999），把这个世界分为"经济"和"社会"两个极端是相当武断的，因此，研究者们需要寻找更多坚实的方法来测量"利益相关者"的绩效，找到冲破经济和社会维度的测量手段。经济绩效对企业大部分的利益相关者是重要的，但是它并不是唯一一种"利益相关者"价值。与Freeman（1984）最初的思想一致，一家企业应该为多重"利益相关者"服务，企业绩效应该从企业所有活动中创造的全部价值中确定，这些价值来源于企业所有合法利益相关者所创造的所有效用（Harrison & Wicks，2013）。

第五，外部理论冲突。"利益相关者"理论与一些公认的理论相冲突，这是该理论的"外部概念问题"。"利益相关者"理论认为，要关心所有的利益相关者，不能破坏他们的利益。企业的目标是：在满足利益相关者的利益最大化的情况下，实现企业发展（Donaldson，1999）。Schumpeter（1942）指出，市场经济的本质就是"创造性破坏"，企业家的作用就是实现"创造性破坏"，即"破坏当前市场，引入一个新市场"。企业要发展，需要不断破坏旧的，创造新的结构（Freeman，1984）。因此，企业与其他利益相关者的利益是对立的，会互相争夺资源。也就是说，为了企业的发展，一些利益相关者的利益，必须作出牺牲。

综上所述，"利益相关者"理论存在种种"内部概念问题"和"外部概念问题"，一方面，这些问题容易引发人们的研究热情；另一方面，这些问题尽管给研究带来了不便，但是，也降低了研究和运用该理论的门槛，从理论到实证，但凡有一定的相关性，均可以用该理论进行研究。

2)"利益相关者"理论的"经验问题"

"经验问题"指的是与构成一个科学领域的客体有关的重大问题（Laudan，1977）。在"利益相关者"理论中，经验问题包括操作性问题、自利性问题。

第一，该理论弱化了可操作性。一方面，"利益相关者"理论虽然经常被学者们讨论，但是在企业的具体运用中，却没有能解释利益相关者管理的典型案例（Mainardes et al.，2011）。Jensen（2002）认为利益相关者理论是不完备的，因为它没有回答：我们如何保持获利？我们希望公司如何去评判经营的优劣？"利益相关者"理论不能给企业提供一个有效的、具体的客观函数，若没有实证研究的数据，也就不能支撑"利益相关者"理论的工具性。另一方面，利益相关者理论拒绝了长期所有者价值最大化的企业目标，反而要求企业简单地平衡所有利益相关者的利益，丢弃了评估商业活动的客观目标基础。这个理论不能给企业提供行动导向（Phillips et al.，2003）。

第二，加剧了自利行为。Williamson（1975）强调了经理人是一个企业中重要并且有权的群体，不论是有意无意，他们在实践中都存在机会主义和自利行为。自利问题来源于"股东利益最大化"思想，"利益相关者"理论只是增大了自利行为的可能性，"利益相关者"理论给肆无忌惮的经理人提供了一个现成的借口，他们以满足"利益相关者"利益的名义，去追求他们自身的利益，因此，使得"股东利益最大化"想要克服的代理问题再一次出现（Phillips et al.，2003）。

这一问题，不但可以反映"利益相关者"理论存在的问题，而且可以更好地解释该理论为何如此流行。

一方面，企业的代理人通常是经理人，他必须为所有的利益相关者的利益服务，因此，他必须调节股东和利益相关者之间的冲突，这样，经理人在企业中，可以找到任何行动的理由（Tullberg，2013）。这会给经理人的自利行为提供更便利的条件（Donaldson & Preston，1995）。

另一方面，"利益相关者"理论并没有给企业的董事会和经理层带来明确决策标准，为什么经理人还支持"利益相关者"管理（Jones，1980）？这就涉及自利行为带来的恶性循环。"利益相关者"理论被视为毁坏企业内部控制体系的根本，这个"内部控制系统"主要指的是企业绩效考核和评估系统，这个体系如果得到合理的设计，会给企业价值增长提供强大的激励。而在利益相关者构建中，没有简单的、标准的方式，任何人都可以评价经理人的工作做得好或者不好。"利益相关者"理论通过给经理人更大的权力去做他们想做的，进而取代或者弱化了这种控制体系的力量。因此，经理人就更愿意用"利益相关者"管理的幌子，为自身谋取更多利益。这就部分解释了"利益相关者"理论为何在企业管理中很受欢迎。

不难看出，"利益相关者"理论的"概念问题"和"经验问题"是该理论流行的又一重要原因，这些问题，一方面导致了对该理论不断的争论和探索；另一方面导致了该理论的滥用，成为管理者谋取私利的完美借口。

3）理论构建方式的原因

"利益相关者"理论的流行，归根结底，都源于该理论的"规范主义"构建方式。

实际上，理论构建有三种方法：其一，经验主义，理论是通过对复杂的现实世界进行抽象归纳而成，其主体将理论看作知识积累的产品，强调对现实世界的解释和预见；其二，理性主义，理论是通过剖析以往大师的解释，经演绎推理而成，它很可能来自权威文献，而不是来自观察，这种方法追求内部逻辑一致性；其三，规范主义，理论是通过价值观、信念而构建。其主体认为，理论的最佳用途，不是描述现实世界"是什么样"，而是告诉人们世界"应该是什么样"。理论不是捕捉现实的"照相机"，而是产生现实的"发动机"（Sher & Mckenzie, 2006）。

不论是 Freeman（1984），还是 Donaldson 和 Preston（1995），都认为"利益相关者"理论的核心在于"规范性"，Freeman（1984）认为"利益相关者"理论是企业在道德标准下需要遵循的一个理论，无论其是否能给企业带来绩效，企业决策必须考虑利益相关者共同利益，这样才能满足企业的社会标准（Harrison & Freeman, 1999）。

不难看出，"利益相关者"理论是建立在"规范主义"的基础上的，而"规范主义"是认为世界"应该怎么样"，它既不像"经验主义"，强调解释和预见现实现象，也不像"理性主义"，追求内部逻辑一致性。因此，该理论存在"经验问题"与"概念问题"就变得容易理解了。正是这种理论构建方式，解释了该理论为何如此流行的根本原因：一方面，"利益相关者"理论的"规范性"带来的正面影响，符合人们的信仰，遵循了这个世界应该是规范、道德的观念，因而该理论得到广泛的支持和运用；另一方面，"规范性"不强调经验性，导致与现实脱节，不能有效解释经验现象，不强调理性，存在概念冲突和不一致，使争论与讨论不断，从而增强了其流行性与影响力。简而言之，"利益相关者"理论的流行，归根结底，在于其"规范主义"的理论构建方法。这一原因的隐蔽性，是该理论争论不休、广为流传的根本。

1.6.2 结论与讨论

"利益相关者"理论，不论是在企业具体实践中，还是在学术研究领域，都深受关注。文献增长的趋势支持了这一判断。虽然关于"利益相关者"理论的研究很广泛，但是至今，该理论为何如此流行尚缺乏有效的探索。本书经过大量文献研究和梳理发现，该理论的流行有三方面的原因。

第一，是"利益相关者"理论带来的积极的正面影响，也就是，"利益相关者"理论对学术研究、企业实践的影响，包括：对"股东利益最大化"思想的抨击；对企业利益群体的整合；对企业伦理和企业社会责任的落实、提高企业社会绩效等。这些正面影响，受到学者和企业家的重视，"利益相关者"理论得以快速发展。

第二，通过文献探索发现，"利益相关者"理论自身的缺陷引发对该理论不断关注。正如 Phillips（2003）所说："利益相关者"理论不应试图编织一个大篮子足以容纳世界的痛苦。该理论的"概念问题"导致学者们模糊地使用它，丧失了概念应具备的差异性，而该理论的"经验问题"，使它成为谋取私利的完美借口。这些问题进一步促进对该理论的争议和讨论，其流行也就不言而喻。

第三，"规范主义"的构建方式，是"利益相关者"理论流行的根本原因，也就是流行的正面原因和负面原因。"规范主义"带有浓烈的伦理色彩，不强调理性分析与经验检验。一方面，它符合人们的预期，容易得到人们的认可；另一方面，也引发了该理论的种种问题，使得该理论争议不断。

总而言之，"利益相关者"理论的美好愿望与其内在的逻辑矛盾，是其受到长期讨论、广泛流行的重要原因。但是，这并不意味着它是一个严谨、科学的理论，在成为一个优秀的、具有启发性的理论之前，它还有很长的路要走（Tullberg，2013）。或许，它需要由一个更为严谨、科学的概念，一个新的范式所替代。

第 2 章
CHS 理论解释和预见的现象

一个理论能解释的现象数量越多、种类越广、多样性越丰富，则该理论被接受的程度就越高，因为，科学寻求给世界一个经济和节约的描述，十万个现象有十万个为什么的不同解释，是不经济、不节约的。当然，如果一个理论能预见新现象，能推演出没有被人知道或者未被视作当然的事物，就会产生惊人的效果，该理论接受度就会大大地增加。反过来，被解释的新事实，就成为这个理论假说确证的证据。CHS 理论能解释和预见哪些现象？以"合约相关者剩余"为核心的概念之网，能网住多少现实现象？对能网住的现象是否有点出乎意料？是本章要介绍的内容。

2.1 为人处世

2.1.1 知名商人

曾经流行过一种说法，"当官要学曾国藩，经商要学胡雪岩"。在清朝末年，胡雪岩为什么那么成功，他既是全国最大的商人，又是朝廷二品文官，得到多种势力的认可。作为某大学企业管理系的笔者，很想知道胡雪岩的为人处世，于是认真收听了 128 集的《红顶商人胡雪岩》，听完后，脑海中浮现出一个概念可概括其行为特点，那就是"合约相关者剩余"。

例如，胡雪岩打算开钱庄，需要一名能干的负责人，经多方打听，得知一名陈姓青年能力出众，特约其面谈，其中有如下对话：

"你家中有几口人？"

"七口，我的父母、我们夫妻，还有三个小孩。"

"家住何方？"

"在余姚。"

"搬到杭州来如何？"

"可以。"

"如果每餐一荤一素，老婆一正一副，一个月需要多少两银子？"

"10 两。"

"好的，我请你当我钱庄的挡手，一年 200 两银子如何？"

"胡老板，您太客气了！"

这样，陈姓青年一年增加了 80 两银子的"剩余"，欣然接受了胡雪岩的邀请。

这就是胡雪岩的为人处世之道，所有与他打交道的人，都获得了"剩余"，因而他赢得各方的认可。

当然，他自己获得的"剩余"更多，满足了"合约相关者剩余"的条件，最终达到了利人利己的目的。

2.1.2 丫鬟打饭菜

民国时期，有一位地主见别人开饭店赚了不少钱，发现经营饭店的资金周转，比出租土地的快得多，于是也开了一家饭店，要其丫鬟去打饭菜。

丫鬟得知地主的安排，心生不满。"我的活已经够多够累了，还要我打饭菜，我又不是牲口！"她想，地主为什么开饭店？不就是想多赚点钱吗！我让你赚不到钱，你就不会让我打饭菜了。

于是，丫鬟在打饭菜时，故意多打一些。打饭时，一瓢一瓢将饭压得紧紧的，打菜时，将菜堆得高高的。结果，适得其反，丫鬟越来越忙，因为，她为消费者提供了更多"剩余"，所以重复购买、推荐购买、优先购买的顾客越来越多，饭店生意红火，门庭若市。

2.1.3 朋友圈的终极道理

《增广贤文》中的一句话，"贫居闹市无人问，富在深山有远亲"，揭示了朋友圈的终极道理。

"贫"意味着资源的匮乏，"富"意味着资源的充裕，无论是物质资源、智力资源，还是社会资源。如果你"贫"，哪怕身居人来人往的闹市，也无人问津；如果你"富"，哪怕居住偏远的深山，也有人想和你亲近。因为，"贫"不太可能给他人带来"剩余"，而更可能的是向他人索取"剩余"；而"富"为他人创造"剩余"可能性很大。

因此，从交易的角度看，只有不断提升自己，让自身变得"富"有，为他人创造"剩余"，才会有人愿意与你交往。诸葛亮哪怕隐居偏远的邓县（今河南省邓州市）隆中，刘备也不辞辛劳，为求安邦定国之策，三顾茅庐，即使在天寒地冻的隆冬，也要冒着风雪去拜访。

相反，你不能为他人创造"剩余"，而老是索取"剩余"，朋友则可能离你而去。这种情况十分普遍，哪怕是多年的故交，甚至是亲人，也可能因此而疏远。

"飞鸟尽，良弓藏；狡兔死，走狗烹。"这种说法，隐含着同样的道理，虽说有点残酷无情，却道出了世态炎凉的真实情况。

2.1.4 领导地位的形成

如果有甲、乙两成员，欲充当一集合体的领导者，该集合体有三种选择：第一，既不认可甲的领导地位，也不认可乙的领导地位，自己独立运行；第二，认可甲的领导地位，服从甲的领导；第三，认可乙的领导地位，服从乙的领导。

如果某人要成为该集合体的领导者，使集合体的各成员口服心服地认可其领导地位，他就必须为集合体各成员创造更多的剩余，也就是说，比各成员单独运行或者在另一方领导下获得的剩余更多。

如果中国的产业结构与东南亚各国拉开差距，像高铁一样，具有综合优势，能够给东南亚各国带来剩余，则东南亚各国会心服口服，认可中国的领导者地位。相反，如果中国与东南亚各国的产业结构相似，为竞争者，则东南亚各国不会从内心认可其领导地位。

沙特阿拉伯对美国领导地位的态度转变，就充分说明了这个道理。原来美国与沙特阿拉伯的产业结构有很大的差异性，从沙特阿拉伯大量进口石油，给沙特阿拉伯带来了很大的剩余，因此其认可美国的领导地位。现在，因页岩气的开采等原因，美国从能源进口国转变为能源出口国，与沙特阿拉伯形成了竞争关系。这样，美国的领导者地位发生动摇，沙特阿拉伯对美国不再言听计从。

2.2 方案评价

2.2.1 搭乘的士

在滴滴打车 App 尚未出现时，一次笔者去调研，从长沙河西的校本部出发，去河东的某小区，搭乘一辆的士需要 25 元。

我们知道，一辆的士一般可搭乘 4 位乘客，但是我们一行共有 5 人。招手示意多次，却没有的士愿意停下。

为此，笔者要同行 4 人与其保持距离，独自一人拦下一辆的士后，对司机说"到桔园小区，5 人，多加 10 元怎么样"？司机犹豫片刻后，把手一挥说："上吧"。

在此交易中，交易双方均有"剩余"，我们一行人增加了 15 元"剩余"，的士司机增加了 10 元"剩余"。因此，合约相关者均有"剩余"的方案，无须其他力量的干预，就会自动执行。

当然，一辆的士乘坐 5 位客人是违规的，不宜效仿。

2.2.2　YT 公司

有一次，某高校下达红头文件，要求所有教职工出差的机票，都在 YT 公司购买，否则，不予报销。

该红头文件隐含着三方合约相关者：YT 公司、校方当局、该校教职工。显然，YT 公司有"剩余"；校方当局呢？肯定也有。那么，他们的"剩余"从何而来？显然，来自教职工的"剩余"。

由于种种原因，不少教职工出差时，没有在 YT 公司购买机票，到财务处报账时，产生了冲突：财务人员说："根据学校文件规定，你的机票不能报销。"不少老师听到这句话，感到很不舒服。不要以为高校教师受的教育程度高，就会文质彬彬，当涉及他们自身利益时，也会毫不客气，甚至骂人，"这是老子自己的钱，关你什么事"。

为此，财务部门向学校当局反映此问题。为解决冲突，学校当局颁布了补充文件，"凡因特殊原因，教职工出差不是通过 YT 公司购买的机票，须所在院系的院长或书记签字同意，方可报销"。这样，除了增加院长和书记的工作量以外，没有创造任何价值。

后来，在开展党的群众路线教育实践活动中，该校教职工又指出了从 YT 公司购买机票的不合理性，即降低了教职工买到更及时、更便宜机票的可能性。为此，校方不得不再次下达红头文件，取消这个购买机票的限制。

该案例说明，合约相关者的任意一方没有"剩余"，该方案就难以自动执行，而强制执行则可能引起冲突与不满。

2.2.3　改革开放

经济学家许小年认为，中国历史上的改革，只有商鞅变法和邓小平的经济改革是成功的。

邓小平的改革开放，使我国经济发生了巨大变化，从贫穷落后农业国，成为门类齐全的工业大国、世界工厂。根据世界银行的数据，从 1978 年到 2018 年，GDP 从 2 936.26 亿美元到 10 873 亿美元；人均预期寿命从 65.6 岁到 76.7 岁，人民生活水平显著提高。

改革开放之所以成功，在于其政策使各界人士均有"剩余"。

对国外投资者而言，中国劳动力价格低廉，其将研发和设计的产品，迁移到中国生产，获得的"剩余"更多。

对国内而言，一方面，民众的选择性空间增大，生产力得到解放，收入显著增加。农民既可在自有土地上耕种，又可进城务工，其"剩余"更多；城市居民可选择自主创业、在效率更高的民企或外企工作，也可在工作之余做兼职工作，因此其"剩余"也更多。另一方面，对于政府来说，因为经济增长，税收增加。

简而言之，改革开放政策使得各方都有"剩余"，因此，会得到各方的拥护，从而顺利执行，最后取得举世瞩目的成就。

2.3 问题解决

2.3.1 富翁找女婿

这是一个流传较广的故事，有一位富翁的女儿才貌双全，到了谈婚论嫁的年纪，富翁开始为其婚事操心，为了找到理想的女婿，特将婚配条件广而告之。一年轻人对此感到很焦虑，因为他对富翁的女儿心仪已久，但其自身的职位尚未"达标"，担心她被别人娶走。

该年轻人仪表堂堂、才华出众，但是无职、无权、无地位。一智者见其闷闷不乐，遂问其心事，知其原因后，很自信地说："我帮你搞定"。

于是，该智者到曼哈顿银行，问其总裁最近是否有招聘计划，总裁回答说："暂时没有"。"那太遗憾了！"智者接着说："有一年轻人一表人才，是富翁的女婿，正在找工作，贵单位是否有招聘意向？"总裁犹豫片刻后说："哦，正好有一个副总经理的职位不久会空出来。"

接着，智者来到富翁的宅邸，得知其尚未找到理想的女婿后，对富翁说："我这里有位优秀的年轻人，眉清目秀、才华横溢，您意向如何？"富翁沉默不语。智者补充说"该年轻人是曼哈顿银行的副总经理"。这时，富翁说："可以考虑"。

最后，智者的方案被各方接受，他的出谋划策使合约相关者均获得了"剩余"。富翁不仅找到了理想的女婿，而且为以后的贷款与理财带来了便利，肯定有"剩余"；曼哈顿银行不仅招到了有才青年，而且将获得富翁的存款等业务支持，也有"剩余"；年轻人不仅成功地娶到了富翁的女儿，还成为曼哈顿银行的副总经理，有人认为其"剩余"最多。

从表面上看，本案例是三方中任意两方都不可能单独成交，将三方结合则使交易成功。而本质上，是合约的"正反馈效应"——已签约和将签约越多，则愿意与之签约者越多。在本案例中，是过去的交易与未来可能的交易，共同促成了现在的交易。青年与富翁假设已成立的交易，以及银行未来可能与富翁的交易，共同促成了银行与青年当下的交易；同理，青年与银行假设已经成立的交易，以及富翁未来可能与银行的交易，共同促成了富翁与青年当下的交易。

2.3.2 福特公司门前的长队

1914年1月6日凌晨3点，大雪纷飞，福特汽车公司门前却已排起了长长的队伍。他们为什么如此不辞辛劳？因为，福特汽车公司已公布了招聘信息，将工人的日工资提高到不低于5美元，而当时美国工人平均日工资不到2.5美元，工资至少翻了一番，所以应聘者争先恐后。

有好事者计算，福特汽车公司这一举动，会增加人工成本1 000多万美元，而福特汽车公司上一年度的盈利就只有1 000多万美元，他们认为福特疯了。

而福特回答说，这是我降低成本的最好方法。结果与好事者的预期恰恰相反，到1914年年底，福特汽车公司盈利4 000多万美元。

好事者判断错误，是因为该判断隐含着一个错误的假设前提：工人的劳动生产率不变。而事实上，工人生产率发生了显著性变化。双倍的工资，一方面，可以为各个岗位招到更健康、优秀的员工；另一方面，员工会珍惜机会，努力工作，请假与辞职的现象骤减，有效地解决了流水线被打断的难题，采用三班倒流水线高效运行，劳动生产率大大提高。

故此，有人把这种远高于市场平均水平的工资，称作"效率工资"，它不仅使工人得到了"剩余"，而且使"蛋糕"做得更大，从而使公司获得了更大的"剩余"。

值得深思的是，智者根据以上现象，不仅抽象出了"效率工资"这一概念，更开发了多种模型以解释"效率工资"为何有效。其中Akerlof（1970）的逆向选择模型，Shapiro和Stiglitz（1984）的怠工模型，是他们获得2001年诺贝尔奖经济学奖的一个重要原因。

2.4 企业的本质

2.4.1 培训学校的诞生

2010年11月，王建国，北京大学光华管理学院的王教授，在某985高校的EMBA（高级管理人员工商管理硕士）课堂上，虚构了一个故事，说明了企业的本质。

当时流行"百家讲坛"，王教授顺势构思了如下故事。如果请孔子讲学，一对一 100 元 1 小时，请老子讲学，也是 100 元 1 小时。就此，一企业家敏锐地发现了商机，于是，分别拜访了孔子与老子，一阵寒暄之后，言归正传，"您给学生上课，每小时 100 元，我请您上课，每小时 200 元如何？"答复均为"可也"。

该企业家赶紧找到了 50 名学生，询问其交 100 元，听孔子、老子各 1 小时的课，是否愿意？答曰：愿意。然后，该企业家租教室，择良日，最后顺利开班。

显而易见，此次交易，各方均有剩余。孔子与老子分别增加了 100 元的"剩余"；每位学生增加了 100 元的"剩余"；教室出租者同意出租，肯定有"剩余"；该企业家的"剩余"应该更多，学费共 5 000 元，减去老师的酬劳 400 元和教室租金几百元，还有几千元的纯收入。

受此案例的启发，该企业家成功地创办了培训学校。

就像物理学中的"思想实验"，王教授虚构的这个短小的故事，揭示了企业的本质，就是创造并实现"合约相关者均有剩余"的交易机会。

2.4.2 消费者自己出价

2010 年 12 月，受国家留学基金委的资助，笔者到美国伊利诺伊大学香槟分校访问学习一年，该大学距离芝加哥有 3～4 小时的车程。2011 年 4 月，在芝加哥召开为期 4 天的国际工业心理学年会，本人准备参加该会议。

笔者当时不会开车，欲与该校一位中国留学生——王博士，一同前往。在得知王博士已预订好酒店后，我问其订的什么酒店，在何处订的。其答曰：某三星级酒店，在网站 Priceline.com 预订的。

打开 Priceline.com 网站，笔者发现三星级酒店，每晚价格都在 100 美元以上，于是问王博士：你花 100 美元订的吗？王博士回答说：没花那么多钱，哦，我忘记告诉你，该网站上面有一个 Name Your Own Price 模块，你可以自己出价，我订的是每晚 50 美元。

笔者立即打开 Name Your Own Price 模块，发现有多个筛选条件，因为希望和王博士住同一家酒店，于是做了和他相同的选择：芝加哥飞机场南部、三星级、50 美元。在输入信用卡信息后，被告知："如果成交，将会在你的信用卡上扣除相应的金额，扣的钱不可退还；若不成交，则无须支付任何费用，你是否同意该条款？"同意！程序运行，很快跳出几个字"成交""Holiday Inn 假日酒店"。

尽管该酒店与王博士订得不一样，笔者还是兴奋地打开 Holiday Inn 的网站，发现该酒店的房间价格为每晚 115 美元，毫无疑问，本人至少增加了每晚 65 美元的"剩余"。

高兴之余，笔者又有点困惑，酒店为什么愿意 50 美元成交呢？静心一想，

4月是旅游淡季，酒店有很多空房，于是在未公开信息的条件下，将空房出一个最低价，在 Priceline.com 平台出租。50 美元一晚的价格，超过了 Holiday Inn 出的最低价，足以支付该房间的水、电等可变成本，与空置相比，酒店仍有"剩余"，因此愿意成交。

第三方 Priceline.com 平台是否有"剩余"？当然有，我们可以猜测，一方面，消费者出价高于酒店最低价格的那部分收入，可能全部或部分归 Priceline.com 所有；另一方面，酒店入驻该平台需支付一笔费用。除此之外，从其股价上涨的趋势，也可判断其"剩余"不少。1999 年 Priceline.com 首次公开上市，股价为 16 美元。2019 年年底，你猜其股价为多少？每股 2 053 美元，上涨了 100 多倍！不难看出，Priceline.com 的产生就是创造了合约相关者均有"剩余"的交易机会，这就是企业的本质。

要补充说明的是，2011 年 8 月，学校即将开学，笔者的夫人要回国工作，需在芝加哥休息一晚。这时，笔者出了与 4 月同样的条件：三星级、50 美元一晚，交易没有成功，此时系统提示：可出价高一点，于是，出价 60 美元，成交，四星级，给客户又一个惊喜，又有剩余。该系统有记忆，其算法真是绝了！

2.5 公地的另一面

2.5.1 创新基金

在笔者一周一次的学术讨论会上，有一次，一学生汇报说："老师，天上掉馅饼了，我的企业可获得 70 万元的创新基金资助！"

大家都好奇地望着他，想知道发生了什么。于是，该学生将发生的事情娓娓道来：今天上午，有两个年轻人来到我公司，说我公司符合国家创新基金的条件，可获得 70 万元的创新基金，问是否有意申请。我不太相信这种天上掉馅饼的事情，于是询问了创新基金的来源、目的、申报流程等有关信息，得到详细回答后，表达了同意申请的意愿。

这时，其中一位年轻人说："你们工作很忙，我们有专业的申报人员，可以帮助你们申请，你是否需要我们的帮助？"我想，企业可以获得 70 万元，还无须自己出力申请，这太好了，于是，同意了他们的提议。这时，该年轻人补充说"我们为申请提供服务，如果成功，需将资助金额的 20% 作为酬劳；如果没成功，不需要你们支付任何费用。"

听到这句话，学生产生了一点疑问，于是，向他要了名片，今天下午开车去找该公司，最后发现它在省科技厅的楼上，于是，对该公司的资质深信不疑，同意他们代为申请。

在这个案例中,学生的公司可获得 56 万元,肯定有"剩余",而代理公司写一个申请书,就可获得 14 万元,肯定也有"剩余",因此,腐败自动发生了,这是"公地悲剧"的另一面。

毫无疑问,国家设置创新基金的初衷是好的,其目的是培养新的经济增长点,使我国经济增长由资源驱动、资本驱动,转向创新驱动。然而,这种实施方式容易滋生腐败,使基金的作用大打折扣。不过,最近听说,政府加强了监管,情况大有好转。

2.5.2 修门招标

这是一个虚构的故事,阎王殿的门坏了,公开招标修门,有来自 A、B、C 三个国家的人投标。

A 国人投标要 3 000 元,阎王问"为什么要这么多?"A 国人回答说"材料费 1 000 元,人工费 1 000 元,我还要赚 1 000 元"。

B 国人投标要 6 000 元,他解释说"材料费要 2 000 元,人工费要 2 000 元,我还要赚 2 000 元"。

C 国人投标要 9 000 元,阎王听了,大吃一惊,"你比 B 国人还厉害?" C 国人回答说"3 000 元给你,3 000 元请 A 国人,我赚 3 000 元。"阎王一听,豁然明了,说"你中标了!"

这个虚构的故事中,腐败之所以会发生,关键是阎王殿的钱不是阎王自己的,是公家的。公家的钱是"唐僧肉",谁都想吃。C 国人中标,则阎王、C 国人、A 国人均有"剩余",所以该方案会自动执行。这就是腐败发生的产权成因,也是"公地悲剧"的另一面。

2.5.3 国有资产拍卖

《青瓷》是一本小说,描述了在 H 省发生的真实事件,其中国有资产拍卖一事,揭示了政商之间的微妙关系。

H 省一国有企业,地处省会主干道旁,为了优化资源配置,拟将该企业迁移到新的工业园区,该企业原拥有土地准备拍卖。初步估计,该土地市值为 2 亿元人民币,拍卖公司受托拍卖,可获得佣金为拍卖价的 10%,土地的买卖双方各支付 5%。委托拍卖权,为省高级人民法院执行局。

以上信息透露后,省高院执行局的刘局长应接不暇,各拍卖公司欲获得该国有资产的拍卖权,寻租者众,最后 3D 拍卖公司的张总获得拍卖权。

为何是张总赢得了这个拍卖权？一方面，张总与刘局长是老相识，已有多次成功合作经验；另一方面，张总设计的方案细致巧妙，解决了各方的后顾之忧。

张总先是到省会古玩一条街，在一个商人手上，花 3 000 元买了一个古香古色、宫廷秘制似的青瓷罐，将其送给了刘局长的夫人。然后，让局长夫人将该青瓷罐送到另外一家拍卖公司去拍卖，谁去买？当然是送青瓷罐的张总。在拍卖青瓷罐的前一天，局长夫人在一张餐巾纸上写了一个数字 500。张总看了，心领神会。

拍卖当天，张总带了一位认识不久的女朋友一起来到拍卖现场，请其代为举牌买点古董。当青瓷罐开始竞价拍卖时，张总暗示她举牌。价格竞拍到 500 万元时，还有人举牌 550 万元，张总一惊："几千块钱的东西，竟有人出这么高的价，看来这个交易不简单。"为了避免节外生枝，张总赶紧让其朋友出更高的价，经过多轮竞价，张总终于以 660 万元的价格买下那尊青瓷罐。

通过此交易，张总的行贿"合法"了，如果他最终获得了那笔国有资产的拍卖权，可获得净收入 1 340 万元，其"剩余"肯定不少；同时，刘局长的巨额收入被"漂白"了，其"剩余"也不少，他可以理直气壮地说："该收入是'祖传下来'的青瓷罐，在'公开公正'的拍卖中所得，这里还有拍卖的收入凭证，当时还交了一次性收入的所得税，为国家做了贡献呢。"

从该案例不难看出，公共财产，就像"唐僧肉"，会引诱一些人想方设法地把它据为己有，反腐部门只有与时俱进地学习，才能卓有成效地工作。

2.6 文明的测度

2.6.1 交易的双重功能

人类智力的产生是一个谜，它是达尔文的"自然选择"理论难以解释的现象，因为，一方面，通过自然选择保留的有用特性，在物种全部个体上，会保持在一个稳定的状态，变化量不会太大，如果平均值为 100，则变化范围在 80～120 之间（Wallace, 1889）。而人类的智力，个体之间差异太大，数学家、音乐家与常人之间的智力差异，可说是有云泥之别。另一方面，自然选择遵守节约性原则，它不容纳过度的设计与预测。可是，人类的智力，为未来的需要，为人类文明，做好了准备（Willson, 1998）。如何解开这个谜？

推断人类独有的行为，导致了人类独有的智力，有其合理性。人类独有什么行为呢？交易，同种群内的广泛交易，是其他动物没有的。其他动物只有共生交易，血缘和亲属间的交易。亚当·斯密（Adam Smith, 1776）在《国民财富的性质和原因的研究》（以下简称《国富论》）中指出："我们从未见过甲乙两犬公平审慎地交换骨头，也从未见过一种动物，以姿势或自然呼声，向其他动物示意说：这为我有，那为你有，我愿意以此易彼。"

人类的多样性与弱小，决定了没有交易，就难以生存。不难想象，交易激发了智力，促进了语言和计算能力的产生。而将交易的发生，归因为人类的天性，则过于简单。任何一方没有"剩余"，交易就不会发生。

是什么物品，触发了人类最初的交易？奥菲克（2001）认为，在是否有竞争性、排他性的 2×2=4 种物品中，是具有"非竞争性"和"排他性"的有形物"火"，触发了人类的交易。其中"竞争性"指的是一个人的消费，等量地减少了他人的消费；而"排他性"是指商品的拥有者，具有拒绝他人消费的权利。

而更大胆的猜想是，思想，特别是涉及生存性的思想，"那里有狮子！""那里有水"的思想，触发了人类的交易，因为思想同样具有"非竞争性、排他性"特征，而且交易成本更低。

《人类简史》的作者，尤瓦尔·赫拉利（2014），认为语言的产生是一场"认知革命"，是人类文明迈出的一大步。不难看出，交易，是这一场革命的动因，而满足 CHS 条件，则是这一动因背后的动因。

交易，是触发人类智力的动因；作为结果变量，其具有平等、互惠、进化的特征，因而交易的深度与广度，是人类文明的有效测度。毫无疑问，没有交易，人类文明将不复存在。

2.6.2 封贡互市协议

自 1368 年明朝成立两百多年来，明、蒙之间战事不断，但是 1571 年之后，绝少发生大规模的军事冲突，那么 1571 年到底发生了什么事情，改变了明、蒙之间兵戎相见的敌对状态？

1570 年，鞑靼首领俺答与其孙子那吉发生了冲突。俺答见其外孙女辈钟金年轻貌美，遂将其纳为妃子，而那吉早已与钟金私下达成婚约，那吉对祖父无能为力，一气之下带着亲信，直奔明朝乞降。

那吉自幼丧父，由俺答及妻一手抚养长大，祖孙感情深厚。俺答十分担心孙儿那吉的安危，带着一队人马冲杀到边界，乞求与明朝和谈换回其孙。

明朝官员见机，提出换回汉奸"赵全"等人的要求。失去赵全等军师，虽有损战力，但这在孙儿的安危面前都不值一提，俺答遂同意了明朝的要求。

受此交易的启发，双方发现并不是所有的事情都要经过战争来解决，为此，明蒙之间签订了"封贡互市"协议。"封贡"就是封俺答为"顺义王"，"顺义王"每年定期向明廷进贡马、牛、羊等特产，而朝廷赐予他们自身难以生产的铁锅、布、丝绸等物品；"互市"就是在明蒙边界，开放十一处贸易市场，使边境人民可以互通有无。

"封贡互市"为什么能够终结明蒙之间的战争？

其直观的原因是，"封贡互市"消除了发动战争的主要动机。蒙古一方之所以发动战争，主要原因是其内部生产技术落后，难以生产出铁锅、布、丝绸等生活用品，只好靠发动战争抢夺。"封贡"解决蒙古上层的需求，"互市"则解决了蒙古百姓的需求，这样，在很大程度上，消除了他们发动战争的动机。

其深层的原因是，"封贡互市"不仅是"战争"的替代方案，而且是一个更好的方案，使明蒙各方都有"剩余"。对明朝而言，朝廷既可削减边界驻军，而减少军饷的支出，又可节约无论战争胜负都必须支付的费用，即奖金或抚恤金，不仅如此，还可收获边贸带来的税收，毫无疑问，朝廷的"剩余"不小；对百姓而言，不仅可以安居乐业，供给增长，物价下降，获得"剩余"，还可以通过边贸，互通有无，获取"剩余"。不难想象，蒙古一方，俺答当局与其百姓也获得了相似的"剩余"。

毫无疑问，"封贡互市"是人类文明的进步，它结束了长达两百多年明蒙之间"损人利己""害人害己"的战争状态，实现了"利人利己""合约相关者"均有"剩余"的状态。

2.6.3 格式塔合约

Kotler（2009）认为，要得到一个物品，有四种方式：自制、乞讨、抢劫、交易。其中，乞讨和抢劫，人与人之间不平等，结果不可持续，不是人类文明所向；而自制，由于自我能力所限，创造的财富也有限；唯有交易，隐含着"自由、平等"的内涵，且具有无限发展的可能，因此，是人类文明所向。任何一个人、一个组织，如果没有交易，是不可能致富的；同理，一个国家，如果闭关锁国，没有国际贸易，也不可能致富，其文明进程也必然缓慢，有可能独孤百年。

人类文明的进程，就是从"非格式塔合约"（none-gestalt contract，NGC）向"格式塔合约"（gestalt contract，GC）演化的过程。例如，自诩文明的欧美国家，曾经贩卖奴隶，将印第安人几乎赶尽杀绝，如今才发展成为所谓"自由、平等、博爱"的文明国度。

由于市场机制不能强买强卖，在自由交易的情况下，交易各方均有剩余，均为"格式塔合约"，因此，可以得出如下推断，一个地区市场化程度，就是该地区文明程度的有效测度。

第 3 章
CHS 理论的深化

一个理论被接受，除了其解释力之外，理论本身的简单性，是另外一个重要因素。哥白尼的"日心说"，替代了"地心说"，其中的一个重要原因是，它更简单。在科学研究中，为什么追求简单性？这是因为在本体论上，许多大科学家有一种信念，认为自然界的基本规律是简单的；在认识论上，对世界简约的描述，体现了思维的经济性，减轻了认知加工负担；在方法论上，简单的学说，不仅蕴含的经验内容更多，而且更具有可检验性、可证伪性。CHS 理论的简单性如何，是本章要探讨的内容。

3.1 CHS 理论的边界

任何理论均有边界，不可能放之四海而皆准。Bacharach（1989）认为，理论的边界包括它适用的价值观、时间和空间范围等。CHS 理论是一个基于主观价值、个人主义的整体性思想体系，探讨的是自由人的自由交易，而不是自制、乞讨和抢劫，它隐含的价值观，也就是 CHS 理论的边界如下。

3.1.1 价值观边界

"合约相关者剩余"是一种主观价值，这是 CHS 理论的边界之一，客观价值不在本理论讨论之列。一笔交易的"合约相关者剩余"等于买者与卖者的剩余之和，它等于买者的"保留价格"与卖者的"保留价格"之差，即买者愿意成交的最高价格，减去卖者愿意成交的最低价格。而"保留价格"受收入、价值观、态度、情感等多种因素影响，具有强烈的主观性。因此，"合约相关者剩余"是主观的。

Hayek，1974 年诺贝尔经济学奖得主，发现"近几百年，经济学的每一次重大进步，都是更加坚定地朝主观主义方向前进"（考德威尔，2007）。然而，以往的教育认为，商品的价值是"客观的"，它由"社会必要劳动时间"决定，交易是"等价交换"。主观价值论（Subjective Theory of Value）认为，同一种商品的价值，在不同人心目中是不相同的，甚至同一个人在不同情景下也不相同。商品的价值，不是由其"属性"或"社会必要劳动时间"决定。

Turgot（1793）发现"价值的比较，即不同物品的评价，随着一个人的需要而不断发生改变。当野蛮人饥饿的时候，他认为一片猪肉的价值高于最好的兽皮；当他填饱肚子但受冻的时候，那么兽皮就转而变得对他更有价值"。

价值之所以是主观的，是因为同一商品对不同人的边际效用（marginal utility）不同，即增加单位商品的消费，所增加的效用不同；或者在不同情景下，同一商品对同一个人的边际效用不同。毫无疑问，边际效用带有很强的主观性，同样是 100 元钱，对于穷人和亿万富翁来说，其边际效用显然不同。

主观价值论，之所以被广泛接受，是因为它有较强的解释与预测力。一方面，它解释了"客观价值论"解释不了的现象：如"社会必要劳动时间"长的商品价值，不一定高于"社会必要劳动时间"短的；又如金刚石与水的"价值悖论"问题。另一方面，主观价值解释了交易产生的根源：如果在一座荒岛上，A 与 B 两人都拥有有价值的物品，A 拥有过剩的鱼，B 拥有过剩的兽皮，那么每个人都会衡量这两个物品对自己的"相对价值"，直到双方同意一个交换比例，使得每个人都认为，自己在交换中获得的价值高于他所放弃的价值。也就是说，交易双方都是用边际效用小的物品，换取了边际效用大的物品，总效用增加。

不难看出，交易之所以发生，在于同一商品对于不同的人价值不一样，不等价交换，才能使双方受益。

CHS 概念不仅继承了主观价值的优点，而且深化了主观价值理论，一方面，用一个概念概括了所有交易主体的剩余；另一方面，拓宽了主观价值解释的范围，不仅能解释个体之间的简单交易，而且能解释多主体交易，包括商业模式、企业的本质，还能测度一个地区、一个国家的文明程度。因此，它是一个进化的"研究范式"。

3.1.2　行为主体边界

2013 年 9 月，陈明哲先生，美国管理学会前主席，在清华大学经济管理学院举办的"中国管理学者交流营"指出："从案例抽象出理论，往上发展，是提出哲学观念、形式化；往下发展，是开发出操作工具。"智者一席话，为 CHS 理论的发展指明了方向。

2017 年，世界哲学日，笔者在某大学公共管理学院报告 CHS 理论的进展时，D 教授指出："你之所以提出 CHS 理论，是因为你崇尚自由。"学者不经意中的一句话，让笔者茅塞顿开：第一，研究不可避免地打上主观烙印，研究者绝不会提出一个他自己都不认可的理论；第二，表明 CHS 理论行为主体边界，强调的是自由人的自由交易,更深层的前提假设是"参差多态,是幸福的本源"。

自由,是实现合约相关者剩余的前提条件;如果交易者不自由,发生了强买强卖,就会违背一方的意志,那么即使有利润,也不一定有剩余。只有自由才能最大限度地保证人的"参差多态"。而人的"参差多态",导致其对同一物品的价值判断不同,从而产生"保留价格"的差异 D,促使交易发生。D 越大,交易产生的"剩余"越大。

更重要的是,"人"的"参差多态",才能保证"物"的"参差多态"。尼采(2016)在《教育家叔本华》中写道,真正对人类有贡献的人,只有 0.000 000 000 1%,唯有"参差多态"才能使这些极少数的人涌现出来。人类历史表明,发明创造极大地丰富了物质财富,大大地提高了人民的生活水平。而特定的发明创造需要一定的知识结构,只有人的"参差多态",才有可能有人或一个群体的知识结构与其相匹配,使发明创造成为可能。这样,极其少数人的发明创造,如麦克斯韦揭示了电磁波的本质,就极大地造福了人类。张小龙创造的微信,就大大地降低了通信成本,改善了中国人的生活。

任何一个人口大国,如果是"参差多态",本来具有其发明创造的优势,总有特定个人或群体的知识结构,与特定发明创造相匹配。但"一刀切"的教育,则大大地降低了发明创造的可能性。知识的"参差多态"导致发明创造,而普适性知识源于"个人隐性知识",如"日心说"的普遍性知识,源于哥白尼个人的隐性知识。因此,自由,允许个人价值观、态度、行为的"参差多态",才能促进知识的产生。

3.1.3 追寻结果边界

CHS 理论除了隐含"自由"理念之外,还隐含着崇尚"智者"的理念,也就是说,CHS 理论的另一个边界,是追寻"智者"的行为结果,而不是"蠢货""英雄"和"小人"的行为结果。

如果将人的行为,简约地分为对自身的影响:"利己""害己";以及对他人的影响:"利人""害人",则构成了四个象限,将人分成:"智者""蠢货""英雄"和"小人",如图 3-1 所示。

CHS 理论隐含着欣赏与认同促使"智者"涌现的制度,而市场制度与此理念契合,因为市场经济不能强买强卖。一个人或者一家企业,为了获得利益,必须提供比现有市场更好、更便宜的产品。个人、企业纷纷如此行动,则民众收入一定时,能购买更多、更好的产品,获得了更多的"剩余"。长此以往,社会就

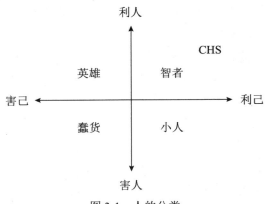

图 3-1 人的分类

会得到不断进步，文明程度就会越来越高。因此，在一定程度上，一个地区的市场化程度越高，该地区的文明程度就越高，也就是说，市场化程度是文明程度的有效测度。

例如，旅游订房订机票的 Priceline.com 公司的"反向拍卖"机制就隐含着智慧，即在 Name Your Own Price 模块中，一方面，由消费者自己出价订房或购买机票，他们肯定有"剩余"；另一方面，酒店与航空公司将空房、空座，以"可变成本"作为参照系，出一个高于它的价格委托 Priceline.com 销售。如果销售成功，就提高了空房、空座的利用率，以闲置作为参照系，则供给者也会产生"剩余"。对于 Priceline.com 公司自身来说，它不仅可以获得佣金，而且对于消费者出价，高于酒店愿意成交最低价的那部分收入，也可以分成，所以 Priceline.com 公司也有"剩余"。不难看出，真正的既"利己"又"利他"的行为，是需要智慧的，如果"智者"不断涌现，社会将由此变得越来越好。相反，如果鼓励"互害"、激励"害人、害己"的"蠢货"涌现，则社会将变得越来越糟。

而将"害己"改为褒义的"舍己"，则"舍己、利人"的行为是"英雄"行为，黄继光、董存瑞就是典型的"英雄"，杭州的快递小哥彭清林跳桥救人，也是一种"英雄"行为。郁达夫曾说，"一个没有英雄的民族是不幸的，一个有英雄，却不知道敬重和爱惜的民族，是不可救药的。"在某些情况下，不惜牺牲自己，敢于说真话，也是一种"英雄"行为。

与"英雄"相对的，就是"害人、利己"的"小人"。像"毒奶粉""地沟油"就是令人深恶痛绝的"小人"行为，如果这种行为不得到遏制、严厉的打击，将导致小人得利，最终祸害无边。

总之，一个社会只有崇尚"智者"，敬重"英雄"，蔑视"蠢货"，打击"小人"，才会风清气正、欣欣向荣。这就是 CHS 理论追求的目标。

3.2 CHS 理论的公理化

CHS 理论是一种基于个人主义、主观价值的整体性思想体系。为了提高该理论建构的严谨性，现从四个不证自明的公理，推演出整个理论体系。

公理 1：在自由交易的条件下，只要拟定的价格 P_X，低于买者愿意成交的最高价格 P_1，则买者愿意成交；成交后，其剩余为：$S_1 = P_1 - P_X$。

公理 2：在自由交易的条件下，只要拟定的价格 P_X，高于卖者愿意成交的最低价格 P_2，则卖者愿意成交；成交后，其剩余为：$S_2 = P_X - P_2$。

定义 1：P_1、P_2 分别为买者与卖者的保留价格，如果拟定的价格高于 P_1，买者不愿成交，而保留其货币；相反，拟定的价格低于 P_2，卖者不愿成交，而保留其货物。

公理 3：P_1、P_2 因人而异；即使是同一人，也会因时间、地点、情绪、参照系等的不同而变化。因此，S_1、S_2 为主观价值。

公理 4：在自由交易的条件下，无论是买者还是卖者，获得的剩余越多，成交的愿意越强烈，且成交后，满意度越高。

推论 1.1：在自由交易的条件下，当且仅当

$$P_X \leq P_1, \text{ 且 } P_X \geq P_2$$

则可成交，其交易的总剩余 $S_t = P_1 - P_2$，即买者与卖者的保留价格之差 D（difference）；D 越大，该交易创造的总价值越大。

推论 1.2：在自由交易的条件下，不管是进行物物交易还是进行货物交易，交易双方都是得到物品的价值，大于所放弃物品的价值。因此，交易不是进行等价交换。

推论 1.3：两个交易主体之间，交易产品的数量 C 越多，则两者之间的联系越紧，两者交易创造的总剩余为

$$S_t = D \times C$$

定义 2：一个项目，不仅包括买者和卖者，而且还包括投资者、管理者等，我们将所有直接交易的主体，称为合约相关者。

推论 2.1：一个项目所创造的价值，是各合约相关者剩余之和，其创造的剩余越多，创造的价值越大。

$$S_t = \sum_{i=1}^{n} S_i = \sum_{i=1}^{n} D_i \times C_i$$

推论 2.2：企业是一个合约中心，它与市场交易相比，不仅有量的不同，而且有质的差异。企业通过分工与合作，不仅提高了生产效率，而且能够创造出本来"不知道的不知道"的东西。而这种"不知道的不知道"，在市场上是无法交易的。因此，企业的本质是通过分工与合作，创造合约相关者均有剩余的机会。它创造的剩余越多，其价值越大。

推论 2.3：企业家愿意协调生产要素创办企业，生产要素和生产要素的所有者愿意被企业家协调，其共同的原因是，与资源的原有用途相比，他们获得了更多的剩余。

推论 2.4：相对于已有的产品，如果企业不断地提供更好、更便宜的产品，则能为合约相关者持续地创造剩余，企业成长的可能性就越大。相反，不进则退，如果企业维持现状，没有提供更好、更便宜的产品，而别的企业创造了更优质的产品，那么该企业为合约相关者提供的剩余将会减少，其成长可能性降低，甚至可能消亡。

推论 2.5：企业核心员工如果能够持续不断地得到剩余，则其承诺度高，企业获得可持续发展的可能性大；相反，企业的剩余持续增加，而核心员工的剩余不能得到相应的增加，则核心员工离职的可能性变大，导致企业的生存发展受阻。

推论 2.6：企业的边界，如果用"利润最大化的最佳生产量"来定义，则对于边际成本倾向于零的数字化产品，其边界倾向于无穷大。这样，不同的理论要回答的问题是不一样的，就企业的边界而言，罗纳德·科斯（Ronald Coase）的企业理论要回答的是"如何寻求最佳产量"的问题，而 CHS 理论要回答的是"如何开拓市场"的问题。

推论 2.7：商业模式是合约相关者的交易结构，其创造的剩余越多，该商业模式就越有效；相反，创造的剩余越少，其有效性就越低。如果任一合约相关者没有剩余，则该商业模式的有效性低。

定义 3：一个项目，每个直接交易的主体，即合约相关者，都有剩余，则这个合约为格式塔合约；相反，任何一合约相关者没有剩余，则这个合约为非格式塔合约。

推论 3：一个地区的文明程度，可用一定时期内处理事件的格式塔合约数量占总合约数量的比测度，即

文明程度（degree of civilization）= 格式塔合约数量（number of GC）/ 总合约数量（number of GC + NGC）

定义 4：人们愿意成交的最高价格，或最低价格，往往以已有物品的成交价

格为参照系，不能作出充分的调整，这一现象为锚定。

推论 4.1：共享经济的各合约相关者，被传统经济所锚定，而获得了很大的剩余。因此，共享经济企业能够爆炸性地增长。

推论 4.2：市场机制是一个不断创造性破坏（creative destruction）的过程。市场机制不能强买强卖，任何个人或组织，只有更好地利他，才能更好地利己。也就是说，以现有商品为锚，只有提供质量更好、价格更低的新产品，为客户创造剩余，自己才可能获得剩余。这样，新的产品又成为新的锚，成为下一轮创造性破坏的对象。如此循环往复，人类的生活得到不断改善。

推论 4.3：市场机制不能强买强卖，其交易满足了合约相关者均有剩余的条件，为格式塔合约。因此，一个地区、一个国家的市场化程度，就是其文明程度的有效测度。

不难看出，公理 1、2、3、4 是建立在个人主义、主观价值基础之上的。如果把推论 1.1～1.3 当作推论 1，以此类推，推论 1 揭示了两个主体之间的交易特性；推论 2 扩展到了多个主体的交易特性，包括项目和企业的交易特性；推论 3 描述了一地区交易的整体特性；推论 4 描述了交易的动态特征。因此，CHS 理论是一种建立在个人主义和主观价值基础上的整体性思想体系。

3.3 CHS 理论的形式化

观察与实验之所以建立现代科学，只是因为它们与数学演绎结合起来了。Marx（1983）曾说过，一门学科，只有当它成功运用数学时，才算达到完善的地步。

以上表述，说了量化的重要性。为何如此？一方面，数学语言与自然语言相比，更为精准，逻辑更严密，正如 Bacon（1625）所说"数学使人精细"；另一方面，数学使"隐性知识"显性化、量化，变得可以测量。

"合约相关者剩余"理论如何用数学语言表达，使其成为可以测量知识，是困惑笔者多年的问题。直到 2014 年，受西安交通大学李德昌教授的信息公式（信息 = 差别 × 联系）启发，得到"合约相关者剩余"的计算公式：

$$CHS = D \times C$$

其中，CHS 为合约相关者剩余；D 为买者的"保留价格"与卖者的"保留价格"之差，D 越大，成交的可能性空间越大，单笔交易创造的总"剩余"越大；C 为成交数量，毫无疑问，成交数量越多，买者与卖者之间联系越紧。值得注意的是，D 是 C 的函数，因此，D 为均值。

如果是一个创业项目，创业者就是"合约中心"，他与各方签约，该创业项目的总"剩余"就等于他与各方交易的总"剩余"之和：

$$CHS_t = \sum_{i=1}^{n} D_i \times C_i$$

创业是不顾自身资源限制，捕捉机会，创造价值的过程，该定义隐含三个问题：第一，自身如果没有创业的资源，创业何以成为可能？第二，什么是机会？第三，创造的价值如何测度？

公式 $CHS_t = \sum D_i \times C_i$ 对以上三个问题给予了清晰的回答：第一，创业者通过合约调动资源；第二，能创造"合约相关者"均有"剩余"的方案才是机会；第三，创业项目所创造的 CHS_t "合约相关者总剩余"越大，所创造的价值就越大。这样"合约相关者剩余"理论将"创业资源论"与"创业机会论"整合成为更为简洁、精准的"创业合约论"。

要说明的是，第一，"合约相关者剩余"是一种主观价值，这与经济学发展大方向具有一致性，正如 1974 年诺贝尔经济学奖得主 Hayek 所言："在过去几百年里，经济理论每一次的重大进步，都是更加坚定地运用主观主义"（考德威尔，2007）。第二，交易不是等价交换，因为对同一商品买者的"保留价格"高于卖者的，才可能成交，成交后双方都获得了"剩余"，即双方都是所获得商品的价值，高于所放弃商品的价值。

3.4 CHS 大小的测度

在芝加哥大学社会科学研究大厦的正面，就镌刻着开耳芬勋爵的名言："如果你不会测量，你的知识就是贫乏不足的。"

使我们有信心的是，社会学家 Babble（2020）在其《社会研究方法》一书中断言，"一切皆可测量。"

测量对于 CHS 理论的重要性在于，可以检验该理论的解释与预见力，以便做更深入、更费心力的工作。CHS 的测量，阶段性探索结果如下。

1. 增量测量

原本愿意成交价，已隐含最小净收益，以此作为参照，可以度量合约相关者剩余的增量。例如，在红顶商人一例中，陈姓青年愿意每月 10 两银子为钱庄工作，胡雪岩出价每年 200 两银子，这样，给陈姓青年每年增加了 80 两银子的剩余。同理，在搭乘的士一例中，笔者增加了 15 元的剩余，的士司机增加了 10 元的剩余。

2. 直接测度

根据定义，合约相关者剩余，即买者愿意成交的最高价格与卖者愿意成交的最低价格之"差"（用 D 表示），因此，CHS 由得到的两个保留价格，可直接算得。

单个交易，如果交易的数量为 C，则剩余为

$$S = D \times C$$

项目包含多个交易，则为各个交易的剩余之和：

$$S_t = \sum D_i \times C_i$$

3. 间接测量

Earle（2004）的研究表明，"不同意"会唤起更多的自觉思考。越不同意，产生"同步评论数""字数"和"价值推理"越多。利用"自觉思考程度"与"剩余"负相关，用有声思维法，记录自觉思考的程度，测度剩余。

4. 量表测度

根据 CHS 的内涵，用量表测度。已开发出 6 个题项的"合约相关者剩余"量表。例如：我认为该交易各方均受益；要求已投入此项目的任何一方，退出此项目是一个艰难的工作。该量表进行了效度和信度的检验。

3.5 CHS 理论的操作化

发现的艺术，就是正确概括的艺术。一笔交易只有在"合约相关者"均有"剩余"的条件下，才会达成。而一笔交易的"总剩余"等于买者的"保留价格"与卖者的"保留价格"之差。因此对"保留价格"影响程度大，而又可操控的因素，应纳入操作工具的考虑范围。

经文献研究发现，产品组合、交易内容、支付时间对"保留价格"有显著性影响，从而调节"合约相关者剩余"，不仅如此，它们还是可操控的因素。如图 3-2 所示，三个维度中，产品组合维度，只能取三个值中的一个；交易内容维度，可取三个值中的一个、两个或三个；支付时间维度，也可以取三个值中的一个、两个或三个；这样就有 $3 \times 49 = 147$ 种组合。

第一个维度，产品组合，显然交易单产品、双产品、多产品的"保留价格"不同。传统经济学认为是递增的，而行为经济学研究发现，在没有比较的情况下，并非产品越多，"保留价格"就越高。两者的结论不一致，但不同中的相同是，交易产品的数量对"保留价格"有显著性影响。

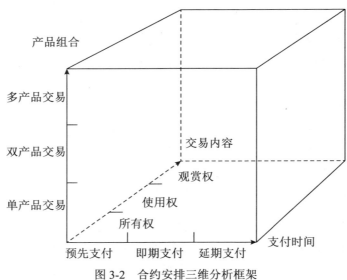

图 3-2　合约安排三维分析框架

为此，商家采用不同的产品组合销售策略，给消费者带来"剩余"的同时，增加自身总"剩余"。吉列（Gillette）公司的"低价或免费剃须刀＋刀片"营销策略，谷歌（Google）公司的"免费搜索＋广告"策略，是两个经典的双产品商业模式。一方面，企业对 A 产品的"保留价格"极低，甚至为零，以确保客户有"剩余"；另一方面，经锁定客户，企业通过 B 产品获取"剩余"。

相反，美国西南航空公司（Southwest Airlines）是将多产品商业模式，转化为单产品商业模式的成功案例。该航空公司不提供餐食，也不提供托运行李的转机服务，只提供"短航线"服务。因此，该航空公司的"保留价格"会显著性地下降，通过"低价格"确保了乘客有"剩余"。该公司自从成立的第二年以来，实现了连续 45 年盈利的历史，成为全球航空公司中的唯一。

第二个维度，交易内容，即对一商品的所有权、使用权、观赏权进行交易，显然，这三种权利的范围、大小递减，买者与卖者的"保留价格"也会逐渐降低。因此，可通过调整商品交易的权利，达到"合约相关者"均有"剩余"的目的。

1856 年，美国 Singer（胜家）缝纫机公司首创的"租用－购买计划"（hire-purchase plan）就是将使用权与所有权相结合的销售计划，成功地打开了国内与国际市场，到 1890 年，Singer 缝纫机拥有全球 80% 的市场份额（Godley，2006）。

租用－购买计划，就是顾客每月只需支付 5 美元，就可以得到缝纫机的使用权，当支付金额累积到可以支付这台缝纫机的价格时，就可以得到这台缝纫机的所有权。1856 年前，Singer 缝纫机市场一直打不开，因为当时美国人均年收入不到 115 美元，而一台缝纫机的价格在 75 到 125 美元之间（Cooper et al.，1978），尽管当时大多数家庭都有对缝纫机的使用需求，但其高昂的价格让大多数人望而却步。采用租用－购买计划之后，顾客每月仅需支付 5 美元，就可享用缝纫机的使用权，这样不仅可满足顾客日常的缝纫需要，而且还可缓解很大部分的生活压力，为顾客创造了很大"剩余"，因而，签约者剧增；对 Singer 缝纫机公司而言，虽然一台缝纫机每月只能入账 5 美元，但这种交易方式，获取和保留了大量的顾客，并且当顾客不再租用时，公司可以将缝纫机收回，再次出租，因而在合约期内，Singer 公司可以通过顾客，源源不断地获取"剩余"。也就是说，从传统的"所有权"的交易，转化为"使用权"与"所有权"相结合的交易，创造了"合约相关者"均有"剩余"的机会，使 Singer 缝纫机公司获得了巨大的成功。

第三个维度，支付时间，即预先支付、即期支付、延期支付，必然会影响"合约相关者"的"保留价格"。由于时间偏好的存在，人们宁愿要"现货"，而不愿要"期货"，正所谓"一鸟在手，胜过百鸟在林"。

奥地利学派的奠基人 Menger（1871）断言："所有的经验都告诉我们，我们人类认为，当前的快乐或在不远将来的快乐，远比直到某些遥远的将来才会出现的同样强度的快乐重要得多。"因为"满足生活和健康的即时需求，是满足遥远将来需求的必要的先决条件"。况且，未来带有不确定性，所以一件商品当前消费的价值，高于未来消费。

同理，货币这种特殊商品，也存在时间偏好。所以，对同一货币数量的预先支付、即期支付、延期支付的价值递减，而对同一商品的"保留价格"递增。

交易产品、交易内容、支付时间三个维度构成的操作工具是行之有效的，均可通过影响"保留价格"，达到"合约相关者"均有"剩余"的条件，从而促使方案自动执行。能源绩效合约（energy performance contracting，EPC）是充分利用该操作工具三个维度，成功开拓市场的典型案例。

Y 公司是一家集研发、生产、销售于一体的节能设备开发公司。Y 公司生产的水泵变频节能设备，采用成熟的中央空调变频节能控制技术对中央空调进行改造，以达到节约能源、减少废气排放、降低运行成本的目的。由于当时节能设备市场普遍存在的不规范和信息不对称，企业对节能设备的节能效果存疑，甚至担心它会影响企业的正常运作，所以 Y 公司运营初期，市场拓展效果不佳。

Y 企业很快意识到了其在市场拓展难以进行的主要障碍来自潜在消费者的不信任，因为对自己生产的节能设备有着绝对的信心，Y 企业设计出一种独特的合约安排——EPC，从而成功地开拓市场。

EPC 具体安排为：节能设备制造企业 Y 将其设备免费安装在用能单位 A（如酒店、医院、学校等），并负责日常维护工作，在 40 000 小时内（约为 10 年），该设备所产生的节能收益由双方共享，前 20 000 小时，Y 企业和用能单位按 6∶4 分配收益；后 20 000 小时，按 4∶6 分配收益，收益分享期结束后，用能单位 A 拥有该设备的"所有权"。

不难看出，EPC 在三个维度上成功地使用了 CHS 操作工具。首先，为"多产品交易"，用能单位 A 不仅"零成本"获得了节能设备的使用权，还享受节能公司提供的节能改造、设备安装、保养、维护和升级等服务；其次，为"延期支付"，用能单位 A 在每期结束后，将节能收益一部分支付给 Y 公司，若节能设备无效，用能单位 A 无须向 Y 公司支付任何费用；最后，为"使用权"与"所有权"相结合的交易模式，在约定的分享期结束后，用能单位 A 获得节能设备的所有权，独享节能设备产生的收益。在产品组合、支付时间、交易内容这三个维度上，用能单位 A 都能获得"剩余"，A 单位肯定愿意达成该合约。对于 Y 公司而言，EPC 的"零价格""延期支付"特征，一方面，可以消除客户的不信任，成功开拓市场；另一方面，可在较长时期锁定客户，以此获得长期稳定的利润，其总"剩余"相当可观。

EPC 安排，通过操作产品组合、支付时间、交易内容这三个维度，创造了"合约相关者"均有"剩余"的条件，使该合约自动执行，从而成功地开拓了市场。

3.6 CHS 理论的动态性

CHS 理论似乎是一个静态理论，能解释一个交易、一个项目、一家企业、一个商业模式"为什么"可行。其实，将它与"锚定"概念相结合，则具有动态的性质，能解释经济现象的动态过程。

福山（1992）在《历史的终结与最后的人》一书中表明，人类经过几千年的探索发现，最好的经济制度是市场经济。为何如此？CHS 理论能有效地解释：由于市场经济不能强买强卖，人们往往将现有产品作为参照系，被它所锚定，个人或组织为了自身获得利益，就必须创造出性价比更高，甚至是性能更好，而价格更低的产品。这样，新的直接交易的主体，即合约相关者，均有剩余，旧的供求关系被打破，"创造性破坏"得以实现。然后，新产品又成为新的参照系、锚定点，成为下一轮"创造性破坏"的对象，如此，循环反复，纷纷仿效，社会不断进步，即使人们的收入不变，生活状况也会得到显著性改善。市场经济的这一动态演进的特征，是其被广泛认可的重要原因。

同理，结合"锚定"概念，CHS 理论能有效地解释产业的升级、产业的转移以及创新何以能实现等动态经济现象。

第 4 章
CHS 理论与相关理论的对比

对一个理论假说的接受，不仅仅取决于其解释力、简单性，还取决于它是否得到了已经被证实的其他理论的支持。一个理论假说，如果与一个广泛支持的理论相冲突，将妨碍这个理论假说被接受；相反，与已有理论兼容，则会提高该理论假说的接受度。更进一步，新理论不仅得到了已有理论的支持，还具有明显的增量，则该理论被接受的可能性更大。

CHS 理论与九大理论密切相关，一方面，说明 CHS 理论得到了公认理论的广泛支持；另一方面，CHS 理论揭示了九大理论不同中的相同，在一定程度上，CHS 理论是这九大理论的深化。

对读者而言，通过阅读本章内容，不仅可以拓宽知识面，加深对世界的认知，而且知道了不同理论背后的理论，能减轻认知负担。没有理论指导的行为是盲目的，毫无疑问，在这九大理论指导下，能够提高决策行为的有效性。

4.1 利益相关者理论

4.1.1 利益相关者理论概述

利益相关者理论起源于 20 世纪 60 年代西方经济学家对企业决策模式和社会责任的争论。1963 年，斯坦福研究院最早明确地提出利益相关者的定义："利益相关者是这样一些团体，没有其支持，组织就不可能生存"。1984 年，Freeman 在《战略管理：一种利益相关者的方法》一书中，全面阐述了利益相关者理论。其中，利益相关者是指能够影响一个组织目标的实现，或者受到一个组织实现其目标过程影响的所有个体和群体。该理论的核心观点在于，任何一个企业的发展都离不开各个利益相关者的参与，企业应该综合平衡各个利益相关者的利益要求，而不仅仅是股东的利益，这一理论的提出动摇了传统的股东至上原则。

4.1.2 CHS 理论对利益相关者理论的挑战

CHS 理论与利益相关者理论都是以企业为中心构建的理论，对主体的界定都是围绕着企业。其主体均包括直接交易主体，如消费者、供给者、投资者、企业家、管理者和员工等。

但两者仍存在区别。

首先，CHS 理论解决了利益相关者理论存在的"概念问题"。利益相关者理论对利益主体的界定非常宽泛，而 CHS 理论对"合约相关者"的界定比较明确，只涉及合约的直接交易主体，即供给者、投资者、企业家、管理者、员工和消费者等，解决了"利益相关者"理论的边界模糊问题。此外，利益相关者理论与公认的"创造性破坏"理论相冲突，而 CHS 理论不仅与该理论兼容，而且引入了"锚定效应"，揭示了创新何以成为可能的内在机制。

其次，CHS 理论解决了利益相关者理论存在的"经验问题"。利益相关者理论与经验事实相冲突，根据该理论，一个企业要关心利益相关者的利益，才能够得到良好的发展。而共享经济企业不顾部分利益相关者的利益，也能够得到爆炸性的增长，挑战了该理论。另外，竞争者也是利益相关者，其利益需求也应该被满足，这种情况与绝大多数的事实不符。而 CHS 理论有效解决了这一经验问题，该理论认为只要一个项目的合约相关者均有剩余，该项目就会被自动执行，剩余越大，自动执行的可能性越大，这就是共享经济企业能够爆炸性增长的原因。此外，合约相关者没有包括竞争者，因为它不是企业直接交易的主体，企业不必要关心其利益，反而破坏其利益的可能性更大，这就是"创造性破坏"所描述的现象。

最后，强调的重点不同。利益相关者理论的出现是为了打破"股东利益最大化"原则，强调的是，应该减少对财务绩效或股东财富积累的关注，增加对其他利益相关者的关注，从而综合平衡各个利益相关者的利益要求。而 CHS 理论描述的是客观事实，强调了直接交易主体的各方利益，合约相关者均有剩余时，交易才会自动执行，任何一方剩余为负时，交易就不会自动达成。所以，利益相关者理论的重点在于规范性地要求"平衡各方利益"，而合约相关者剩余理论的重点在于揭示了一方案自动执行这一事实的内在本质，即"各方均有剩余"。

4.2 消费者剩余理论

4.2.1 消费者剩余理论概述

1890 年，消费者剩余在马歇尔《经济学原理》一书中首次被提出，立即被认为是书中最具原创性的思想（most striking novelty）。"消费者剩余"指消费者愿意成交的"最高价格"与实际"成交价格"之差；愿意成交的最高价格是主观的，因此，"消费者剩余"是一个主观概念。

4.2.2　CHS 理论对消费者剩余理论的拓展

"合约相关者剩余"概念是"消费者剩余"概念的拓展。"消费者剩余"强调消费者一种主体的福利，而 CHS 用一个概念概括了所有交易主体的剩余，它关注了多种交易主体的福利，不仅包括消费者剩余，还包括企业家剩余、投资者剩余、供给者剩余、管理者剩余和员工剩余等，涉及的主体更丰富、全面。正是每个直接交易主体均有剩余，才使一商业模式能够有效地自动执行。

此外，该理论拓展了"剩余"概念的解释空间，它既可以解释为人处世的成败、领导的形成、企业的本质等微观现象，又可以解释人类文明的测度等宏观现象。

有意思的是，CHS 理论有效地解释市场的"创造性破坏"何以可能。由于市场不能强买强卖，你要利己，就要利他，是否利他，又是以现有的产品作为参照系，所以，新的市场进入者会把现有的产品当作"创造性破坏"的对象，它们只有创造出比现有的产品更好、价格更便宜的产品，消费者才会有剩余，从而接受新产品。这样，原有的产品遭到了"破坏"，它们则有效地开拓市场、获取利润。而新产品又成为下一轮创造性破坏的对象，如此循环往复，人们不断获得剩余，社会不断进步，即使在收入不变的情况下，人民的福祉也在提高。因此，市场经济制度是一项伟大的发明，它使人类进入了良性循环、不断提升的发展轨道。

4.3　双赢策略

4.3.1　双赢策略概述

"双赢"（win-win）是博弈论中的术语，1944 年，Neumann 和 Morgenstern 合著的《博弈论与经济行为》一书，奠定了博弈论发展的理论基础。在博弈模型中，根据局中人是否可以达成具有约束力的协议（binding agreement），分为合作博弈与非合作博弈。合作博弈也可以叫作正和博弈，是指博弈双方都能获得一定的利益，或者至少有一方获得利益，另一方的利益没有受到损害的策略。合作博弈强调的是合作下集体的理性、效率、公正和公平，因此，合作博弈实际上就是一种"双赢"策略（简兆权，李垣，1998）。由此可见，"双赢"的本质就是对博弈双方都有利的行为和结果，那么，双赢策略（win-win strategy）就是为达到双赢目的而采取的行动方案。

4.3.2 CHS 理论对赢多少的计算

双赢策略和 CHS 理论都体现了"理性人"的观点，即每一个从事经济活动的主体都是利己的，都是追求利益最大化的。双赢策略实施的背景是两个主体，只有两个参与主体都在方案中获得剩余，该方案才能称为双赢策略。CHS 理论基于此潜在原理，强调涉及多个主体时，交易主体各方均获得剩余，交易才会达成。

此外，双赢策略中的"赢"的内容模糊，并未表明如何测度。而在 CHS 理论中，"剩余"是具体的，是可以进行测量的，即 CHS=$D×C$，其中 D 为交易主体的"保留价格"之差，C 为交易的数量。

最后，双赢策略关注的是"赢"的结果，没有关注"赢"的大小，因此，无法保证每个参与主体在双赢策略下所获得的收益均大于各主体在单独经营时获得的收益，或与团队外其他主体合作时获得的收益。而 CHS 理论可以给每个主体带来最大化的收益。CHS 的前提假设是每个参与主体都是自由的，对于多种获利方案，他们会对每个备选方案进行比较，彼此互为参照系、锚定点，从而最优的方案才有剩余，这样就保证了各主体不仅能"赢"，还能"赢"得最多。

4.4 效率工资理论

4.4.1 效率工资理论概述

效率工资（efficiency wage），是指企业支付给员工的高于劳动力市场出清工资水平的工资（Peach & Stanley，2009），这样的工资能够起到激励员工、提高生产率和企业绩效的作用。早在亚当·斯密的《国富论》中，就出现过类似于效率工资的观点，将其提升到理论高度的是美国经济学家罗伯特·索洛（Solow，1979）。索洛认为降低工人工资虽然有利于增加企业利润，但是会使得士气低落，打击工人生产的积极性，甚至导致近乎破坏的粗心大意，从而降低生产效率，企业的声誉也会受到影响，不利于招到高质量的员工。索洛模型证明了工资水平与工人的努力程度呈正相关，高工资将促进工人生产效率，但索洛模型未能解释为什么高工资会导致高生产率这个问题。

随后的逆向选择模型（Adverse Selection Model）、怠工模型（Shirking Model）、离职模型（Turnover Model）以及礼品模型（Gift-exchange Model）弥补了索洛模型的不足，阐明了高工资将给企业带来高效率的原理，即为什么称为效率工资。首先，逆向选择模型（Akerlof，1970）认为工资有筛选劳动力的功能，即效率工资可以帮助企业吸引和留住高素质的员工；高质量员工带来的生产率增加足以抵消企业提高工资带来的成本。其次，怠工模型（Shapiro & Stiglitz，1984）认为工人一旦被发现有偷懒行为就会被解雇，即效率工资增加了工人偷懒的机会成本，有助于督促他们认真工作以提高生产率，并降低监督成本。接着，离职模型（Salop，1979）认为高工资增加了工人的辞职成本，从而降低了离职率，减少了招聘和培训新员工的时间和费用。最后，礼品模型（Akerlof，1970）认为员工会将超过企业工作标准的那部分富余生产力作为礼物赠送给企业，以期换取更好的待遇；同时，企业也会设置一个让员工能够比较容易达成的工作标准，使其赚得更多的报酬，如此一来，员工也会报之企业以更高水平的工作努力。综上可知，效率工资对员工具有激励和约束的双重作用，可以有效增加员工工作努力程度，同时约束偷懒等败德行为。

4.4.2 CHS 理论解释效率工资为何有效

效率工资的作用机制体现了 CHS 理论中强调的"有剩余"的观点。首先，市场出清工资是工人愿意出售劳动力的一个最低价格，企业给出的效率工资高于这一水平，工人们赚取了更多的收入，这时工人群体就获得了"剩余"。其次，企业通过效率工资，可以吸引高素质人才，激励工人提高生产效率，并且降低监督、招聘、培训等成本，如此一来，企业也获得了大量"剩余"。正是由于企业方和员工方均从效率工资中获得了剩余，效率工资才真正地发挥了作用，得以有效。

一般来说，效率工资只是从客观价值剩余（如：收益和成本）的角度来阐释其如何发挥作用的，而 CHS 为主观价值。例如，除了高工资外，安稳与良好的工作环境也可能降低劳动力供给的保留价格，从而扩大效率工资与保留工资之差，提高工人的"剩余"。

此外，两个理论的参照系不同。效率工资理论是以市场出清水平的工资为单一参照系，证明了企业提供给员工高于这一水平的工资就可以促进员工的劳动生产率，提升企业绩效。若参照系发生改变，即企业工资虽然高于市场出清水平的工资，但低于同行业的平均工资或者低于员工的历史平均工资时，效率工资理论就可能会失效，不再能发挥对员工的激励作用。相反，"合约相关者剩余"理论则涵盖了所有参照系的情况。不管员工以什么为参照系，只要员工认为进入企业能够使自己获得"剩余"（工作环境、福利待遇等），即使此时企业提供的工资低于员工的历史工资，员工也会努力工作。

4.5 激励相容理论

4.5.1 激励相容理论概述

美国经济学家 Hurwicz（1972）首次提出激励相容（incentive compatible）的概念。当人是理性经济人时，被默认存在利己行为，即利用信息不对称，以牺牲他人的利益来换取自身的个人利益（Aspremont & Gerard，2015）。但是，当组织的机制激励具有信息优势的一方为另一方的利益行事，而他个人的利益也得到最大化保障的时候，将产生激励相容的结果（Horowitz & Mcconnell，2002），即达到了"利己"与"利他"相容的目的。

激励相容的制度设计，亮点在于没有强制要求"利他"，但是执行人为了"利己"，自然而然地"利他"。例如，分蛋糕的机制就可以说明什么是"激励相容"。如果大家都在乎香甜可口的蛋糕，而蛋糕的大小是既定的，如何保证大家都能公平地分到蛋糕？有人说，让诚实的人来切；又有人说，让有威望的人来切；但结果都不能令人满意，说明人是靠不住的。有智者提出，如果让切蛋糕的人最后拿蛋糕，他必然会尽可能均匀地切蛋糕，这样才能保障他自己的利益，于是，达到了公平公正、利人利己的目标。

4.5.2 CHS 理论与激励相容的异同

CHS 理论与激励相容理论在前提假设、行为特征和最后结果上具有一致性。在前提假设中，两者均假设人是自利的，个人决策时，他们将追求自身利益，而没有强求利他，但最后取得了利己与利他兼容的结果。例如，澳大利亚的白人，最初多是来自英国的流放者，而船老板把犯人送往澳大利亚，运输人数越多越好，最后导致有犯人死在途中，如何解决这一问题？做原有船老板的思想政治工作、选择"最佳"船老板、制定最低食物供给量、必备药品、最小空间等规则都不成功后，采用简单的由离岸人头给钱改为到岸的活人头给钱，一举解决了问题。船老板为了保障自己的利益最大化，想方设法改善空间，选择高性价比的食物和药品，以确保犯人能活着送达，实现了利人利己的目的。

CHS 理论与激励相容的不同点是，一方面，CHS 理论强调使合约相关者均有剩余，更为强调平等，通常没有上下、先后之分。例如举办一场成功的活动，会使得主办方、广告商、参与商、消费者均有剩余。激励相容则更多是上级对下级的权力下放，加强下级创造自身价值的同时，为集体创造价值。例如，许多企业会为员工提供培训的机会，一来可以增强员工自身的实力，二来也加深了员工对企业的情感，使得其更好地为公司创造价值。另一方面，CHS理论通常适用于"正反馈效应"，即给合约相关者均带来正面利益。而激励相容不但适用于"正反馈效应"，同时适用于"负激励效应"。例如在战争中，"覆巢之下安有完卵"，指的就是当集体遭殃时，个体也必受牵连，此时，战士们受到"负激励"，为了自己的安危也要打胜仗。再如，保险公司不向从事高风险行为，如吸烟或跳伞的人提供折扣，那么从事此类行为的人有动机控制自己的行为，不去做高风险的事情，使自己成为低风险者，从而获得保险公司的折扣，而保险公司也因为这部分顾客自发保护自己的行为而降低赔款率，从而获得收益，实现了激励相容。

4.6 强制执行的制度、自动执行的制度

4.6.1 强制执行的制度与自动执行的制度概述

对于某一安排或制度，受众并不愿意主动执行，甚至出现抵制、反抗的现象，制度、规则的推行需要借助外部强制力量，我们把这类制度称为强制执行的制度。例如，公司规定每个部门必须至少准备一个节目用于公司年会的表演，但员工均不愿意上台表演，难以完成公司分配的指标；对于民法典中提出的"离婚冷静期"规定，虽然民众出现了抵制情绪，但也无法阻止这一规定最终的强制推行。

与之相反，自动执行的制度指的是，对于国家制度、公司规定或者与他人之间的协议等，参与者将积极主动地去执行和达成，不需要外部的强迫或督促，更加具有主观能动性。例如：老百姓每年主动购买养老保险、医疗保险；营销人员将努力完成业绩指标以获得绩效奖金；等等。

4.6.2 CHS理论揭示自动执行的根本原因

CHS理论认为，当合约相关者均有剩余时，合约就会自动执行。制度之所以能够被自动执行，正是因为它给各主体带来了剩余。自动执行的制度具有激励和引导作用，它能给积极遵守、履行制度的参与者带来益处。如在年轻时购买养老保险和医疗保险，可以为以后年老、生病的自己带来收入、减少绝大部分的

医疗开支，保障晚年生活。因此人们才纷纷主动按照制度行事，以保证自己获得剩余。

强制执行的制度正是由于违背了 CHS 理论，无法给民众带来剩余，甚至抢占了人们的剩余，导致参与者缺乏动力去实现制度设定的目标，因此需要外部的监督来保证制度的执行。由此可知，制度制定者若想让制度、规定等被大众接受并被贯彻执行，就需要充分考虑直接参与者的剩余。

不管是自动执行的制度还是强制执行的制度，它们隐含着制定者的利益，即保证了制定者的剩余。因此，自动执行的制度与强制执行的制度的区别，在于制度是否给制度的接受者带来剩余，即除制定者之外的参与者是否有剩余。

"合约相关者剩余"理论，涵盖了制定者和接受者的剩余，即若制定者的剩余无法得到保证，制度就不会存在；若接受者的剩余无法得到保证，制度则不会被接纳和贯彻执行，制度的效果将大打折扣。因此 CHS 更加强调各参与者均有剩余，而不仅仅是保证某一方的剩余。

4.7 创业有哪些理论

创业是不顾自身资源的限制，捕捉机会，创造价值的过程（Stevenson，1990）。此定义隐含着以下三个问题：①创业者自身没有足够的资源，创业何以成为可能？②什么是机会？它是被发现的，还是被建构的？③创造的价值如何测度其大小？

而基于 CHS 理论的创业合约论，系统地回答了以上三个问题：一个创业项目，是以直接交易的各方是否均有剩余判断机会、以可拼凑成的合约调动资源、以创造的剩余大小测度其创造价值的大小。由此可以得出，创业是创造和实现合约相关者均有剩余的机会的过程。要说明的是，基于 CHS 理论的创业合约论，是以下三种创业理论的整合。

4.7.1 创业机会论概述

创业研究需要一个独特的研究对象，才具有其存在的合法性。Shane 和 Venkataraman（2000）认为，创业是对创业机会的识别、发展和评估，进而创造经济社会层面价值的过程。而创业机会不是其他领域研究的主要对象，因此，创业机会奠定了创业研究存在的合法性，开启了创业机会的研究热潮，对创业机会本身、前因、后果展开了研究。

对创业机会发现的研究，也包括机会发现的本质特征、前因、后果。首先，

Mccline 等（2000）认为机会识别是一种在环境中搜寻未能满足的需求的态度。而 Shane 和 Eckhardt（2003）认为，机会识别是个体获取、处理并解读信息价值的过程。Baron 和 Ensley（2006）认为机会识别是一个认知过程，个体通过这个过程努力地在技术、人口特征、市场、政府政策等变化、事件和趋势之间连线以产生新产品或新服务的创意。其次，Ardichvili 等（2003）以创业机会识别为基础，提出企业家的个性特征，社交网络和先前的经验是企业家识别商业机会的关键因素，Kirzner（1973）提出警觉性建构了创业者独特认知结构和思维模式，驱动了创业机会的识别。最后，Arentz 等人（2013）认为，所识别创业机会特征决定着创业活动的价值创造潜力。

对创业机会是发现的还是构建的，不少学者进行了深入探讨。有些机会是发现的（Suddaby et al., 2015；Lanivich et al., 2022），有些机会是构建的（Welter et al., 2016；Steffens et al., 2023）。但无论是发现还是构建，人的主观能动性，都在其中发挥了重要作用。

从 2000 年到 2023 年，创业机会的研究没有重大的进展，其中一个关键问题——创业机会如何测度没有达成共识。不能准确地测度创业机会，也就不能将创业机会操作化，就不能有效地检验该变量与其他变量之间的关系，从而阻碍了创业机会研究的深化与升华。Grégoire 等人（2010）认为，可以用普遍认可性、普遍可行性、市场供求手段识别创业机会，将市场紧迫性、企业驱动力、机会信心作为创业机会的识别指标。然而，这些观点缺乏严格的构念效度，难以进行深入的探讨。

4.7.2 创业资源论概述

Alvarez 和 Busenitz（2001）将创业的本质理解为资源配置的过程；Sirmon 等人（2011）认为创业是对企业所占有的独特资源结构化、能力化和杠杆化的过程。

这是因为，资源是企业生存与成长的关键。Alvarez 和 Barney（2004）认为企业所掌控的有价值的、稀缺的、难以模仿的和能被开发利用的异质性资源是企业持续竞争优势的基础，企业必须控制稀缺和宝贵的资源才能获得竞争优势（Wernerfelt, 1984）。

然而，仅仅拥有这些资源并不能保证竞争优势的发展或价值的创造。Zahra 等人（2013）指出，企业能否创业成功，取决于创业机会、可利用资源的数量以及有效配置和利用资源的能力。Alexy 等人（2017）认为，创业者在资源有限的条件下，其竞争优势来源于资源识别、获取、配置的能力。为了保持竞争优势，实现价值创造，创业者必须有效整合资源。

4.7.3 创业拼凑论概述

创业新手与成功的创业者有何差异？Sarasvathy（2001）研究发现行动逻辑是关键。创业新手的行动逻辑是目标导向，遵行的是因果逻辑"causation"，即根据要达到的目标，去寻找必要的手段、资源，它与传统的管理理论，如目标管理、目标路径理论相一致。而成功创业者的行动逻辑是手段导向，也就是根据现有的手段、资源（如：我是谁？我知道什么？我认识谁？）去行动，去创造与捕捉机会。Sarasvathy（2001）将这种行动逻辑命名为"effectuation"，即效果逻辑，与因果逻辑相反。该概念与下面的创业"拼凑"概念有异曲同工之妙。

Baker 和 Nelson（2005）对 29 家资源有限的公司进行实地研究，将"拼凑"概念引入创业行动的逻辑概念，提出"创业拼凑"的概念，强调利用手头已有的资源，将其积极拼凑，实现价值的创造过程。值得注意的是，创业拼凑并不意味着只能得出不完美的、将就的解决方案。相反，该理论认为，资源的价值和有用性在一定程度上取决于其使用目的，同一资源可以赋予不同的意义，资源重新组合，可以形成新的机制，从而实现创新。毫无疑问，"拼凑"强调了人的主观能动性、创造性的发挥。

创业拼凑论，揭示了成功创业的重要特征：在资源有限的条件下，成功的创业者隐含的行动逻辑为手段导向，即利用已有的资源，变通地创造出问题的解决方案。创业拼凑论的提出，为创业理论研究开辟了新方向，为创业实践者如何超越资源的限制提供了新的启示。

4.7.4 CHS 理论对创业理论的综合

创业机会论、创业资源论、创业拼凑论，分别从各自的角度强调了机会、资源、拼凑在创业过程中的重要性，但是，没有在各自的理论框架下，对创业所创造的价值进行有效的测度。

基于 CHS 理论的创业合约论认为，创业是以合约调动资源，以拼凑的行动逻辑捕捉机会，从而实现合约相关者均有剩余的过程。不难看出，CHS 理论将机会、资源、拼凑统一到同一理论框架中，为创业研究提供了一种新的范式。其中，"剩余"是识别机会、获取资源的动因，"合约"是获取资源、捕捉机会的手段；前者是创业的内在本质，后者是创业的外在表现。

不仅如此，CHS 理论还对创业所创造价值，提出了操作性的测量方法：单笔交易所创造的价值为合约相关者剩余，即

$$CHS = D \times C$$

其中，D 为买者的"保留价格"与卖者的"保留价格"之差，D 越大，单笔交易创造的总"剩余"越大，即创造的价值越大；C 为成交数量，成交数量越大，交易所创造的价值越大。

对于一个创业项目，创业者为"合约中心"，其与各方签约，该创业项目的总"剩余"就等于其与各方交易的总"剩余"之和：

$$\text{CHS}_t = \sum_{i=1}^{n} D_i \times C_i$$

综上，基于 CHS 理论的创业合约论，吸收了创业机会论、创业资源论、创业拼凑论的优点，用显性的"合约"解释了资源的调动问题，用隐性的"剩余"有效地解决了创业机会，以及创造的价值的测度问题。

4.8 国际贸易理论

4.8.1 国际贸易理论概述

1. 绝对优势理论

绝对优势（Absolute Advantage）理论由亚当·斯密（1776）在《国富论》中提出，一个国家在某种产品上的劳动生产率高于其他国家，则具有绝对优势；相反，若低于其他国家，就具有绝对劣势。国家应该集中生产、出口其具有绝对优势的产品，进口其具有绝对劣势的产品，这样，基于绝对优势的贸易，使贸易双方国民福利得到提高。斯密（1776）认为自由贸易能有效地促进生产的发展和产量的提高，最终提高国民福利，因此，主张各国都应按照本国的绝对优势形成国际分工格局，实行自由贸易政策，反对国家对外贸的干预。

2. 比较优势理论

比较优势理论（comparative advantage）是大卫·李嘉图（1817）的代表作《政治经济学及赋税原理》一书中的核心论点。他认为，一个国家即便同时具有两种产品的绝对优势，也可以通过贸易来获取更大的收益，而并不需要自行生产两种产品。

李嘉图（1817）假设葡萄牙在生产酒和毛呢两种产品时，都比英国具有更高的生产率，葡萄牙一年中生产一定数量的酒（比如说 8 000 加仑）只需要 80 人，而在英国则需要 120 人；与此相类似，葡萄牙生产一定数量的毛呢（假设是 9 000 码）只需要 90 人，而在英国则需要 100 人。显然，葡萄牙在两个行业都具有绝对优势，但它在酿酒方面的优势更大，即在酿酒行业具有比较优势；而英国在毛呢生产上具有比较优势。根据比较优势原则，葡萄牙只生产酒，而英国只生产毛呢，然后两国通过贸易，将会比在完全依靠自己来生产两种产品的情形下，得到更多的酒和更多的毛呢。

也就是说，只要两国都专注于自己相对擅长的产品，那么它们都会从国际贸易中受益。因此，李嘉图主张"劳动分工与贸易自由，每个国家都应根据'两利相权取其重，两弊相权取其轻'的原则，集中生产并出口其具有'比较优势'的产品，进口其具有'比较劣势'的产品"。

4.8.2　CHS 理论对国际贸易理论的优化

CHS 理论与国际贸易理论均强调"交易"能创造价值、增加福利。CHS 理论是一个更为普适性的交易理论，即交易可产生"剩余"，交易主体的福利得到增加；绝对优势理论和比较优势理论，具体地阐述了国家与国家之间，以及地区与地区之间的交易可产生福利。因此，CHS 理论与国际贸易理论都强调交易主体的自由平等和资源的自由流动，以降低交易的阻力、促进更多的交易。

绝对优势理论和比较优势理论强调了经过"分工"后的贸易，可增加贸易双方的福利；而 CHS 理论认为，无论是否"分工"，交易都会增加福利，创造"剩余"。不过，国际贸易理论中，福利的增加是指客观的、总产量的增加；而 CHS 理论中，福利的增加是指主观价值"剩余"的增加。

值得说明的是，绝对优势理论与比较优势理论是静态的、已有商品的贸易理论，难以解释历史上及当下的贸易战，既然贸易会增加交易双方的福利，又为何会发生减少贸易的贸易战？问题在于绝对优势理论与比较优势理论隐含的两个前提假设已经不再成立。

第一个前提假设是，优势是既定的、不变的。而事实上，优势通常是可变的，假设 A、B 两国均生产甲、乙两种产品，A 国生产甲产品具有优势，B 国生产乙产品具有优势，B 国进口甲产品后，通过"学习"可获得生产甲产品的相对优势，甚至是绝对优势。于是，B 国就不必继续向 A 国进口甲产品，甲产品的国际贸易可能中断。这样，A 国可能以侵害了其知识产权为由，向 B 国发起贸易战。

第二个前提假设是，劳动力在行业间、产品间是可以迁移的，即 A 国生产乙产品的劳动力，可以向生产甲产品转移；而 B 国生产甲产品的劳动力，可以向生产乙产品转移。但在现实情况中，这种迁移不一定能发生，特别是技术含量低的劳动力，难以向技术含量高的行业、产品转移。于是，发达国家制造业外迁时，制造业的劳动力难以向研发、设计迁移，不得不失业。而大量的失业会造成贫富两极分化与社会的动荡不安，为了推卸决策、政策失误的责任，A国可能向B国发起贸易战。

为此，笔者提出"不可习得性优势"与"可习得性优势"两个概念，"不可习得性优势"可使贸易持续进行，不会引起贸易战，如可口可乐的贸易；而"可习得性优势"，由于优势的转换，会引起原有优势的一方不满，从而引发贸易战。由此，彰显出各国开发出自身的"不可习得性优势"的重要性。

值得一提的是，CHS理论将"锚定"与"创造性破坏"相结合，隐含着动态的观点。在上述A、B两国的案例中，B国开发出了比甲产品性能更好、价格更便宜的新产品，该产品的直接交易主体以A国生产的甲产品作为参照系，获得了"剩余"，B国实现了"创造性破坏"。此时，B国不必再从A国进口甲产品，反而A国要从B国进口新产品。而新产品又成为新的参考点，人们又被它"锚定"，直至开发出更新的产品，市场机制就是通过不断地创造性破坏，使人类的生存状态得到不断改善。

4.9 帕累托改进、创造性破坏

4.9.1 帕累托最优与帕累托改进概述

帕累托最优（Pareto optimality）是由意大利经济学家维尔弗雷多·帕累托（Vilfredo Pareto）于1896年提出的重要经济学概念，是指经过资源配置后的一种理想的状态：当经济社会中的资源和产出的状态，无论经过怎样的重新配置，都不能实现增加一方的福利，而不减少其他任何一方的福利时，便达到了帕累托最优。帕累托最优理论着眼于社会整体福利的最大化，用效率来评价当前分配的合理性和改善空间，是公平与效率的理想状态，即无法做到改善任何人的状况而不使他人受损。

帕累托改进（Pareto improvement）是指达到帕累托最优的方法和路径：假设资源和受众一定，在没有使任何一方或个人处境变坏的情况下，至少其中一方或个人处境变得更好，从而改变了当前的分配状态。像是中国农村的"包产到户"改革，就是一个典型的帕累托改进。帕累托改进和帕累托最优的关系为：若已经达到帕累托最优状态，则不存在帕累托改进的余地，但若存在帕累托改进的可能，就表示当前社会资源分配并未达到帕累托最优。

4.9.2 创造性破坏概述

Schumpeter（1942）在《资本主义、社会主义与民主》一书中，提出工业变革的过程就是不断地从内部变革经济结构，不断地摧毁旧的，不断地创造新的，他把这一过程称为"创造性破坏"。"创造性破坏"揭示了市场经济的本质，用于解释市场向更有效率的方向行进的现象，如汽车替代马车、智能手机替代功能手机。Schumpeter（1942）对"创造性破坏"这个概念进行了详细阐述，使之成为他的经济理论的中心，将其作为一种经济创新和商业周期的理论推广，后来成为奥地利学派自由市场经济思想的主要学说。

在 Schumpeter（1942）的视野中，"创造性破坏"被视为资本主义的优点，是资本主义成功的原因。企业家的创新进入是维持经济增长的破坏性力量，它摧毁了老牌公司和劳动者的价值，这些公司和劳动者享有来自先前的技术、组织、监管和经济范式的某种程度的垄断权力，而使资本主义经济不断增长。

Schumpeter（1942）认为均衡不是常态，而非均衡才是常态，均衡不是市场过程的最终目标。均衡是会不断被重塑的，会被动态创新所取代。企业家通过创新不断地打破旧的市场均衡，经济增长到一定程度，实现新的市场均衡，紧接着新的均衡又被下一轮创新打破，不断如此，经济得以螺旋式上升。

4.9.3 CHS 理论对帕累托改进、创造性破坏的概括

三种理论都与状况的改善相关。帕累托改进是在不减少他人利益的情况下，使一方更好，从而整体社会状况改善；创造性破坏是由于创新给经济带来了新的增长点，给部分群体带来了"剩余"，虽然有负的外部效应，但是对整个社会是有益的；CHS 理论则强调直接交易的主体，即合约相关者，以资源的原有状态作为参照系，改善的状态优于"保留价格"时，才有剩余，而剩余越多，则改善越大。

CHS 理论揭示了"帕累托改进"与"创造性破坏"不同中的相同，也就是说，无论是帕累托改进，还是创造性破坏，各直接交易的主体状态均得到了改善，都有剩余。相同中的不同是，创造性破坏存在负的"外部效应"，帕累托改进不存在负的"外部效应"。而 CHS 理论强调无论外部性如何，一个方案的合约相关者均有剩余，则该方案会自动执行，剩余越大，自动执行的可能性就越大。

此外，从概念的精细程度来说，帕累托改进、创造性破坏的结果是强调部分人的"变好、受益"，但"变好"是一个泛化的概念，帕累托改进、创造性破坏中均没有量化的方式。CHS 理论中的"剩余"更为具体，概念整体更为精细，

同时可测度：CHS=$D \times C$，其中 D 为买者与卖者的"保留价格"之差，C 为交易的数量。

4.10 CHS 理论建构小结

综上所述，CHS 理论有较强的解释性、整合性、启发性。它用"合约相关者剩余"这个概念，既解释了微观的为人处世的现象，又揭示了宏观的人类文明的进化过程，还与以上九大公认的理论具有兼容性，而且揭示了九大理论可行的根本原因，如"创造性破坏"何以可能。因此，在某种程度上，CHS 理论是这九大理论背后的理论，它更为抽象、简洁，不仅能降低人们的认知负荷，而且能深化人们的认识。

正如 Hempel（1967）所言，指向一个概念，或由该概念出发的箭头越多，由该概念构成的理论就越强大。牛顿力学用"力和引力"概念既能解释地上的自由落体运动、单摆运动和潮汐现象，又能解释天上的月球绕地球运动、行星绕日运动、彗星和人造卫星的运动轨迹以及双星互绕定律。因此，牛顿力学是一个接受度很高的伟大的理论。

显然，CHS 理论只是一个试探性的理论，不能与牛顿力学相提并论，但笔者仍寄希望于，在读者的批评指正下，发展为一个被广泛接受的理论。

第二部分
CHS 理论的主要应用

众所周知,归纳法是不可靠的,从个别到一般没有逻辑通道,科学发现的逻辑是"猜想与反驳",不少成绩卓越的科学家曾明确表示,他们之所以取得显著的成就,就是因为遵循了 Popper(1963)的《猜想与反驳》思想。如何猜想?按照 Feyerabend(1975)的思想,猜想的产生,什么都行,哪怕是苹果砸在头上。

本部分为笔者三篇论文的手稿,分别探讨了一篇发表在顶级期刊的论文,以及由四个(1+3)案例所引发的,对商业模式、企业本质和共享经济的猜想,也就是 CHS 理论在这三个方面的应用。第 5 章分析了《基于利益相关者交易结构的商业模式理论》一文存在的种种问题,而该文发表在顶级的管理学期刊上,作者为顶级名校的教授。说明了逻辑思维、批判性思维的重要性,期望对盲目崇拜产生警示作用。第 6 章从一次个人的酒店入住经验中,发现"消费者自己出价"机制给各方都带来了剩余,从此案例中悟出一个准企业理论,揭示了企业的本质,能有效指导创业实践。第 7 章通过分析三个共享经济的实例,发现了共享经济爆炸性增长的原因。

不难得出,猜想的两大来源:一是文献;二是经验,包括直接经验和间接经验。这样,"读万卷书,行万里路",就成为研究者和实践者的共同发展路径。

第 5 章
高被引商业模式理论论文解构

摘　要：理论是人类思想的最高成果。一个民族理论建构的多少，在某种程度上，反映了该民族对人类文明贡献的大小。然而，理论建构的猜想与反驳过程却很难。笔者以一篇发表在国内顶级期刊、被引率高、影响广泛的论文——《基于利益相关者交易结构的商业模式理论》为分析对象，发现该文存在诸多不足，说明"理论建构"确实不易。为此，在吸收该文商业模式是"交易结构"的基础上，结合前人的研究成果，笔者建构了一个基于"合约相关者剩余"的试探性商业模式理论，期望以此揭示"理论"的本质，明确"理论建构"应有的逻辑，消除对理论的认知偏差，从而为提高"理论建构"的质量提供有益的启示。

关键词：理论构建；商业模式；试探性理论；合约相关者剩余；猜想与反驳

5.1　引言

理论是人类思想的最高成果，没有什么东西比一个好的理论更具有实践意义（Lewin，1943）。这是因为，一方面，理论力量之强大，往往超出常人的预料。实际上，统治这个世界的，不过是各种各样的思想理论而已，许多实践者自认为不受任何学理的影响，却往往成为某一个理论的奴隶（Keynes，1936）。另一方面，好的理论揭示了事物的本质，回答了"为什么"如此的问题（Kaplan，1964），使人们从必然王国走向自由王国；不仅如此，好的理论还可推演出人们肉眼观察不到且难以想象的现象。从相对论推导出原子能，从而可利用其发电，以造福于人类，这就是理论的魅力。

然而，我们从小到大所学的理论，无论是数学理论，还是理、化、生等自然科学理论，或是经济、管理等社会科学理论，基本上由外籍人士所创建。由国人所构建的理论，不是没有，却很稀少。国内的学者一般没有建构理论的奢望，笔者也是如此，就像德国作者 Schubiger 在"南瓜寓言"中所描写的，洋葱、胡萝卜、西红柿，不相信世界上有南瓜这种东西（Schubiger，1996）。

可喜的是，魏炜和朱武祥（2012）《基于利益相关者交易结构的商业模式理论》

（以下简称"魏-朱商业模式"）一文为国人原创，该文在管理类顶级期刊《管理世界》上发表，被引数高达 600 多次，影响如此广泛，说明有其独到之处。然而，经分析发现，该文缺乏"理论"应有的内涵。为此，笔者扬长避短、去粗取精，在吸收几位著名学者伟大思想的基础之上，提出了试探性的"合约相关者剩余"理论，并推出了商业模式的定义、分类、评价方法，期望对理论建构有所启示。

5.2 "魏－朱商业模式"一文的学术贡献

"魏-朱商业模式"一文的学术贡献，主要体现在三个方面，即商业模式定义、提出了商业模式的评价标准，以及为未来的研究指明了方向。

5.2.1 商业模式定义

"魏-朱商业模式"一文为商业模式给出了一个较为科学的定义，认为"商业模式是企业与其利益相关者的交易结构"。该定义具有两个明显的优点。

（1）简洁抽象，概括性强。"交易结构"是一个概括性的概念，超越了具体产品的束缚，满足了科学研究就是概括、就是找出普遍性规律的要求（Reichenbach，1951）。在以往的"商业模式"研究中，有的商业模式的定义与产品密切相关，这就隐含着，一个新产品就是一个商业模式，其结果是抽象不出共同的模式；有的把一个产品或一个公司的名字作为一种商业模式的名字，如吉列的"剃刀＋刀片"商业模式，这种缺乏抽象概括的定义或分类，难以找出普遍性的规律，必将阻碍理论研究的进程。"魏-朱商业模式"一文认为："对同一市场（包括客户和产品），不同的商业模式则具备差异化的效率，放大作用（或者乘数作用）并不同。"（魏炜，朱武祥，林桂平，2012）这句话就明确表明，商业模式与产品是两个不同的范畴。

（2）捕捉到了商业模式的交易本质。"魏-朱商业模式"认为："商业就是交换，一个完整的交易包括四个要素：交易主体（谁参与交易）、交易内容（交易什么）、交易方式（怎么交易）以及交易定价（收支）。"（魏炜，朱武祥，林桂平，2012）这样，使商业模式成为一个可以把握和操作的对象：商业模式的差异，可以缘由利益相关者不同，或者交易内容不同，或者交易方式不同，或者交易定价模式不同。而以往不少定义，没有抓住商业模式的本质，将商业模式定义为"赚钱的方法、盈利模式、活动、系统"等过于空泛、难以琢磨的概念，不能对管理实践提供具体、明确的指导。

5.2.2 提出了商业模式的评价标准

"魏-朱商业模式"一文提出:"通过交易价值空间拓展或者交易成本降低、交易风险降低,给资源能力拥有者更高的价值(超过其机会成本),使价值分配机制有助于吸引、聚合、积累、控制稀缺的关键资源能力,抵御机会成本,降低资源能力拥有者流动的动力。"(魏炜,朱武祥,林桂平,2012)这就隐含着"评价商业模式"的三个标准:交易价值、交易成本、交易风险。这三个抽象的标准,为理论工作者深化"商业模式的评价"、管理实践者"选择商业模式"奠定了基础。

5.2.3 为未来的研究指明了方向

"魏-朱商业模式"认为:"交易结构构型分类、对企业的结构性竞争优势和绩效影响提供坚实的理论基础"是未来研究的两大重点(魏炜,朱武祥,林桂平,2012)。重点之一,"交易结构构型分类"就是对商业模式进行分类。分类是研究深入的开始,也是"商业模式创新"的研究基础;如果没有分类,则不知已有哪些商业模式,更不知涌现的一个商业模式是否为创新,是否与已有的商业模式重叠。另一研究重点是,为商业模式"提供坚实的理论基础",即回答商业模式"为什么"对企业绩效产生影响,为商业模式提供"解释性"的知识(Merton,1967)。这是目前商业模式研究中亟待解决的问题(Zott et al., 2011)。综上所述,"魏-朱商业模式"一文,在商业模式定义、商业模式评价、未来研究方向三个方面,作出了显著性的学术贡献,为进一步研究奠定了良好的基础。

5.3 "魏-朱商业模式"理论建构中的局限

"魏-朱商业模式"一文,对理论本身的认识以及对商业模式的定义、分类三个方面都存在一定的局限。

5.3.1 缺乏"理论"应有的内涵

"魏-朱商业模式"一文,题目标明"商业模式理论",却没有回答商业模式"为什么"起作用。理论是回答"为什么"的问题,以提供"解释性"知识。在科学史上,Tycho观察的天体数据不是理论,Kepler的天体运行三大定律也不是理论,因为它们是描述性的,而不是"解释性"的知识。而牛顿力学,提出"力和引力"两个理论概念,解释了物体"为什么"这样运动,才是理论(Garver,2008)。理论强调因果关系的本质,好的理论,深入研究事物发生的潜在过程,以理解某个特定事物发生,或不发生的系统性原因(Sutton,1995)。因此,"商业模式理论"应当回答一系列商业模式"为什么"的问题,如为什么有的商业模式有效、有的商业模式无效,又如为什么不同的商业模式,对企业绩效、竞争优势等影响的方向、程度不同。

"魏-朱商业模式"一文的主体,仅仅由"商业模式的定义与要素、实例"三部分构成,没有回答商业模式"为什么"起作用的问题,因此不足以构成一个理论。

5.3.2 "交易结构"中的交易主体不精准

"魏-朱商业模式"一文中的"利益相关者"并非传统意义上的"利益相关者",与"利益相关者"的内涵、外延均不相同,但仍然使用了"利益相关者"一词,落入窠臼。

Freeman将"利益相关者"定义为"影响组织目标实现的,或在组织实现其目标过程中被影响的所有个体或群体"(Freeman,1984)。其内在含义是,企业不能片面追求"股东利益最大化",而要关心利益相关者的利益,不仅要追求经济绩效,还要注重社会绩效,承担社会责任,企业才会发展得更好。"魏-朱商业模式"认为:"评判商业模式优劣的最终标准就是企业价值(商业模式价值或者焦点企业价值)的高低。"这种标准,既没有包括其他利益相关者获得的价值,也没有包括社会价值。这样,"魏-朱商业模式"仅仅在形式上使用了"利益相关者"一词,在内容上并没有吸收该概念的"合理内核"。

不仅如此,"魏-朱商业模式"一文中的"利益相关者"与传统意义上的"利益相关者"的"外延"也不一致,因为,并非所有"影响与被影响的"个人或群体都参与了交易,这些个人与群体也就无法体现在交易结构之中。

遗憾的是,"魏-朱商业模式"一文,已意识到其所说的"利益相关者"与传统的不同,到了顿悟、原创的边缘,但没有提出"新的概念"。该文指出:"企业理论早就指出,企业是一系列隐性和显性合约集。""企业的存在,本质上是组合、平衡了多方利益相关者的权利配置诉求并因此缔结各种契约的结果。"所以,"我们的商业模式定义中涉及的'利益相关者',指的是具备独立利益诉求、有相对独立的资源能力、与焦点企业存在交易关系的行为主体。"根据现代经济学理论,一个交易就是一个合约,因此,用"合约相关者"描述定义中的行为主体更为精准。

5.3.3 "六要素"的构成与作用存在逻辑问题

"魏-朱商业模式"一文认为:"商业模式构成要素是商业模式的外延","作为利益相关者的交易结构,商业模式的组成要素包括六个:业务系统,定位,盈利模式，关键资源能力，现金流结构和企业价值"。显然，这样的判断与要素构成，存在着严重的逻辑问题。

首先，构成商业模式的要素，不等于商业模式的外延，外延是一个概念的具体存在形式。例如，构成汽车的要素，动力系统、方向系统、制动系统，不等于汽车这一概念的外延，而小轿车、卡车、巴士等才是汽车这一概念的外延。

其次，由于六要素并非"交易结构"解构的结果，"商业模式"的内涵与外延分割为"两张皮"。如果六要素是交易结构"解构"的结果，则六要素中，每一个要素的外延应小于交易结构的外延，即交易结构概括了六要素，而不是相反。故"业务系统"与"盈利模式"是比"交易结构"更为宽泛的概念。

最后，六要素没有达到"相互独立、完全穷尽"的要求，要素与要素重叠，没能显示六要素的系统性、结构性特点。例如，"业务系统"与"盈利模式"概念存在交集，而不是独立并行的关系。

不难看出，"魏 - 朱商业模式"一文对理论的认识、交易主体以及要素的构成，均存在一定的认知偏差，导致其构建的理论缺乏内在的逻辑一致性、外在的解释力，与真正的理论仍有较大的差距。

5.4 "魏－朱商业模式"理论的修正

从以上分析可知，"魏 - 朱商业模式"一文，有显著的优点："商业就是交换"隐含着自由自愿、平等的市场经济法则，而"交易结构"则揭示了"商业模式"整体性特征。但是，它在理论建构的过程中，存在着诸多的不足，如何扬长避短、去粗取精，是一个值得研究的问题。

在吸收"商业就是交换"、商业模式为"交易结构"的合理内核基础上，克服与"利益相关者"貌合神离、缺乏"解释性"知识的缺点，站在几位著名学者的肩膀上，笔者提出了一个自由平等、多方共赢的"合约相关者剩余"概念，作为商业模式的理论基础，并以此基础，推导出商业模式定义、分类与评价方法。

5.4.1 基于 CHS 的商业模式理论

CHS 的理论渊源如图 5-1 所示。首先，针对 Freeman（1984）的"利益相关者"概念存在"概念问题"与"经验问题"，在吸收 Alchian 和 Demsetz（1972）"企业是一个合约中心"的观点，以及 Cheung（1983）"企业合约性质"思想的基础上，提出一个更为精准的"合约相关者"概念。

"合约相关者"是指各种显性或隐性合约的直接"持有者"（holders），他们

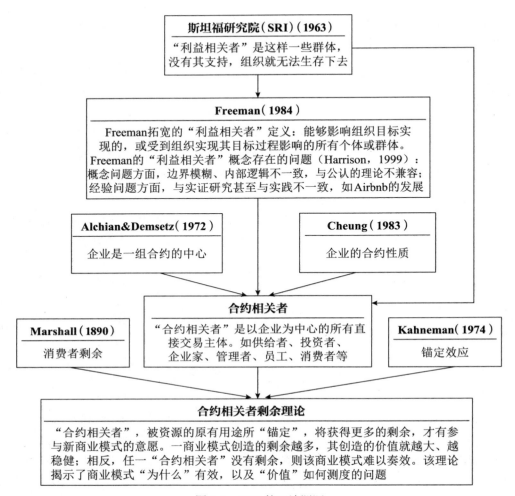

图 5-1　CHS 的理论渊源

是与企业直接交易的主体,也是商业模式创造价值的直接受益主体,没有他们,企业就无法生存下去。在某种程度上,该概念回到了斯坦福研究院"利益相关者"的原始含义。

然后,根据现代经济学思想,一笔交易就是一个合约,而"保留价格"是买者愿意成交的最高价格或卖者愿意成交的最低价格。这样,"剩余"是买者的"保留价格"与"实际成交价格"之差,或"实际成交价格"与卖者的"保留价格"之差(Marshall,1890)。因此,一笔交易的总"剩余"为买者与卖者的保留价格之差(沈超红等,2003)。而"保留价格"与"锚定效应"密切相关(Kahneman et al.,1982),结合商业模式的整体性特征,可以将商业模式定义为:创造合约相关者剩余的交易结构。

由于"保留价格"是愿意成交的极限价格,因此,"合约相关者剩余"是一个"主观价值",它与经济学发展的趋势一致。正如 Hayek 所言:"在过去几百年里,经济理论的每一次重大进步,都是更加坚定地运用主观主义"(考德威尔,2007)。早在 1554 年,Covarrubias 就认为价值是主观的:"一件商品的价值不取决于它的基本属性,而取决于人们对它的主观估计,即使这样的估计是愚蠢的。"他发现"尽管小麦的属性是相同的,但是西印度群岛的小麦价格高于西班牙,是因为这里的人们认为它的价值更高"(Holcombe,2014)。

最后,可以得出"基于 CHS 的商业模式理论":一个"商业模式"创造的剩余越多,其创造的价值就越大、越稳健;相反,任意一个"合约相关者"没有剩余,则该商业模式难以奏效。不难看出,基于 CHS 的商业模式理论,不仅回答了商业模式创造的"价值"是什么的问题,还回答了"为什么"商业模式有效、为什么无效的问题,是一个提供了"解释性"(explanatory)知识的理论。

5.4.2 基于 CHS 商业模式的分类

分类是研究深入的开始。正如北京大学王建国教授所言,分类是研究商业模式创新的前提(王建国,2016)。这是因为,如果没有商业模式分类,就不能判断一个新出现的商业模式是否为商业模式,更不能判断它与原有商业模式是否重叠、是否为一个新的商业模式。

发现的艺术,就是正确概括的艺术,把有关系的因素从众多因素中分离出来,即知识的开始。既然将商业模式定义为"交易结构",那么我们需要从"交易本身"演绎出商业模式的构成要素、种类及可以检验的假设。

根据对"保留价格"的影响,逐一分析构成"交易"的四个要素(交易客体、交易主体、交易方式、交易定价),可以得出构成"商业模式"的要素。

"交易客体",即"交易内容",一般为产品与服务(其实,服务可以视为无形的产品)。显然,商业模式是基于产品与服务的,但是不等于产品与服务(DaSilva & Trkman,2014),如果将不同的产品和服务当作一个商业模式,这就没有研究的必要,因为科学研究的本质是概括、找出规律。因此,可将产品或服务的交易抽象为所有权、使用权、观赏权的交易。显然,同一产品交易的"权利"不一样,买者和卖者的保留价格不一样,因此合约相关者剩余不一样。这样,改变"交易权利"就会改变商业模式。例如,施乐公司(Xerox)将其复印机的"所有权"交易改为"使用权"交易,使其成功地开拓了市场。又如,"直播带货"是"观赏权"与"所有权"交易相结合的商业模式。

"交易主体",是构成商业模式结构中的"合约相关者"。显然,同一产品或服务，在不同人心目中的保留价格不同，因此，选择不同的交易主体构成交易结构，所产生的主观价值不同，即合约相关者剩余不同。但是，交易主体已是市场营销领域中的市场细分、定位的研究对象，在商业模式中考虑此因素，研究价值的增量较小。因此，"交易主体"不足以作为一个因素纳入商业模式。

"交易方式"如果被理解为"支付时间"，则由于不确定性和时间偏好，一个商品的现货价值往往大于期货价值，正所谓"一鸟在手，胜过百鸟在林"。因此，交易主体，面对交易的预先支付、即期支付、延期支付三种情况，其保留价格是不同的，即合约相关者剩余不一样。胜家（Singer）缝纫机公司，是分期付款商业模式的开拓者，1856年其采用"租用、购买计划"，成功地打开了国内外市场，到1890年，其市场份额超过全球的80%（Godley，2006）。正如Drucker（2004）所言，"分期付款形式，给经济和市场带来的影响，甚至比许多重大技术进步所带来的影响还要大"。

"交易定价"，是交易中的关键要素，但不足以构成商业模式的一个要素。一个价格的变化不足以认为是商业模式的变化，因为在买者和卖者的保留价格之间，定的任何一个价格均可成交，不会产生质的差异，该笔交易的合约相关者总剩余不变；另外，如果一个价格就是一个商业模式，则太为繁杂，不能实现"抽象概括"的研究目的。

值得注意的是，以上商业模式的分析，是基于一个产品，如果是两个或两个以上的"产品组合"，则可以构成新的商业模式（Teece，2010）。这是因为，面对不同的产品组合，交易主体的保留价格不同，从而合约相关者剩余不同。例如，Google搜索免费而广告收费的双产品商业模式（Vise & Malseed，2005），iPhone的硬件、软件、平台相结合的多产品商业模式，西南航空（Southwest Airlines）由多产品向单产品转化的商业模式。

通过以上交易结构的要素分析，排除已属于其他领域的研究要素，可以得出构成"交易结构"的三个要素（维度）：交易内容（交易权利）、支付时间、产品组合。

值得一提的是，基于CHS的商业模式分类，有两个显著性贡献。第一，它概括了典型的商业模式。例如，施乐复印机、共享经济是由"所有权"向"使用权"转化的商业模式。又如，山姆会员店是"预先支付"与"即期支付"相结合的商业模式。再如，吉列剃刀+刀片商业模式、Google免费商业模式属于"双产品"商业模式，iPhone为多产品商业模式，而西南航空公司是由"多产品"变为"单产品"的商业模式。第二，它提供了一个简洁明了的商业模式构建的操作性工具，为商业模式创新提供了一个有章可循的选择性空间。三个维度中，交易产品维度，只能取三个值中的一个；交易内容维度，可取三个值中的一个、两个或三个；支付时间维度，也可以取三个值中的一个、两个或三个；这样就有 C_3^1（$C_3^1+C_3^2+C_3^3$）（$C_3^1+C_3^2+C_3^3$）=147 种组合。

综上所述，分类有利于判断商业模式是否创新。不过，"商业模式创新"并不等于"商业模式有效"，也就是说"新"并不意味着"好"。因此，更为严谨的研究，应该是在商业模式的可能性空间中，寻找有效的模式。这就是 Eisenhardt（2020）等人研究的是"并行学习"与"有效的商业模式设计"的关系，而不是与"商业模式创新"的关系之缘由。

5.4.3 基于 CHS 商业模式理论的有效性检验

根据 Popper（1963）的《猜想与反驳》思想，科学研究遵循的模式为 P_1 — TT — EE — P_2。针对商业模式研究中存在的问题 P_1（problem），本项目提出了试探性的理论 TT（Trial Theory），即基于 CHS 的商业模式理论，该理论是否有效，还需要通过实证研究排除错误 EE（eliminate error）。根据得出的商业模式三维结构模型，三个维度取值的变化，就是交易结构的变化，它将影响保留价格，从而影响合约相关者剩余，最终影响企业绩效、投资意愿等因变量。因此，可以推出三个有待细化的基本假设。

H1：改变商业模式交易结构中的"交易内容"，将改变商业模式中的"合约相关者剩余"，从而改变企业绩效、投资意愿等因变量。

H2：改变商业模式交易结构中的"支付时间"，将改变商业模式中的"合约相关者剩余"，从而改变企业绩效、投资意愿等因变量。

H3：改变商业模式交易结构中的"产品组合"，将改变商业模式中的"合约相关者剩余"，从而改变企业绩效、投资意愿等因变量。

研究者不应把自己变为自己意愿的奴仆。以上假设是否成立，有待在案例研究的基础上，用实验进一步检验（沈超红，黄爽，2019），其实质是，检验基于 CHS 商业模式理论的有效性、解释力。

如果假设成立，还需探索各商业模式有效性的边界条件，以完整地揭示商业模式的本质及前因后果、作用机制（Amit & Zott，2012）。

5.4.4 基于 CHS 商业模式的评价

以上三部分内容，具有内在的逻辑联系：①揭示了商业模式的本质，即什么是商业模式，"为什么"商业模式的变化，会影响企业绩效等因变量；②对商业模式进行了分类，为构建商业模式提供了操作性工具，③提出了检验基于 CHS

的商业模式理论的有效性方案。接下来的问题就是，如何评价商业模式？

魏炜、朱武祥等（2012）提出了评价商业模式的"三把标尺"：交易价值、交易成本、交易风险。该思想有其科学性、合理性，为开发商业模式评价指标，指明了方向。将其思想与李德昌（2014）教授的信息公式"信息＝差别×联系"相结合，得到一个"合约相关者剩余"的计算公式：

$$CHS = D \times C \tag{5-1}$$

其中，D 为买者的"保留价格"与卖者的"保留价格"之差，D 越大，单笔交易创造的总"剩余"越大，价值越高；C 为成交数量，表明了买卖两者之间的"联系"，毫无疑问，成交数量越多，买者与卖者之间"联系"越紧。

在一个商业模式中，企业这一"合约中心"与各"合约相关者"签约，该商业模式的总"剩余"，即该商业模式的总价值，就等于企业与各方交易的总"剩余"之和：

$$CHS_t = \sum_{i=1}^{n} D_i \times C_i \tag{5-2}$$

再考虑到"商业模式"具有"主体间性"（intersubjectivity）（Venkataraman et al.，2012），即一个事物具有两个以上主体之间的性质，如果只有一个主体，该事物就没有存在的价值，如金钱。也就是说，我之所以会接受，是因为我相信别人也会接受；我估计别人不会接受，我也不会接受。因此，对于投资者而言，判断一个商业模式是否有效，不仅取决于他们自身是否有"剩余"，还取决于其他"合约相关者"是否有剩余。为此，根据商业模式"实现的可能性"，增加风险系数 P，得到商业模式价值的评价公式：

$$CHS_t = P \sum_{i=1}^{n} D_i \times C_i \tag{5-3}$$

其中，P 为该商业模式实现的可能性，可通过访谈"合约相关者"，开发商业模式的风险量表（Devellis，1991），具体取值，由每一商业模式的"合约相关者"评价所得。

显然，现实世界中"胜家缝纫机"的 Hire-Purchase Plan，以及富有创意的能源绩效合约商业模式（沈超红等，2010），两者均发出了低风险的信号（signal），增强了消费者的信任，提高了它们的成功率。

综上所述，基于 CHS 的商业模式理论建构，回答了商业模式"为什么"有效与无效的问题，紧扣商业模式是创造合约相关者"交易结构"的本质，对商业模式进行了定义、分类、检验与评价，展示了"理论建构"应有的内涵。

5.5 结论与讨论

"魏-朱商业模式"一文，尽管存在着几处逻辑问题，但不失为一篇开拓性的论文，先于我们提出了一些我们自己的观点，值得深入探讨。本文在吸收"商业就是交换"、商业模式为"交易结构"的合理内核基础上，克服与"利益相关者"貌合神离、缺乏"解释性"知识的缺点，提出了试探性理论：基于"合约相关者剩余"的商业模式理论——商业模式是创造"合约相关者剩余"的交易结构。一个商业模式创造的"合约相关者剩余"越多，该商业模式则越有效，任何一个合约相关者没有"剩余"，则该商业模式难以奏效。

"合约相关者剩余"这一理论概念，是站在 Alchian、Marshall、Kahneman 等巨人肩膀上的产物，回答了"为什么"商业模式有效的问题，提供了"解释性"知识。以此为基础，我们一以贯之地推出了商业模式的定义、分类及其评价方法，为实践者构建商业模式，评价选择商业模式奠定了基础，真正达到了"可观测、可度量、可设计"的程度。

以上分析表明，这样一篇名刊、名校的著名论文，尚存诸多不足，说明理论建构的确很难（Foss & Saebi，2017），正如 Nifadkar 和 Tsui（2007）所言，"理论建构"是管理研究中最困难的部分。

为何如此之难？由 Popper（1963）的理论发展模式 $P_1 - TT - EE - P_2$ 可知，理论建构对人的综合能力要求很高，任何一个环节受阻，都难以创造出好的理论。

提出问题 P_1。提出问题比解决问题更重要。提出问题，特别是有价值的问题实属不易，因为，它要求理论建构者有强烈的好奇心。长期的应试教育，很可能扼杀了学生的好奇心，削弱了他们的提问能力；另外，如果没有相应的专业知识背景，也提不出有价值的问题 P_1；更为现实的是，从最初看到一个问题，到清晰地表述出来，需要经过一段漫长的途程（Popper，1972）。

提出试探性的理论 TT。需要抽象概括能力，才能看到不同中的相同、相同中的不同，才能提出"新概念"，进而提出试探性理论 TT。应试教育不利于提出理论。首先，教育只是强调掌握知识，不强调创造知识，则这样培养的学生，很难有创造理论的意识；其次，不知道"什么是理论"，自然不可能创造出理论；最后，在教育的过程中，没有学过逻辑学，即使观察到了新现象，有创造理论的意识，要抽象概括出"新概念"也很难。就像"魏-朱商业模式"一文，即便看到了商业模式研究中缺乏理论的问题，却没有提出新的概念，更没有构建一个严格意义上的理论。

排除错误 EE。既要有严密的逻辑思维能力,又要有丰富的想象力和创造力,才能设计出精妙的实验,以检验理论的有效性、排除理论中的错误 EE。"魏-朱商业模式"一文,只列举了若干案例,没有严格的实验,故难以形成严谨的理论。

要说明的是,实验特别难,即便是发明了形式逻辑的、聪明的希腊人,也没有"科学实验"这一思想,说明从"推理"过渡到"实验科学"是一个多么不容易的过程(Kahneman,2000)。一次实验就是向自然提出一个问题:科学家使用适当的措施制造出一个物理事件,这一事件的结果就是对这一问题"是"或"否"的回答。在观察没有人为干预的事件时,事件通常是许多因素的产物,因而,我们无法决定其中某一单个因素对于总结果有什么贡献。在科学实验中,人的干预创造了条件,把各个因素彼此孤立开来,在其他因素不变的条件下,使一个因素变化,从而揭示出复合事件的作用机制(Hempel,1966)。

无论是理论的建构,还是评价,都需要学术共同体有一个"开放的心态"。正如 Deutsch(2011)所洞见,"同变异与选择的生物进化机制相似,猜想与反驳,是人类知识进步的机制。猜想是依靠人的创造力,对现有知识修改、增添、组合,而产生变异;反驳是通过批评、实验,对知识进行选择"。本文在"魏-朱商业模式"一文的基础上,大胆猜想,提出了试探性的商业模式 CHS 理论,还需接受批评、实验的反驳,以排除错误。又如 Menger 所言,"一个理论要永续长存的唯一办法,就是公开地接受各种各样的批评与批判"。毫无疑问,在著名期刊上,公开批评与自我批评,有利于知识的创造与进步。

最后,一个好的"解释"具有延伸性,一旦产生,它就拥有自主的意义和自主的适应领域。你不能把它局限在你挑选的区域。不管你喜欢还是不喜欢,它都要作出你已知和未知的预测,预测你想到的或没有想到的东西(Holcombe,1999)。"合约相关者剩余"是否"商业模式"的一个好"解释",是否具有"延伸性",还期望学术共同体批评指正,因为问题是不可避免的,也是可以解决的。如果错误一旦被认出为错误,就得到纠正,那么错误的道路,也就是真理的道路了(Reichenbach,1954)。

第 6 章

一个指导创业实践的准企业理论

摘　要：Coase 的企业理论，从"交易成本"的角度，揭示了企业产生的本质。但是，它不足以解释交易成本很低的情形下，"边际生产成本趋向于零"的企业的产生，这种新现象的出现需要一种新的理论解释。于是，从"交易收益"的角度，解释企业产生的准理论——"合约相关者剩余"应运而生。本文以美国企业 Priceline 为例，发现其反传统的"Name Your Own Price"机制，本质上与"合约相关者剩余"理论相吻合。本研究的主要贡献在于：理论上，为揭示企业的本质提供了一种新的范式，它不仅解释了企业家为什么替代市场配置资源，而且解释了资源或资源所有者为什么愿意被企业家配置；实践中，为识别创业机会、判断企业的成长性提供了理论依据。

关键词：企业的本质；交易成本；合约相关者剩余；格式塔合约；Priceline；Name Your Own Price

6.1　引言

Priceline 是美国人 Jay Walker 于 1997 年创立的在线旅游服务公司，专门提供网上预订机票、酒店、租车等服务；1999 年在纳斯达克上市，发行价为 16 美元，历经 14 年，2013 年该公司的股价是多少？100 美元？200 美元？还是 500 美元？截止到 2013 年 12 月 4 日，Priceline 的收盘价已为 1 181.67 美元！如果你在 1999 年买入 20 万美元 Priceline 的股票，现在你就是千万富翁！

股票价格是企业收益状况的间接反映，由此可见，Priceline 公司收益不菲，它的收益从何而来？根据 Coase（1988）的交易成本理论，"企业的收益，来源于交易成本的降低，且主要是要素之间市场交易成本的节约。"可以推断，与 Priceline 成立时间相近、业务相同、同一年在同一市场上市的企业 Expedia，对降低交易成本的贡献相近，那么现在它的股价应该与 Priceline 相差不大。但事实相反，尽管 Expedia 发行价为 38 美元，还高于 Priceline 的发行价，截止到 2013 年

12月4日，其收盘价只有62.84美元。由此可见，Priceline和Expedia的收益，在很大程度上并非来自交易成本的降低，Coase的交易成本理论已不足以解释这种现象。

众所周知，企业理论是商业企业的概念化和模型化，用来解释和预见它们的结构和行为（Grant，1996）。尽管经济学家以单数形式使用"企业理论"这一术语，但是并没有一个单一的、多用途的企业理论。每一个企业理论都是真实世界中商业企业的一种抽象，它用来强调一组特殊的性质和行为（Machlup，1967）。

不仅Coase的理论不足以解释这种现象，其他企业理论也不能很好地解释这一现象（Knight，1921）。在这类"交易成本"很低的情景下，"边际成本趋向于零"的企业产生（Hitt & Chen，2005；Mckenzie & Tullock，2012）需要一种新的理论来解释（Vlachos & Bogdanovic，2013）。于是，"合约相关者剩余"这一准企业理论应运而生，它从"交易收益"角度，而非"交易成本"角度，揭示企业产生的本质。该理论认为，在平等自愿的情况下，企业的产生是一个"格式塔合约"[①]的创建过程，只有当诸合约相关者从企业交易中获得的剩余高于其从市场交易中获得的剩余，企业才会产生。相反，只要合约相关者有一方没有剩余，从静态来看，则企业无法构成；从动态来说，企业就无法继续运行（维特海默，1987）。

针对已有企业理论的不足，本文采用探索性案例研究方法，构建一个基于"合约相关者剩余"的准企业理论。

6.2 文献回顾

"合约相关者剩余"是在合约、利益相关者以及消费者剩余等理论基础上发展起来的，Eisenhardt（1989）指出，在理论构建中，新理论要与文献进行对话，如果与已有文献在逻辑上保持一致，则能提高其内部效度；如果拓展解释与预见的现象，则能提高其外部效度。以下从"合约""相关者""剩余"三个方面，阐述"合约相关者剩余"概念产生的理论渊源。

---

① "格式塔"（gestalt）概念，来自心理学，它具有以下两层含义：①人的认知，具有完形性、整体性特点；②各局部的意义是整体赋予的，同一局部，在不同整体中，具有不同的意义（Wertheimer，1912）。类比推理得出，"格式塔合约"，是指合约各主体都有剩余的合约，它既表示了合约相关者均有剩余的"完形"意义，又说明了合约相关者的"局部剩余"，由创业项目的"整体价值"所决定。

6.2.1 CHS 理论的"合约"渊源

"合约相关者剩余"概念的产生,得益于以往的合约研究,分别从合约的分类、企业的合约性质、创新的合约特征相关研究中获得了启示。

传统的合约分类有:口头合约与书面合约,显性合约与隐性合约(Baily,1974;Azariadis,1975),完全合约与不完全合约(Grossman,1986),刚性合约与柔性合约(Salbu,1997)等。不难看出,传统的合约分类,都是描述单个合约的性质,没有一种描述一组多方合约的整体性质的分类。为弥补合约分类上的不足,本研究提出了"格式塔合约"和"非格式塔合约",用其描述多方合约的整体性质。合约相关者都有剩余的合约,叫"格式塔合约";而至少有一方没有剩余的合约,叫"非格式塔合约"。

Coase(1937)认为企业的产生是少数合约代替多数合约、长期合约代替短期合约的过程,从而降低了交易成本。Alchian 和 Demsetz(1972)认为企业是一种团队生产,是各生产要素的合约中心。Cheung(1983)提出企业是一种合约安排形式,使企业的合约性质得到了理论上的确认。在前人揭示"企业的合约特征"的基础上,本研究发现,在平等自愿的情况下,企业的产生是"格式塔合约"的发现、创建过程。

从合约的视角,CHS 理论发现,两个看似不相关的概念——Schumpeter(1999)的"创造性破坏"和 Pareto 的"帕累托改进",其实是相互联系的,它们分别揭示了创新的两种情形(Schumpeter,1934)。

"创造性破坏"描述了创新型创业的一种情形(Ulgen,2013)。新企业的产生,本质上就是企业家实现"创造性破坏"的过程。例如,iPhone 智能手机的产生,是一个典型的"创造性破坏"过程(福井谦一,2000):一方面,创造了与 iPhone 相关的合约各方的剩余;另一方面,大大压缩了 iPhone 合约之外的"功能手机"的生存空间。

"帕累托改进"描述了创新型创业的另一种情形,它是使一方状况变好的同时,不使任何一方状况变差的情形(Agarwal,2007)。在过剩经济条件下,新企业从经济"循环流转"之外获取闲置资源,则可能是"帕累托改进",是一个"创造性建设"(creative construction)的过程(Hara,2011)。

因此,"合约相关者剩余"揭示了创新的两种存在形式:创造性破坏和创造性建设。从"合约相关者"内部来说,创业是"格式塔合约"的创建过程;从外部效用分析,它不一定是"创造性破坏",也可能是"创造性建设"。

6.2.2　CHS 理论的"相关者"渊源

"合约相关者剩余"直接借用了"利益相关者"中"相关者"概念，与"共赢理论"（Win Theory）和"创造共享价值"（Creating Shared Value）中的多主体共赢思想相一致。

"利益相关者"是能够影响一个组织目标的实现，或者受到一个组织实现其目标过程影响的所有个体和群体（Freeman，1984），企业的利益相关者包括所有者、雇员、消费者、供应商等，这些利益相关者与企业的发展密切相关，企业的经营决策必须要考虑到他们的利益（Crilly et al.，2012）。

"共赢理论"是 Boehm（1989）等为解决软件项目管理问题提出的 W 理论。该理论认为，软件项目经理人，只有促使软件开发过程中的所有参与者都成功的情况下，才能算完全的成功。

"创造共享价值"是 Porter（2011）为解决经济发展和社会问题而提出的一种理念，即企业的政策和实际操作在增强企业竞争力的同时，还能改善企业所在社区的经济与社会环境。

以上三种理念，都强调了多方利益。但是，利益相关者的边界较为模糊，而"价值"和"共赢"还处于思辨阶段，没有定量分析。福井谦一（2000）认为，提出更细一层的概念，表达更为详细的信息，是"学问创造"的一种方式。因而，有必要提出"合约相关者剩余"这一更为细致且可以量化的概念。

6.2.3　CHS 理论的"剩余"渊源

Marshall（1890）创造性地提出了"消费者剩余"概念，它是指"消费者购买某商品愿意支付的最高价格与实际支付的价格之差"，用其衡量消费者的福利（Conitzer et al.，2012）；而福利经济学运用"消费者剩余"和"供给者剩余"的"净损失"检验经济政策的有效性。

在 Marshall 原创性概念——"消费者剩余"的启发下，"合约相关者剩余"概念拓展了"剩余"概念的外部效度。它是指"愿意成交的极限价格与实际成交价格之间，合约相关者所期盼的差异"，这一概念不仅将"消费者剩余"和"供给者剩余"包含其中，也涵盖了企业家剩余、中介组织的剩余；而且，解释了"消费者剩余"和"供给者剩余"所不能解释的现象——生产的边际成本趋向于零的企业的产生（Hicks，1941）。

以上从三个方面阐述了"合约相关者剩余"与已有文献的联系与差异，事实上，该概念的构建不仅是这三个方面的理论的内化，还得到了其他文献的启发。

为了清晰地说明"合约相关者剩余"的理论渊源,现将该理论与已有文献的对比总结,见表 6-1。

表 6-1 合约相关者剩余与相关文献对比一览表

分类	文献	文献观点	与 CHS 的相同点	与 CHS 的不同点
本质	交易成本理论（Coase, 1937）	客观价值论,降低"交易成本"是企业产生的本质	解释了企业家替代市场配置资源的原因	主观价值论,增加"合约相关者剩余"是企业产生的本质,解释了资源愿意被配置的原因
合约	格式塔心理学（Wertheimer, 1921）	人们认识问题,具有完形性、整体性的特点;局部的意义由整体赋予	完形性、整体性局部意义由整体赋予	提出了"格式塔合约"概念,用其解释创业项目的整体性质
合约	显性与隐性合约（Baily 等, 1974）	描述单个合约性质	揭示了合约的性质	"格式塔合约"与"非格式塔合约"描述了多方合约的整体性质
合约	企业的本质（Coase, 1937）	企业的存在减少了缔结合约的数量和次数,从而降低了交易成本	从合约角度探索企业产生的本质	在平等自愿的情况下,企业的产生是"格式塔合约"的发现与创建过程
合约	Alchian 和 Demsetz（1972）	企业是各生产要素的合约中心	企业是合约中心	中心要为卷入创业的合约相关者带来"剩余"
相关者	利益相关者（Freeman, 1984）	能够影响一个组织目标实现,或受到一个组织实现其目标所影响的个体和群体	强调多方利益	CHS 比利益相关者边界更为清晰,它是指直接有合约关系的主体
相关者	共赢理论（Boehm-Ross, 1989）	软件项目经理人,只有促使软件开发的所有参与者都成功,才算完全成功	强调多方利益	"共赢"处于思辨阶段,没有定量分析,CHS 操作性更强
相关者	创造共享价值（Porter, 2011）	企业在增强核心竞争力的同时,还能改善所在社区的经济与社会环境	强调多方利益	"价值"无定量分析,而 CHS 可用"基数剩余"或"序数剩余",测度合约相关者的"剩余"

续表

分 类	文 献	文献观点	与CHS的相同点	与CHS的不同点
剩余	消费者剩余（Marshall，1890）	衡量消费者的福利	采用了"剩余"的概念	CHS超越了"消费者剩余"和"生产者剩余"，中介等其他合约各方的"剩余"也包含其中
	企业家剩余（Schumpeter，1934）	企业家创新的价值在于最后的利润，也就是超过成本的剩余，即"企业家剩余"	体现了企业家创新所带来的价值	修正了"企业家剩余"，克服了原定义中测度过宽和过窄的问题
变革	创造性破坏（Schumpeter，1934）	企业家的职能就是实现"创造性破坏"	描绘了变革的特征	整合Schumpeter的企业家理论与帕累托最优理论，揭示创新的两种情形："创造性破坏""创造性建设"
	帕累托改进（Pareto，1897）	在不使任何人境况变坏的前提下，使至少一个人变得更好		
创业	创业资源论（Morrsi，1998）	创业是对各类资源的有效组合及利用	强调资源的获取	CHS整合了这两种创业理论，认为："剩余"是获取资源的动因，"合约"是获取资源的手段，用"剩余"识别机会，用"合约"捕捉机会
	创业机会论（Shane等，2000）	创业是对机会的识别与捕捉	强调机会的识别与捕捉	

6.3 研究方法

6.3.1 案例选择与数据来源

Glaser等（1967）提出的案例选择的原则：案例选择采用理论抽样，而非随机抽样，为了验证理论，可能会选择符合理论要求的案例；为了拓展理论，可能会选择较为极端的案例。选择Priceline作为案例，是因为Priceline既符合理论构思，满足边际成本趋向于零的条件；又具有特殊性，它拥有原创性的"Name Your Own Price"价格机制。

在案例分析的过程中，涉及对变量"剩余""企业产生""企业成长"的测度。类比"效用"的测度方法（Hicks，1934），本研究用"基数剩余"的变化量、"序数剩余"的选择顺序来测度"剩余"；对于"企业产生"，以企业的注册成立时间来衡量；对于"企业成长"，则采用"员工数"和"销售量"进行测度。

数据获取，遵循了多方法相结合的策略，包括：①参与性观察，通过作者的亲身体验，获得"Name Your Own Price"系统的操作资料及相关酒店的价格数据；②媒体公开资料，通过美国 NASDQ（纳斯达克）公开数据及其他相关媒体报道，进行数据资料的收集；③文献资料，通过对 Priceline 的研究文献分析，获取相关分析数据。

6.3.2 Priceline 的背景

Priceline 公司的创立，源于合约相关者需求的发现。日常生活中，人们不时需要出差或者外出旅行，这就涉及订酒店、订机票、租车等问题。一方面，对于价格敏感的消费者而言，总是希望能找到既方便又便宜的出行方式和住宿条件。另一方面，尽管作为供应方的酒店、航空公司总是希望提高入住率或搭乘率，使之接近满员状态，但是仍然存在着酒店空房、飞机空位的现象，在淡季，这种现象更为严重。无疑，这种供求不平衡问题，蕴含着巨大的商业机会（Gordon, 1974）。

Jay Walker 敏锐地发现了这个商业机会，运用"Name Your Own Price"的逆向拍卖模式，创造性地满足各方的需求。在 20 世纪 90 年代中期，Jay Walker 就带领着 Walker Digital 实验室成员发明了一种反传统的定价方式，颠覆了"商家—顾客"关系。与通常的商家定价不同，在这种模式下，由消费者对所需的特定产品按自己的意愿出价，而商家则选择接受或者是拒绝报价。随后，Walker Digital 实验室将这种"逆向拍卖"概念和软件技术相结合，开发了基于互联网的"Name Your Own Price"机票服务系统——消费者可以根据所选择的往返旅行，按自身意愿出价。1997 年，Jay Walker 用自有资金 50 万美元和 Walker Digital 的 19 项专利入股，占 49% 的股份，成立了 Priceline 公司。

公司成立不久，就取得了惊人的成绩。1998 年 4 月，网站正式运行当天就创下了 60 多万的点击率，在初始运行的两个月内，销售机票 30 000 多张，并荣登全美十大最受欢迎的商业网站。1999 年 3 月 29 日，Priceline 在纳斯达克成功上市（代号：PCLN），首次发行股票 1 000 万股，发行价为 16 美元，当天股价就涨到 88 美元，且在该年 4 月底高达 165 美元。

不仅如此，Priceline 与成立时间、上市时间都相差无几的同类型企业 Expedia（NASDQ 代号：EXPE）相比，其绩效远远高于后者。2012 年，Priceline 的年总收入高出 Expedia12.3 亿美元，年净收益是其 5 倍多，如表 6-2 所示，而股价是 Expedia 的 100 多倍，如图 6-1 所示。

表 6-2　PCLN 与 EXPE 创立与绩效对比

企　业	成立年份	IPO 时间	股票发行价 / 美元	2012 年总收入 / 亿美元	2012 年净收益 / 亿美元
Priceline	1997	1999 年 3 月	16	52.61	14.19
Expedia	1996	1999 年 11 月	38	40.31	2.80

资料来源：Priceline 在 NASDQ 的公开数据，其网址为：http://www.nasdaq.com/symbol/pcln。

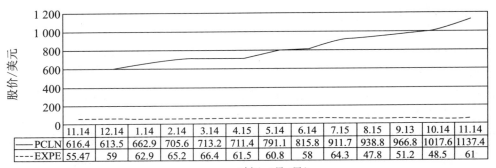

图 6-1　2012 年 11 月—2013 年 11 月 PCLN 与 EXPE 股价比较

资料来源：Stock market activity today & latest stock market trends | Nasdaq[EB/OL].https://www.nasdaq.com/market-activity#msymbol=pcln.

6.3.3　Priceline 的定价模式

Priceline 公司为消费者提供了两种价格机制：一种是与其他的网络旅游服务企业相类似，即供应商出价、消费者选择，该价格机制与 Expedia 相同；另一种是允许消费者在不了解服务企业身份的前提下，对所需服务产品自主出价的机制。本书探讨企业的本质，因此主要是针对第二种机制，即逆向拍卖模式，这是 Priceline 所独有的。

逆向拍卖模式，即"Name Your Own Price"定价模式，指在 Priceline 的交易平台上，消费者选定产品的属性，开出自己希望购买的价格，然后 Priceline 搜寻是否有供应商愿意接受客户的价格，若有供应商愿意接受消费者开出的价格，那么该交易成功；反之，Priceline 则会给你其他建议，再重新出价。一旦出价被接受，则消费者必须接受此次交易，即购买行为不能反悔。

"Name Your Own Price"商业模式与传统商业模式有显著不同，主要表现在两个方面：①消费者自主定价。对于所需的产品，消费者根据自己的意愿自主出价，Priceline 会提供给消费者一个实时均价和最高折扣比例以供参考。②模糊销售。消费者在出价时，并不知道哪家供应商愿意提供低价服务，也不能确保不同时间的同一价格一定能成交。这样便保护了供应商的品牌形象不受影响，使供应商的公开价格能维持原有水平不变（Fay，2009）。

本书作者之一在美国使用 Priceline 的亲身经历，能说明"Name Your Own Price"操作的具体流程。2011 年 4 月，笔者去芝加哥参加学术会议，在朋友的推荐下，决定利用 Priceline 预订一家三星级酒店。首先，进入该企业网站酒店预订板块，选择"Name Your Own Price"功能，锁定入住城市芝加哥（Chicago IL，USA），入住时间 2011 年 4 月 13 日，退房时间为 2011 年 4 月 17 日，定房一间；接着，选择入住区域——芝加哥飞机场南部 [O'Hare Airport (ORD) South]；然后，选择三星级酒店，并出价"50 美元"；最后，在确认订单无误的情况下，填写信用卡卡号、密码、有效期。在提交订单之前，特别值得关注的是"What happens next"：你没有具体酒店的选择权，一旦报价被接受，你的信用卡立即被扣去相应费用，成交后，订单将不能改变、转让，款项也不能退还；如果报价不被接受，将不会扣取任何费用。惊喜的是，报价被接受，笔者仅用每晚 50 美元的价格，就预订到了原价为每晚 105 美元的三星级酒店"Holiday Inn Chicago O'hare Area"。

要补充说明的是，在 2011 年 8 月底，笔者因事又要在芝加哥留宿一晚，再次使用了 Priceline 的"Name Your Own Price"功能，在选择同样条件——芝加哥飞机场南部、三星级酒店、出价 50 美元的情况下，交易没有成功，系统建议提高出价。于是，笔者将出价提高到 60 美元，交易成功，又一个惊喜，是四星级酒店"Hyatt Regency O Hare"，其市场价为 139 美元。

6.3.4 分析方法

Priceline 的创立，是发现"合约相关者剩余"机会并创造性将其实现的过程，其"Name Your Own Price"模式，隐含了合约相关者都有剩余。鉴于交易的复杂性，我们先定性分析单笔交易和总体交易所产生的剩余，有关概念表示如下：

CS_i (consumer's surplus)：第 i 笔交易中的消费者剩余；

SS_i (supplier's surplus)：第 i 笔交易中的供给者剩余；

PS_i (Priceline's surplus)：第 i 笔交易中 Priceline 所获剩余；

DP_i (difference between the two prices)：第 i 笔交易中，客户出价与供应商愿意成交的协议价格之差；

MP (market price)：产品的市场价格，即不经"Name Your Own Price"机制

的市场定价；

CP (consumer's pricing)：客户经"Name Your Own Price"机制的出价；

SP (supplier's pricing)：供应商愿意成交的协议价格；

MC_s (marginal cost of suppliers)：供应商的边际成本；

MC_p (marginal cost of Priceline)：Priceline 运行的边际成本；

TS_i：第 i 笔交易中消费者、供应商、中介 Priceline 剩余之和；

TS：所有交易中消费者、供应商、中介 Priceline 剩余总和。

根据以上概念，我们建立如下模型：

$$CS_i = MP - CP \tag{6-1}$$

$$SS_i = SP - MC_s \tag{6-2}$$

$$PS_i = DP_i - MC_p \tag{6-3}$$

$$TS_i = SS_i + CS_i + PS_i \tag{6-4}$$

$$TS = \sum_{i=1}^{n} TS_i \tag{6-5}$$

式（6-1）~式（6-3）所表述的是单笔交易中，直接参与合约的消费者、供给者及中介三方的剩余，根据定性分析，该剩余都大于零。

对于式（6-1）：由于锚定效应（Furnham，2011），消费者购买产品所愿意支付的最高价，应当小于或等于该产品的市场标价，因而，可以近似地使用（MP－CP）来表示消费者剩余。在 Priceline 中，"Name Your Own Price"的模式允许消费者自主出价，并承诺高至 60% 的酒店预订折扣，这就意味着成交价格一定会小于消费者愿意购买的最高价格，即 $MP - CP > 0$。所以，消费者剩余：$CS_i = MP - CP > 0$。

在式（6-2）中，在供给方酒店有空房、飞机有空座的情况下，理论上只有协议价格 SP 高于供应商的边际成本 MC_s，供给者才愿意成交，而 MC_s 趋向于零，即供给者剩余：$SS_i = SP - MC_s > 0$，有剩余。

在式（6-3）中，Priceline 公司获得的差价 $DP_i > 0$，而其运行的边际成本 MC_p 趋向于零，因此中介 Priceline 的剩余：$PS_i = DP_i - MC_p > 0$。

不难看出，单笔交易无论是 CS_i、SS_i 还是 PS_i 都大于零，因而单笔交易的总剩余 $TS_i = SS_i + CS_i + PS_i > 0$，即式（6-4）总是成立的。

式（6-5）表示的是总体交易所获剩余，即所有交易中消费者、供给者、中介 Priceline 剩余的总和。通过上述分析可知，单笔交易的剩余 $TS_i > 0$ 总是成立的，那么其求和所得也自然是大于零的，即剩余总量 TS > 0。

因此，Priceline 公司的产生，无论是从单笔交易还是从总体交易，都创造性地构建了一个合约相关者均有剩余的"格式塔合约"。

6.4 研究发现

6.4.1 创造"合约相关者剩余",是企业产生的原因

笔者的亲身经历和 Priceline 在 NASDQ 的公开数据,为定量分析消费者、供应商、中介 Priceline 的剩余提供了依据。

对于消费者而言,笔者仅用 50 美元每晚的价格预订到了市场价为 105 美元每晚的三星级房间,获得的剩余为:$CS_i= MP - CP =105 - 50=55 > 0$。

对于供应商 Holiday Inn 而言,其所获剩余为 $SS_i= SP - MC_s$,SP 是指愿意成交的协议价格,则 $0 < SP < 50$;MC_s 是指提供服务的边际成本,在提供服务的边际成本 MC_s 近乎为 0 的情况下,$SS_i > 0$。

对于中介 Priceline 而言,由于单笔交易的数据难以获得,其剩余难以计算,但是,股东的收益可以从侧面反映其所获得的剩余。Priceline 股票发行价 16 美元,现行股价 1 181.67 美元(2013 年 12 月 4 日股价),翻了 74 倍,股东获得的剩余显而易见;公司创办人 Jay Walker 的剩余更为可观,按 1 181.67 美元的股价换算,Priceline 的市场价值为 416.991 亿美元,假定 Jay Walker 及 Walker Digital 所持的 49% 股份不变,那么其市值为 204.325 59 亿美元,若忽略专利投资的价值,则 Jay Walker 的 50 万美元投资,回报率高达 408 651%。通过以上定量分析可知,创造"合约相关者剩余"的机会,是 Priceline 企业产生的原因。

6.4.2 创造的"合约相关者剩余"越多,企业的成长性越高

相比 Expedia,Priceline 表现出更好的成长性。Priceline 的员工数量由初始创业期的 30 多人发展到现在的 6 600 多人;2012 年,Priceline 利润率 27%,远远高于 Expedia 的 6.9%。2005—2013 年,Priceline 的股价增长速度远远超过 Expedia(图 6-2)。

为何 Priceline 比 Expedia 成长得更快?关键在于其独有的"Name Your Own Price"定价机制。Priceline 有两种定价机制:一种是传统的定价机制,与 Expedia 相同,即供应商出价,消费者选择;另一种是 Priceline 所独有的、反传统的"Name Your Own Price"定价机制,即消费者出价、供应商抉择。

逻辑推理可知,如果 A 具有 a、b 两个性质,导致的结果为 P_A;B 只具有 a 一个性质,导致的结果为 P_B,则导致两者结果差异($P_A - P_B$)的原因是 b,或

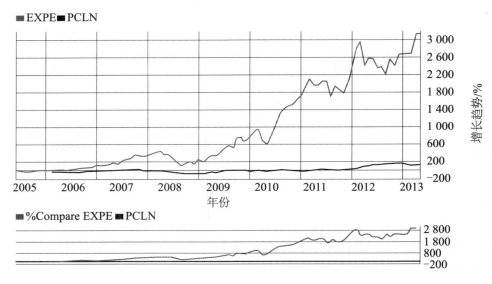

图 6-2　2005—2013 年 PCLN 与 EXPE 股价增长趋势比较

资料来源：Stock market activity today & latest stock market trends | Nasdaq[EB/OL].https://www.nasdaq.com/market-activity#msymbol=pcln.

者是 a、b 的交互作用。但无论是哪种原因，b 都是导致差异的关键因素。因此，可以将 Priceline 与 Expedia 的成长差异归因于"Name Your Own Price"机制。正是这种反传统的定价机制，给合约各方带来了更多的剩余，形成了一个"强格式塔合约"：一方面，消费者能够自主出价，用较低的价格预订到所需的产品；另一方面，酒店和航空公司能够把闲置产品销售出去，在"边际成本趋近于零"的情况下，获取更多剩余。不难得出：给合约相关者带来的剩余越多，特别是为消费者创造剩余越多，则企业的成长性越好。

要说明的是，早在 1996 年公司成立之前，Jay Walker 就将这种"Name Your Own Price"定价制度申请了专利，20 年内竞争对手（包括 Expedia）不得采用该方法。这样，Priceline 从创业之初建立的强格式塔合约，在成长的过程中能够持续发挥作用。

6.5　讨论

知识的产生是一个动态的"四化"过程（Nonaka，1994），CHS 理论的构建，是知识内化与社会化的结果，另外"两化"还需探讨：一方面，尝试与现有理论结合，实现知识创造的结合化；另一方面，尝试解释现实世界的不同现象，实现知识创造的外化。

6.5.1 CHS 理论与 Coase 企业理论的对比

检验"合约相关者剩余"这一准企业理论的有效性，必须与 Coase 的交易成本理论这一竞争性假说（rival hypothesis）进行对比。CHS 理论与 Coase 交易成本理论，既具有相同点，又具有不同点。相同的是，都是以"交易"为分析单位，同样运用了"边际"和"替代"的概念解释了企业家替代市场配置资源的原因。而不同点，主要有以下三个方面。

1. 资源为什么愿意被企业家配置问题

Coase 理论解释了企业家替代市场配置资源的原因，但没有直接解释资源为什么愿意被企业家配置。酒店及其空房为什么愿意被 Priceline 公司配置？对于酒店来说，在互联网普及的今天，它通过 Priceline 网站交易的交易成本，与在自己的网站上直接和消费者交易的交易成本相差不大，这样，Coase 的交易成本理论就不能直接解释资源为什么愿意被企业家配置这种现象。

CHS 理论不仅解释了企业家替代市场配置资源的原因，而且直接解释了资源为什么愿意被企业家配置。根据 CHS 理论，资源愿意被企业家配置，是因为它们在企业家的配置下，获得的剩余更多。一方面，酒店闲置的空房是时敏产品（time sensitive product），如果没有得到利用，空房所带来的收益为零，以此为参照点，酒店把空房放在 Priceline 网站上交易，空房被消费时，酒店获得的剩余就大于零。另一方面，消费者如果直接和酒店进行交易，支付的费用就是市场交易价格，以此为参照点，当使用 Priceline 的 "Name Your Own Price"，他们的出价就低于市场价格，这样消费者的剩余就大于与酒店直接交易的剩余。因此，不论是酒店还是消费者，他们的资源都愿意被 Priceline 配置。

2. 企业收益的来源问题

按 Coase 的观点，若两家企业降低的交易成本相近，二者的最终收益也应该相差不大。然而，Priceline 和 Expedia 降低的交易成本相近，收益却差异显著，这充分说明 Priceline 的收益并不是来源于交易成本的降低。

Priceline 收益的来源，不是"交易成本"的降低，而是原创的"Name Your Own Price"机制，为酒店、消费者、Priceline 等合约相关者创造了更多的"剩余"：第一方的剩余，酒店可以在成交价保密的条件下，通过 Priceline 平台，将闲置的空房销售出去而增加剩余；第二方的剩余，消费者不仅可以通过传统的网上预订酒店机制，以酒店提供的参考价格预订房间，而且可以通过 Priceline 的

"Name Your Own Price"机制，自主出价，以低于酒店市场价的价格预订到期望的甚至高于期望的房间；第三方的剩余，Priceline 可以通过平台上增加的每一笔交易获益。

3. 企业规模与成长性问题

根据 Coase 理论，企业有规模的限制。"生产规模扩大，协调生产要素的成本随之上升，当企业家协调生产要素的成本等于市场协调生产要素的成本时，企业的规模就决定了（Hitt，2005）"。

根据 CHS 理论，从供给与需求两方面分析，Priceline 可以无限发展，没有规模的限制。一方面，对于 Priceline 自身，在很大程度上"边际生产成本趋向于零"，这样，多一个交易就多一分剩余，因而，可以实现无限供给，没有生产规模的限制。另一方面，进入 Priceline 的其他合约相关者的边际剩余，总是大于所替代的市场交易的剩余。所以，除非有新的商业模式，或者 Priceline 的专利到期，才可能限制其发展规模，否则其发展规模没有限制。

另外，Coase 的交易成本理论，虽然解释了企业产生和企业规模问题，但没有提及企业的成长性。CHS 理论不仅讨论了企业的产生以及规模问题，还可以解释企业成长性问题。企业创造的合约相关者剩余越多，特别是为消费者创造的剩余越多，其成长的可能性空间就越大。正因为 Priceline 独有的"Name Your Own Price"机制给合约相关者特别是消费者创造了更多的剩余，Priceline 的成长才比 Expedia 好得多。

综上所述，CHS 理论与 Coase 的交易成本理论并不是一种替代关系。它们分别揭示了不同情形下企业产生的本质，为了更清晰地对比这两种理论，现将它们的主要特征总结，见表 6-3。

表 6-3 合约相关者剩余与 Coase 交易成本理论对比一览

对比点	Coase 理论	CHS 理论
理论视角	交易成本	交易收益
主要观点	降低"交易成本"是企业产生的本质，解释了企业家替代市场配置生产要素的原因	增加"合约相关者剩余"是企业产生的本质，不仅解释了企业家替代市场的原因，而且解释了资源为什么愿意被企业家配置
替代原因	企业家协调生产要素的成本，低于市场机制协调生产要素的成本	合约相关者从企业交易中获得的剩余，高于其从市场交易中获得的剩余
收益来源	交易成本的降低	交易剩余的增加
企业规模	企业有规模限制	企业规模可以无限拓展

续表

对比点	Coase 理论	CHS 理论
时代特征	信息不发达，无互联网，交易成本高	信息发达，互联网普及，交易成本低
两种机制的差异	企业家协调生产要素的成本远小于市场机制协调生产要素的成本	企业家协调生产要素的成本和市场机制协调生产要素的成本的差异小
经济特征	短缺经济	过剩经济

6.5.2 CHS 理论的外部效度

"合约相关者剩余"理论，不仅可以解释边际成本趋向于零的企业的产生，而且可以解释更多的现象。

第一，古老培训学校的产生，如本书 2.4.1 节所示。

第二，"合约相关者剩余"为创业研究提供了一种新的范式。在创业研究领域，有两种主要理论，即"资源论"（Morris，1998）与"机会论"（Kirzner，1973；Shane & Venkataraman，2000）。这两种理论分别捕捉到了创业不同层面的特征，没有资源、只有机会，创业不可能成功，没有机会、只有资源，创业也不可能成功。

"合约"是资源和机会之间的一座桥梁，可以把创业定义如下：创业是用"合约相关者剩余"识别"机会"，用"合约"调动"资源"，捕捉与利用机会而创造价值的过程（Michael & Combs，2008）。该定义不仅说明在平等自愿的情况下，合约相关者均有剩余才是创业机会，只要一方没有剩余，则不是创业机会；而且回答了创业者自身资源缺乏时，何以能创业的问题，以及创业是靠什么手段捕捉与利用机会的问题。

第三，人类文明程度的测度。文明的测度是一个具有重大意义的课题（Mousseau，2005）。一个地区、一个国家问题的解决方案，可以分为"格式塔合约"与"非格式塔合约"，如果"格式塔合约"占总合约的比例大，则该地区、该国家文明程度就高；反之，则低。

实际上，人类文明的进化，是由"非格式塔合约"向"格式塔合约"转化的过程，也就是"格式塔合约"占"总合约"的比例逐渐提升的过程。

6.6 结束语

Priceline.com 等企业的产生，揭示了 Coase 的企业理论的不足。一方面，互联网的产生已大大降低了交易成本，使许多企业降低交易成本的边际贡献率可以忽略不计；另一方面，这类"边际成本趋向于零"的企业，可以实现产品的无限供给，短缺经济已转变为过剩经济，成本已不再是企业产生的一个主要因素。

为解释"交易成本"很低的情境下，"边际成本趋向于零"的企业产生的原因，在吸收前人研究成果的基础上，本研究提出了"合约相关者剩余"这一准企业理论，从"交易收益"角度，而非"交易成本"角度，揭示了企业产生的本质，通过分析案例 Priceline 的产生和成长，检验了该理论的有效性。

CHS 这一新的范式，在理论上，不仅与"消费者剩余""利益相关者""共赢理论""创造共享价值""企业家剩余"等理论具有兼容性，而且整合了"创业机会论"和"创业资源论"，揭示了"创造性破坏""帕累托改进"的内在联系。

在实践中，"合约相关者剩余"理论有广泛的外部效度，微观上，为判断创业机会、预测企业的成长性、测度创业质量提供了理论依据；宏观上，为揭示人类文明的进程，测度一个国家、一个地区的文明程度，提供了一个新的分析框架。

要说明的是，本研究虽然取得了一定的进展，但是，仍有以下三个方面需要进一步探索：第一，深入研究"合约相关者剩余"的测度方法，开发出该理论的操作工具；第二，将"合约相关者剩余"形式化，用数学语言表示，使其更精准、更具有普适性；第三，拓展"合约相关者剩余"的外部效度，累积案例，增加该理论所能解释和预见的现象。

第 7 章
共享经济为什么能爆炸性增长

共享经济,被《时代》周刊誉为改变世界的十大思想之一,堪称一次工业革命。短短几年内,它获得了爆炸性增长。其中,Airbnb 的房间总数,在短短 7 年内,就超过了全球最大的连锁酒店万豪(Marriott);而 Uber 经过 6 年的发展,市场估值就超过 500 亿美元。共享经济在全球的总收入,在 2015 年已达到 150 亿美元,预计在 2025 年将达到 3 350 亿美元[①]。

值得注意的是,Freeman 认为,系统地关注利益相关者的利益,是企业成功的关键。而 Airbnb、Uber 等共享经济企业不顾部分"利益相关者"——传统酒店、出租车公司以及政府部门的利益,仍能爆炸性增长,在一定程度上,挑战了"利益相关者理论"。

另外,Coase 指出,企业规模越大,所要付出的协调成本越高,当达到与市场成本一致时,企业的边界就决定了。然而,共享经济企业似乎并不受到这种边界的限制,"用户"才是生存与发展的关键,共享经济企业的边界可以无限。

本章通过分析 Airbnb、Uber、WeWork 这三个案例,期望得到共享经济爆炸性增长的原因。

7.1　Airbnb

7.1.1　Airbnb 的成立

Airbnb(AirBed and Breakfast)是一家提供旅行房屋短租服务的互联网公司,由 Brian Chesky、Nathan Blecharczyk 和 Joe Gebbia 于 2008 年 8 月在美国联合创立,总部设在美国加州旧金山市。

2007 年 10 月,美国旧金山公寓里的两个年轻人正为付不起房租而困扰,两人决定把房子装修后出租一小部分,并建立了简易网站 airbed and breakfast.com,意思是提供充气床和早餐的地方。当时,一场国际设计大会在旧金山举办,所有

[①] PWC. Consumer intelligence series: the sharing economy[R]. PwC: London, 2015.

的旅店都已经被预订,很多人找不到住宿,两人就把房间照片上传到网站并声明:任何预订租客都可以有 1 个充气床垫和精心准备的早餐,很快,房间成功租给了三个参会者,二人因此赚取了第一笔业务收入 1 000 美元。之后,他们还收到了全球多个地方的邮件,询问他们能不能提供在东京、布宜诺斯艾利斯、伦敦等地的空气床和早餐。意识到商机后,二人决定做一件事情:让游客可以住在旅行当地的房子里,而不是住在旅馆,在世界各地连接旅客与当地住户。

2008 年 3 月,两人找到工程师出身的 Nathan Blecharczyk 帮助完善网站并正式上线,后来网站改名为 airbnb.com。其于 2013 年正式推出移动应用程序。拥有闲置房源的人通过手机应用程序将房间的图片上传平台,发布房屋租赁信息,旅行者通过该平台搜索并完成在线预订,有效连接世界各地的房东与房客,使交易直接发生在世界各地的陌生人之间。这种具有独特地方特色的住宿体验吸引了很多人。

7.1.2 业务发展状况

Airbnb 模式在投资人看来,是一种疯狂的想法。在经历过卖麦片求生、融资困难和网站流量不景气之后,2010 年,Airbnb 正式成立专门的摄影师和设计师团队,免费为房东提供专业拍照服务,展示房源的优势,终于迎来第一次井喷式增长。而这一策略也保存至今。2011 年 2 月,Airbnb 实现 100 万次的订房,仅 4 个月后便达到第二个 100 万次,一年半之后,这一数据已经达到 1 000 万次;本着全球化的定位,从 2011 年开始,Airbnb 布局海外市场,先后进入欧洲和东南亚地区。2012 年年底,Airbnb 在全球开设了 12 间办公室,估值达到 13 亿美元。2015 年 8 月,Airbnb 正式进入中国,后来改名为"爱彼迎",在中国市场的拉锯之战真正开始。2019 年 5 月,Airbnb 房源遍布 191 个国家和地区,81 000 个城市,通过超过 500 万个住宿地点将旅行者连接在一起。[1] 2020 年 12 月 10 日,Airbnb 在美国纳斯达克上市,上市第一天,股价大涨超过 112%,一度达到 165 美元。截至收盘,Airbnb 市值达到了 860 亿美元,成为 2020 年美国市场上规模最大的 IPO。[2]

目前,Airbnb 的商业模式还在持续调整,逐渐从一个在线房屋短租公司转型成为一个全方位的旅游公司,打造自己的旅游生态圈,不断开拓新型盈利赛道。除了提供住宿预订,还增加了高端租赁服务、生活体验、目的地攻略等多个服务板块。

---

[1] Celebrating ten years of Airbnb[EB/OL].https://news.airbnb.com/airbnb-10-year/.

[2] Airbnb, Inc. class a common stock (ABNB) analyst research[EB/OL].https://www.nasdaq.com/market-activity/stocks/abnb/analyst-research.

1. 核心民宿短租业务

Airbnb 民宿短租的最初特征就是本地化、个性化和富有人文气息，房源也仅限于当地部分房东，他们不仅为房客提供城市地图和装有 Wi-Fi 密码与入住指南的小包，还可能成为房客的导游。在房源和房客变得越来越多的情况下，Airbnb 通过产品上的设计提高筛选效率。2018 年，Airbnb 宣布推出精选房源系列，在原有的整套房子、独立房间、合住房间三种房型之外，增加了四个新房源类型：度假屋、特色房源、住宿加早餐，以及精品酒店，还推出了九个旅行场景，如家庭旅行、蜜月旅行、出差旅行等，帮助不同旅行场景的房客在 Airbnb 平台上找到合适的房源。

除了以个人和家庭为主的私人旅游，Airbnb 同时开发商务旅行市场，2017 年推出一款针对商务旅行的搜索工具"Business Travel Ready"，游客能够通过该工具预订配有书桌和高速互联网的私人房屋，全球约有 25 万家公司与 Airbnb 签订了协议并使用该搜索工具。2018 年，Airbnb 正式推出 Airbnb for Work 项目，为企业用户提供住宿服务，并提供组织团建、举办会议的场所。2019 年，Airbnb 收购共享办公平台 Gaest 也是转向企业服务的重要一步，实现了约 70 万家企业通过 Airbnb for Work 功能预订商旅行程。[①]

2. 高端租赁服务

Airbnb 的初衷是为游客提供本土化特色住宿体验，随着客户需求和层次的复杂化，Airbnb 业务逐渐扩展到高端住宿服务，房源类型拓展到独栋房、公寓型住宅、精品酒店、度假村、联排别墅等 16 个选项。2017 年 2 月，Airbnb 斥资 3 亿美元收购加拿大高端度假租赁公司 Luxury Retreats，正式进军高端房源领域，与高端酒店"同台竞技"。

2018 年 2 月，Airbnb 增加了"Airbnb Plus"（人工严选房源）和"Airbnb Beyond"（高端奢华房源）两大业务。每一个 Plus 房源都要通过包括清洁度、舒适性和设计风格等在内的 100 多项认证标准，这些标准都是从房客评论中提炼出来的需求。Airbnb Beyond 将其收购的 Luxury Retreats 现有房源纳入这一新品牌旗下，同时提供高端旅游路线规划。同时，Airbnb 首次允许酒店和其他住宿提供商通过官方第三方分销网络在其网站上销售产品库存，并宣布与云端酒店分销平台 SiteMinder 形成技术合作关系，Airbnb 向加入的住宿供应方收取 3%～5% 的服务费，远低于在线旅行社（OTA）的 20%。进入高端房源领域和允许第三方分销是 Airbnb 多年来在核心民宿业务基础上的首次重大改变，也是其多元化发展的第一步。

---

① Gaest.com joins the Airbnb family[EB/OL].https://news.airbnb.com/gaest/.

3. "体验"业务

2016年11月,Airbnb提出"深度体验游"理念,当地房东或体验达人提供当地特色活动,体验项目有上百种,包括室外冒险、摄影和观光旅游等,还有娱乐、艺术、健康方面的活动。该项目的一大优势是,人们并不需要预订房源就可参加体验项目;作为体验达人,他们也不需要拥有房源才能开放体验活动,而且Airbnb本身的千万客源都是体验项目的潜在客户。为此,Airbnb推出了全新旅行平台Trips,通过这一平台,人们分享旅程中的所遇所想、所见所闻,这将进一步提升用户黏性。基于用户不同的爱好,Airbnb还推出了全新体验类别——Airbnb音乐会、社交聚餐和探险体验,同时升级了现有的社会公益体验,包括罗马的"家庭葡萄庄园"、洛杉矶的"好莱坞地标徒步"、伦敦的"布里克斯顿隐藏的爵士俱乐部"等项目,中国的项目以传统文化和动手体验为主,如篆刻、茶道、太极、泥塑等。

体验业务的增长迅猛,2017年全年预订增长率高达2 500%,仅上线一年多,参加体验的游客人数就是Airbnb初期房源业务量的21倍;2018年,Airbnb在全球1 000多个城市上线了15 000个体验活动,预订量增长25倍,体验达人们通过这项业务从事自己热爱的事情并赚取额外收入,预订量较高的体验达人的年收入甚至超过20万美元。[①]

4. 旅游周边多元化业务

现在的Airbnb早已不是一个仅能预订民宿的App,它不再将自己局限于一个在线短租平台,而是打造旅游生态圈,全面介入旅游行业,如住宿、旅游指南、在线旅行社、机票预订、车辆安排等。2016年9月,Airbnb收购旅游服务平台Trip4real,向游客提供有创意的旅游行程;2017年9月,领投餐厅预订平台Resy,用户能够通过Airbnb/Resy整合计划进行餐厅预订;2016年和2017年分别收购比特币支付公司ChangeTip和社交支付公司Tilt,支持用户P2P(个人对个人)支付交易,建立面向社区的支付场景,改善人们的旅行。

7.1.3 Airbnb商业模式特点

1. 坚持差异化市场

Airbnb的基本发展路线是,鼓励个人房东,为用户提供本土化体验并成为全球化公司。这种差异化定位,区别于多个竞争者。Airbnb与Couchsurfing的区别

---

① Airbnb doubles down on experiences, expanding to 1000 destinations and adding new passion categories in 2018[EB/OL]. (2018-02-23). https://news.airbnb.com/airbnb-doubles-down-on-experiences-expanding-to-1000-destinations-and-adding-new-categories-in-2018/.

在于，后者仅是一个社交网络，用户全部来自自然增长，房东免费收留房客，由于双方都不用付费，平台和房东都不会解决房客的体验问题，提供的服务非常随意，不能算是一门真正的生意。而 Airbnb 属于用户付费模式，用户对服务的期待值很高，平台给予用户超值体验，并提供多元化选择。Airbnb 与海外短租平台的区别在于全球化市场，2011—2013 年，Airbnb 通过全球网络开拓海外市场，打败了其模仿者欧洲短租平台 Wimdu，并成为彻底的全球公司。Airbnb 与在线旅游平台的不同在于房源，2015 年被在线旅游平台 Expedia 收购的 Home Away 是其代表之一，Home Away 的房源大多分布在著名的旅游景点，如爱琴海、夏威夷等，通过和职业房东、公寓管理公司合作，一次性接入大量的房子。而 Airbnb 更鼓励个人房东将自己公寓闲置的房间分享出来，2013 年和 2016 年，Airbnb 清理了平台上多个职业房东。也是在那之后，Airbnb 越来越和大房东拉开距离。

2. 提供个性化体验

体验原汁原味的本土文化，并为用户打造归属感，是 Airbnb 长期以来的品牌核心。Airbnb 是一种全新的旅行和体验世界的方式，用户可以像预订世界上任何地方的酒店一样预订一户人家，保持任何地方都有家的感觉。从树屋、船屋、游艇到城堡；从特色民居、温馨小屋再到设计独特的公寓；从很有想法且喜欢与人交流的房东，到因同住一屋而惊喜结交的友人，丰富多样且独特的体验项目，使用户慢慢具有高度的黏性。2016 年，Airbnb 推出"Airbnb Trips"业务和"Local Companion"服务，提供"一站式"出行服务，甚至定制旅游路线，满足游客购物、买票、用餐、租车、婴儿照顾等多种需求。

用户的优质体验不仅体现在实地旅游方面，Airbnb 的搜索功能与浏览页面也努力在每一个步骤上起到激发、惊喜和取悦客户的作用。在搜索上，Airbnb 极简化搜索步骤，通过数据确定房东偏好，个性化处理和准确地匹配，对比测试调整流程，开发内部 A/B 测试框架，帮助用户无须登录就可以浏览网站。在页面设计上，提供精美图片，采用分镜艺术、独特的图片和文字彰显不同的城市特点，对人产生极大的吸引力。

3. 轻资产运营

Airbnb 由于轻资产运营方式而快速地扩张到世界各地。一方面，Airbnb 的房源为房东的自有资产，节省了大量的固定资产投资和运营成本；另一方面，个性化设计的房间、真实的本土体验刚好切合了年轻旅行者的诉求。

Airbnb 的利润由两部分构成：一部分是来自房客 6%～12% 的服务费，另一部分是来自房东 3% 的服务费。房屋的出租率直接影响了 Airbnb 的收入。为此，Airbnb 为房东提供设计房间、拍摄照片等服务，帮助房东提升服务品质，创造差异化，从而吸引更多的订单，房东也获得继续提供服务的动力。这样一来，平台与房东拥有共同利益，也形成了激励相容机制，平台和用户之间建立起了良性循环的共赢关系。

4."交易+社区"平台模式

Airbnb 不是单纯的一个交易平台，它不仅连接买家与卖家，服务提供方与消费者，确保这两类用户相互之间交易，还能相处得愉快，把社区化、情感化带入一个有着极好视觉体验的设计产品里，并且链接 Facebook Twitter 等社交网站引用用户评论体系，建立用户间的信任与互动。

酒店业从来都不是特别透明的市场，而 Airbnb 对所有的信息都很开放。房屋屋主和客户在库存搜索阶段、预订、入住确认、入住期间等都会直接交流，房东就是品牌，屋主和客人早在办理入住前很久就沟通并解决了彼此之间的诉求，最终达成契约的双方一定是满意的。

为了打造为"交易＋社区结合"的旅行租房社区，Airbnb 在算法和服务上采取了一系列措施。①可以执行的评分系统：在用户搜索前，平台已经为用户剔除差劲的房源或房东；②用心创作的优质内容：通过人工与算法双重方法，持续地寻找并且突出优质内容，消灭掉差的内容，用户看到的都是最佳的房间；③着眼关注于供应方：为卖家们创造一个优美、有指导性、简单易用的体验，提供自动定价信息源，帮助房东做决定。④基于社交关系的认证：利用社交关系的认证 Facebook、Twitter、微博等来提高转化率，强调有很多其他的人也在使用并且热爱这个产品；⑤社交化的视觉创意：不只是提供住宿服务的中间商，还是有温度的"情感沟通"社区。

5. 平台与用户之间的良性信任机制

作为一个共享民宿平台，最重要的就是解决用户之间的信用问题，无论是邀请陌生人来到家里，还是去到陌生人家里，对双方来说都需要相当高的信任成本。为了解决这一问题，Airbnb 平台采用"安全保障计划＋优化算法＋房东房客忠诚计划"等措施。

2011 年 7 月，Airbnb 的一位房东被房客洗劫，这是 Airbnb 遭遇过的最大的信任和生存危机。为保障房东利益，Airbnb 为房东提供 5 万美元的担保，后来将保险额度提高到 100 万美元，用于突发事件的赔偿；Airbnb 平台接入社交软件 Facebook 和 LinkedIn 账户，使用包括 ID（身份标识号）扫描、与离线信息匹配的名称以及欺诈检测机器学习模型在内的措施，来给房主、房客提供很详细的个人信息；为保护租客的权益，Airbnb 列出了一系列房东应尽义务条款，包括房源安全、清洁、可用等方面的最低质量标准，且应与房东的描述一致等；建立房客事后评价系统等。这样一来，平台上建立了更多的信任关系。

Airbnb 前后端技术更新换代很快，不断优化以维护平台简洁和效率。此外，Airbnb 极其重视客户服务和平台维护，其员工大部分都是客服人员，主要职责是解决住户和房东之间的各种问题，以保证沟通效率。

在 Airbnb Open 2018 会议上，Airbnb 推出"超级房东"和"超级房客"忠诚度计划。整体评分在 4.8 以上、一年内接待超过 10 次住宿、预订取消率 < 1%、回复率达到 90% 的房东会被评为超级房东，超级房东将得到更多支持，包括更好的房源平台位置推广、定制 URL（统一资源定位符）链接、超赞房东徽章、额外奖金及专属的智能家庭产品等 14 项特殊福利。"超级房客"计划将在调整后重新推出。

6. 本土化

Airbnb 开展全球化业务时的首要任务就是"本土化"，包括网站语言本土化、摄影本土化、注册本土化和支付方式本土化等。2011 年，Airbnb 在开拓海外市场时，短短 3 个多月内，在 9 个国家购买了顶级域名，组建了全球翻译团队，与 CDN（内容分发网络）厂商签订了合同，以减少网站加载时间，重组了每个前端交互的用户界面，以支持长文本字符串，并转向多币种支付平台，同时，在全球各地招聘了 3 000 多名合同制专业摄影师，协助房东拍摄真实且有吸引力的照片。

以中国为例，如果一名上海用户查询纽约的房源，Airbnb 就会自动将部分英文翻译成中文，对于有些信息描述特别多的房屋，Airbnb 会提供"翻译按钮"选项。美国用户一般通过邮件或 Facebook 进行注册，而在中国，Airbnb 与微信、微博合作以适应中国用户的习惯，转化率在短时间内实现突破。国外用户常用的 PayPal、信用卡等支付方式，在中国转变为支付宝、微信和分期付款方案。Airbnb 同时调整了中国区服务费率，把房客的服务费率从平均 13% 下调为 0，把房东的服务费率从 3% 上调至 10%，取消以往页面显示的"房费＋服务费"为最后费用的方式，直接显示房费为最终费用，以适应中国用户不习惯付服务费的消费行为。

7.1.4 从 CHS 理论视角看 Airbnb

"合约相关者剩余"理论的核心思想为：以共享经济企业为中心的"合约相关者"，被传统经济所锚定，以传统经济作为参照系，获得了更多的"剩余"，所以企业能迅速成长。该理论能够解释 Airbnb 的爆炸性增长。Airbnb 本质是有效连接供需方，对于房客来说，Airbnb 提供了价格优惠的住宿条件和独特的住宿体验；对于房东来说，获得了额外收入；平台创建者通过抽取佣金获得报酬。与传统酒店业相比，主要参与者均有额外剩余。

按照"合约相关者剩余"理论，Airbnb 模式在交易内容、产品组合、支付时间三个维度上均提供了更多的剩余。

1. 使用权+观赏权，提供体验式服务

Airbnb 利用数据感知用户需求，有效地联系空闲的资源和游客需求，解决市场痛点，交易内容几乎全部来自供给者房东。一方面是房屋使用权，Airbnb 的房源来自全球各地的千家万户，从房车、城堡到毡房、岛屿，应有尽有，并各具特色，房客可以完全沉浸在当地文化之中，获得归属感与真实、独特的体验。另一方面，房东或 Airbnb 平台本身提供当地旅游指导，甚至帮助客户规划完美路线。这种沉浸式的独特体验是 Airbnb 平台服务的核心竞争力。

2. 多产品组合

Airbnb 从最初的民宿短租平台逐渐成为一体化旅行平台，全面介入旅游行业。民宿短租仍然是其核心业务，服务于个人、家庭和商务旅行者，这一群体也是平台的主要用户；高端租赁服务和体验项目是 Airbnb 多元化战略下开辟的新型盈利赛道；开展旅游周边业务是投资战略的体现，希望打造旅游生态圈。任何一个用户，无论旅行目的、旅行方式、旅行时间、旅行住宿要求如何，Airbnb 平台都能满足。

3. 灵活、安全的支付方式

Airbnb 提供预先支付 100% 的住宿费和 Pay Less Up Front 两种支付方式。后者是 2018 年初推出的新型灵活支付政策，当人们在 Airbnb 平台上预订价格等于或高于 250 美元的住宿时，他们可以选择先支付押金，通常为 50%，然后在接近入住日期时再支付余款。在资金结算上，Airbnb 充当第三方安全平台，在房客办理入住手续之前保管押金和余款，房主在客人办理入住手续后大约 24 小时才会收到付款，若房主提出取消订单，平台将履行对房客的赔付政策，从而保障交易双方的资金安全。

Pay Less Up Front 这项新功能实际上是对 Airbnb 房主、顾客和平台的多赢政策。Airbnb 通过增加这一项功能使平台订单数增加，为那些因为需要特殊房源而提前很长时间预订，并且对支付全款保持警惕心理或资金暂时不足的顾客提供便利。房主也能从中获益，40% 以上的客人会选择使用这一功能。而当他们这样做时，通常也会选择更贵的住宿，从而为房主和 Airbnb 创造更多收入。使用这种支付功能，客户几乎会提前 1 倍的时间进行预订，这意味着房主可以更轻松地确认和管理预订。

7.2 Uber

7.2.1 Uber 的成立

Uber（Uber Technologies，Inc.）是 2009 年由 Travis Kalanick 和 Garrett Camp 在美国硅谷创办的全球首家可以通过手机实现一键叫车服务的公司，总部设立在旧金山。

2008 年冬天，Kalanick 和 Camp 结伴赴巴黎参加 LeWeb 年度互联网峰会。当时两人手里都怀揣着充足的资金，辗转于世界各地寻找新的创业想法：Kalanick 将他的第二家公司 Red Swoosh 以 2 300 万美元的价格出售给了阿卡迈公司（Akamai Technologies），Camp 也以 7 500 万美元的价格将他的产品 Stumble Upon 出售给 eBay 网站。参会期间的一个雪夜，两人准备乘坐出租车回酒店休息，结果在路边站了很久都没能打到车，被冻得瑟瑟发抖，由此内心感到不满。于是两人联想到乘客很难打到出租车可能是一个普遍现象——基于"让世界变得更好"的创业文化，他们希望能够帮助人们解决打车难的痛点，因此萌生了创造一个让人们只通过手机就能方便快捷地乘坐出租车的产品的想法。

2009 年的 Uber 以"Uber Cab"为名，对闲置的出租车资源进行整合，以满足用户的出行需求。2010 年，Uber 在旧金山正式推出了 Uber App，Android 和 iOS 系统的手机均可以下载使用。

7.2.2 业务发展状况

由于精准地找到了用户的痛点，Uber 发展形势迅猛，2011 年打开的城市数和完成的订单数节节攀升。2012 年 Uber 进入英国市场，2014 年 7 月登陆北京，拉开进入中国市场的序幕。短短几年，Uber 实现了爆炸性增长，在 2018 年就完成了 100 亿的订单量；2019 年 5 月，正式在纽交所上市；截至 2020 年底，Uber 已经将业务扩展至全球近 70 个国家 10 000 多个城市。[①] 与此同时，Uber 采取差异化市场战略，它不仅是提供打车服务，还将其业务延伸至与人们密切相关的生活服务领域。

Uber 按照收入水平高低，依次将用户细分为高收入、中高收入、中等收入、中低收入和低收入群体。针对不同的细分市场，Uber 推出了差异化的打车服务，以满足不同群体的出行需求，并获得灵活便捷的乘车体验。价格从低到高，Uber 的打车服务可以分为人民优步（People's Uber）、Uber Pool、UberX、Uber Taxi、

---

① Uber is now in over 10,000 cities globally[EB/OL].https://www.uber.com/newsroom/10000-cities/.

Uber Black、Uber Lux、Uber Black SUV。

Uber 最先推出的是面向中等及中高收入群体的 Uber Black，该群体对价格不是很敏感，注重的是舒适的服务体验以及对高品质生活的追求。然而，Uber 真正迎来爆发式增长是在其 2012 年 7 月推出价格更亲民的 UberX 之后。UberX 整合了大量闲置的私家车资源，其价格比出租车更实惠，预约更快捷，满足了人们日常的用车需求。UberX 不仅有效降低了用户的出行成本，还让更多的私家车主获得了兼职的机会，从而实现了多方共赢的局面。由于工作时间相对更加自由，UberX 成为更多司机的选择。随着车辆供给数量的爆发式增长，Uber 用户数量也呈现快速增长之势。

2014 年 10 月，Uber 在中国 7 个城市推出人民优步，类似在国外推出的拼车服务 Uber Pool。多位顺路的用户可以乘坐同一辆汽车抵达不同的目的地，这样一来，就提高了汽车的使用效率，节省了用户的出行成本。与此同时，人民优步和 Uber Pool 还有助于缓解路面交通堵塞问题，以降低能源消耗、减少有害尾气排放，实现绿色出行。面向高收入群体的 Uber Lux 以及 Uber Black SUV，为用户提供豪华轿车或豪华运动型多用途汽车以及配备最受好评的司机，让这部分用户享受到 Uber 最高水平的服务和乘车体验。2014 年 7 月，Uber 推出 Uber for Business 服务，服务的对象为公司用户，公司员工可以直接将打车的费用挂在公司的账单上，省去了先垫付、再报销的麻烦。

7.2.3　Uber 商业模式特点

1. 提供差异化和个性化服务

与传统的出租车服务不同，Uber 提供的是差异化和个性化服务。Uber 针对不同的客户需求推出了不同类型的打车服务，并提供个性化服务如同城快递、搬家服务和直升机服务等，以满足人们不同层次的多元需求，为用户带来极致的服务体验。Uber 的商业模式将对所有服务行业造成冲击和重构，因为消费者越来越追求差异化和个性化的服务体验。

2. 一键叫车

Uber 成立的出发点就是想让出行的用户更容易地叫到车，精准的自动匹配算法使其成为可能。与传统的出租车司机不同，Uber 司机不需要和其他司机抢客人，因为系统会根据就近原则进行订单派发，为用户提供随叫随到的打车服务，节省时间和成本。除此之外，随着 Uber 后台数据的不断累积，系统变得更加智能，将给司机规划愈加合理的行程，使其在既定的时间内服务更多的乘客，提高用车效率。

3. 按需定价

在传统经济中，产品或服务的价格是既定的，不会根据顾客的差异而变动。公交、地铁有固定票价，出租车按照时间和里程计价。Uber 采取的则是浮动定价。Uber 开发的高峰定价技术，根据不同时间段和不同区域的用车需求来制定价格。系统将自动提高乘客方的叫车价格，从而达到吸引司机、增加车辆供给的目的，与此同时，还能过滤掉一部分对乘车需求不大的用户，最终实现供需平衡。

4. 轻资产运营

Uber 本身不拥有任何一辆出租车或轿车，没有巨大的固定资产投入，却平均每天为全球范围内的乘客提供超过 100 万次的出行服务。Uber 具有强大的资源整合能力，依靠共享平台，将闲置的多样化司机的供给和差异化乘客的需求匹配起来。因此，与传统公司相比，Uber 节省了大量的固定资产投入成本和运营成本。

7.2.4 从 CHS 理论视角看 Uber

Uber 为什么能在短期内实现用户的爆炸性增长，"合约相关者剩余"理论可以帮助我们更好地理解这一现象。合约相关者剩余是指买者的"保留价格"与卖者的"保留价格"之差。

1. 使用权取代所有权

不同于传统经济中对商品"所有权"的交易，消费者主要通过 Uber 这一平台，对物品的"使用权"进行了交易。对于尚未拥有车辆的用户，可以使用 Uber 打车解决短途出行，使用 Uber Freight 进行货物运送。对于拥有车辆的用户，同样可以用 Uber 打车满足特殊的出行需求，如出席高端酒会，Uber Lux 提供了高级司机和豪华轿车，让用户体验高水平服务。不需要花费高额的货币获得车辆的所有权，通过 Uber 平台，用户只需要支付较低的价格就能享受到以上车辆的使用权，这样不仅可以满足顾客多元化的需要，而且还可以节省开支，为顾客创造了很大的"剩余"。对于拥有闲置车辆的 Uber 司机来说，Uber 平台为其提供了就业或兼职的机会，且工作时间自由，因此司机也获得了"剩余"。与此同时，由于 Uber 采取的是轻资产运营模式，该平台也没有任何一辆汽车的所有权，汽车的所有权均在 Uber 司机手中。平台做的仅仅是将闲置的车辆与有乘车需求的顾客相连接，实现供需匹配。因此，对于 Uber 平台而言，通过给顾客和 Uber 司机带来剩余，自身也获得了大量的用户流量，通过对每笔订单的抽成，可以源源不断地获取"剩余"。

2. 多产品组合策略

Uber 在打开中国市场时推出了人民优步的服务，人民优步属于公益拼车的服务范畴，Uber 并不通过该服务实现盈利的目标，而是为了让更多的乘客和司机从中获益，以吸引更多的消费者使用 Uber。当然，除了人民优步之外，Uber 还提供其他的打车服务和生活服务。由此可知，一方面，Uber 对人民优步的"保留价格"极低，甚至为零，以确保顾客有"剩余"；另一方面，随着用户量的增长和用户黏性的增强，Uber 通过其他服务来获取"剩余"。

3. 费用定期结算

Uber 特殊费用结算方式为其带来了更多的"剩余"，用户在使用打车服务后所支付的车费并没有直接进入 Uber 司机的口袋，这笔钱将先转入 Uber 账户，最后再由 Uber 定期将钱打入司机账户。由于定期结算制度存在一定的时间差，Uber 可以将这大笔资金投放到资本市场以获得投资收益。因此，这种费用定期结算的方式，给 Uber 带来了巨大的"剩余"。

综上，在 Uber 的商业模式下，顾客、司机和 Uber 平台都获得了大量"剩余"，正是由于这些剩余的存在，Uber 才实现了长久持续的发展。

7.3 WeWork

7.3.1 WeWork 的成立

WeWork 是一家办公场所租赁公司，是公认的众创空间"鼻祖"，于 2010 年由 Adam Neumann 和 Miguel McKelvey 在美国纽约创办。

许多创业公司的崛起都具有一定的传奇色彩，WeWork 也是其中之一。2008 年金融危机使原本经营婴儿装公司的 Neumann 动起了新念头。偌大的厂房，如今无法全部利用起来，因此，为了节省开支，他在 Craiglist 上打广告，将办公室的一个角落转租了出去，租客就是今后的合伙人 McKelvey——一位建筑师。Neumann 很快发现还可以将厂房其他角落经过简单装饰以后租出去。于是 Neumann 和 McKelvey 向所在大厦的业主提出了合作办公的想法，三人共同创建了一家名为 Green Desk 的公司——WeWork 的前身，公司运营模式并不复杂，其不拥有任何房地产资源，通过租赁闲置的办公场地，将其加以改造并分割，再出租出去。大批自雇的创业者进入这个场地，他们希望节省租用完整一间办公室的成本，又需要一个独立的办公空间。很快 Green Desk 在布鲁克林和皇后区又开了 6 家办公场所，此时 Neumann 和 McKelvey 想要创建自己的品牌，于是他们将股份卖掉，准备成立一家自己的公司。2010 年，Neumann 与 McKelvey 在纽约共同创立了 WeWork。

7.3.2 业务发展状况

WeWork 的商业模式是：从房东或物业经理那里租赁空置的办公楼层空间，将其装修改造，然后转租给个人和创业公司，提供配有豪华办公桌椅、沙发、会议室、Wi-Fi、会客室、打印室、零食和休闲设备的时髦公共办公环境，所有租赁入驻 WeWork 的会员都能享受到上面这些服务。这基本上就是 WeWork 在做的事情。

WeWork 的盈利主要来自两方面：一是办公租赁的租金费用；二是为会员提供服务的收费，诸如法务、财务等公司运营必需服务。考虑到不同人群或企业对办公场所的需求不同，WeWork 将办公租赁的服务进一步细化，用以更好匹配用户需求，为用户创造更多"剩余"，从而增强交易达成的可能性。

1. 开放工位

开放工位，是在指定的公共办公区域，租赁单个或某几个工位的办公模式，适合自由职业人群。根据是否指定工位，其又可分为移动工位和固定工位两种。移动工位就好像去咖啡厅、图书馆一样，可以在公共办公区域任意选择办公位，但如果你想要靠窗或某个心仪的座位，你可要早点去，否则可能出现"此座已占"的情况。而固定工位，则不担心这种情况的出现，用户可以选择一个工位作为自己的专用工位，这样就避免了"占不到座位"的风险，而费用自然也会比移动工位高一些。

2. 独立办公室

独立办公室是在共享办公区域之外，有企业自己独立的门禁，适合初具规模的成熟企业与对私密性要求较高的企业，以保证公司信息和资产的安全与隐秘。各个共享办公空间都有对独立办公室的合理规划和布局，有适合 1～20 人不等的中小独立办公室，也有适合如 30、50 人不等的稍大型独立办公室，相应地，费用也是最高的。

7.3.3 WeWork 商业模式特点

作为共享办公鼻祖，有不少人怀疑 WeWork 的模式与"二房东"没有区别——租下其他人的物业，转而再租给有需要的人。然而，支撑 WeWork 走到今天并成为行业领袖的绝不是这种简单的"二房东"模式。与传统经济下商业模式相比，WeWork 具备以下几个特点。

1. 轻资产化

在传统地产模式下，办公场地的建成至少要经过买地、建设、招租、运营四个过程，需要沉淀大量资金，且回收周期比较长。相比之下，WeWork 通过租赁闲置办公场地，再加以改造升级，可在数月之内就完成项目支付，快速回笼资金。

2. 产品形态变革

产品形态变革主要体现在两个方面：第一，从传统经济模式下的租面积到租工位，将一个厂房、一层楼甚至一栋楼作为一个整体，相当于用户用一个工位的价格享受了一个整体的资源。第二，租赁标的的个性化定制。一方面，由于租赁最小单位的变化，用户可以根据不同时期的需要，灵活调整租赁物，降低了企业的机会成本。另一方面，WeWork 则通过将所有租赁最小单位聚合，以及产品中的公共空间来提供个性化的服务。

3. 多产品供给

选择 WeWork 会员用户，往往并不是为了找到一个可以办公的工位，更多的，是看到了工位后包含的会议室、茶水间、休闲活动，甚至是"同路人"的资源。大部分企业对这些空间或服务都有一定的需求，但是利用率并不高。换句话说，就是此类资源使用比拥有更有价值。从用户的角度来看，多产品服务，给自身带来的"剩余"更多，因而更有可能成交。而对 WeWork 来说，对于既定的办公区间，增加新的用户的边际成本趋向于零，还可以凭此扩大自身的市场容量，增加自身的总"剩余"。

4. 做社区，不做"二房东"

WeWork 的核心竞争力之一，是它所具有的共享经济特质使它已经成长为拥有全球 56 万多名会员的创业社区，同时，形成了独特的社区文化和气质，这也是我们认为其他后来者难以追赶和短时间内难以模仿的特点。它的创始人之一 Adam Neumann 曾说："WeWork 不仅是一个办公场所，更是一个社区和服务网络，加入 WeWork 意味着加入了我们全球会员的社区网络。"WeWork 充分利用了会员的多样性与多元化的优势，有意营造一种大家庭的氛围，让来自各行各业的人群在 WeWork 碰撞思想、交流创意。在空间布置上，既有能满足会员私密性需求的独立办公空间、电话空间，也有着大面积的公共区域和可供休息的开放空间，还有其他诸多用于日常工作与生活中的配套服务，如安保、茶水间、Wi-Fi、打印等均与全球其他城市的 WeWork 同一模式。此种"大家庭式"的工作大大增强了不同行业人群非正式互动的可能性。

此外，WeWork 每周都会为全球会员提供教育、演讲、茶话会等活动。WeWork 为此特别成立了社区团队部门，直接服务于会员。社区团队部门会从会员的角度出发，倾听他们的诉求，邀请会员策划、参与到每周的活动中。会员可以通过 WeWork 的平台足不出户地与世界各地的伙伴进行思想的交锋与碰撞。在 WeWork，你完全可能只是有了一个灵光一闪的想法（idea），就找到了一群志同道合的伙伴，他们可能懂产品设计，可能擅长市场推广，也可能是律师、保险等专业人士……总之，通过社区网络，你会发现创业路上从不孤独。

7.3.4　WeWork 发展现状

2010 年，WeWork 在美国纽约成立，美国的"一人公司"（One-Person Business）的数量以每年 14% 的速度增长至超过 2 000 万家，未来经济环境的变化，将使这一数字不断上升。受益于当时宏观经济环境，刚刚成立的 WeWork 面积还不到 300 平方米，仅 1 个月就实现了盈利。良好的市场环境，让 WeWork 在成立不足 5 年就扭亏为盈，市场估值更是超过了 50 亿美元。投资者们也纷纷投来橄榄枝，经过多轮融资后，WeWork 开始向海外拓展业务，市值直接翻了一番，达到 100 亿美元，会员人数增长到 2.3 万，不仅在业务规模上，在业务范围上，WeWork 也开发出 WeLive 共享住宿、WeGrow 共享学习等业务，从此迎来了爆炸性增长阶段。2017 年，在获得 SoftBank 80 亿美元的融资后，WeWork 开始了疯狂扩张，2017 年至 2018 年，WeWork 每个月扩张的空间，从 1.4 万平方英尺（1 平方英尺≈0.093 平方米）到 2.8 万平方英尺不等，公司的估值进一步上升到 200 亿美元。截至 2018 年底，WeWork 已经拓展到全球 100 个城市，拥有 425 间共享办公空间。2019 年，WeWork 已经涉足全球 29 个国家、111 个城市，拥有 528 个共享办公空间，全球会员数达到 52.7 万。在获得 SoftBank Vision 160 亿美元的潜在投资后，WeWork 市值一跃到 470 亿美元，成为世界上市值最高的独角兽公司，一时风头无两；同年 8 月，WeWork 宣布它准备申请 IPO。

2019 年，IPO 申请失败是 WeWork 的转折点。从招股说明书中，大家开始质疑公司具有持续的可营利性，还有更大的发展空间。虽然公司收入十分可观：2016 年，WeWork 全年收入 4.36 亿美元，2017 年为 8.86 亿美元，2018 年为 18.21 亿美元，仅在 2019 上半年，收入就达到了 15.35 亿美元。增长率几乎保持在 100% 之上。而且自 2018 年 6 月至 2019 年 6 月，其工位从 30.1 万个增长到 60.4 万个。但是 WeWork 过快的扩张速度也造成了其运营成本过高，尤其是场地租赁费用，几乎达到了 90% 以上的水平，造成了大量的资金沉淀。此外，招股书还显示仅在 2019 年上半年，WeWork 就已产生 6.9 亿美元的亏损，而且在过去 3 年，WeWork 的亏损一直呈现有增无减的态势，3 年一共损失 30 亿美元，大家意识到这样一家被奉为传奇的创业公司，居然没有可以证明自己盈利能力的数据。WeWork 估值迅速缩水，信用等级也被不断下调，不得不宣布将其 IPO 无限期推迟，并且为了降低运营成本，WeWork 宣布裁员 2 400 人，同时关闭 WeGrow 项目。与此同时，新闻媒体对公司创始人 CEO Neumann 的负面报道，让外界对其领导能力产生了怀疑，在外界的压力下，创始人 Neumann 被迫离开自己一手创立的企业，然而领导层的改弦更张也没能让 WeWork 摆脱困境，WeWork 经营形势并没有好转的迹象。祸不单行，2020 年全球暴发的新冠病毒疫情，给共享办公领域带来了毁灭性的打击，WeWork 的最大市场美国明显出现经济下行的信号，这对还处于亏损状态的 WeWork 来说无疑是更大的挑战，公司的未来充满了更大的不确定性，WeWork 不得已又展开了新一轮裁员。WeWork 最大的股东 SoftBank 2020 年 5 月发布的财报显示，其对所投资的共享办公 WeWork 当前估值已跌至 29 亿美元，与 470 亿美元的巅峰估值相比相去甚远。这让人不得不怀疑，这家曾经风光无限的企业，究竟还能撑多久。

7.3.5　从 CHS 理论视角看 WeWork

WeWork 为什么能在短期爆炸性增长成为全球市值最高的独角兽企业，而为什么又在几个月的时间内迅速跌下"神坛"，"合约相关者剩余"理论可以给我们提供一个独特的视角来解释这个现象。从合约的视角来看待交易，直接交易的主体就是"合约相关者"，卖者在交易中愿意接受的最低价格，以及买者愿意支付的最高价格称为"保留价格"，那么"合约相关者剩余"指的就是合约相关者的"保留价格"之差。

WeWork 之所以能成功就是因为能为所有"合约相关者"创造"剩余"。当时宏观经济形势不景气，每天都有大批公司倒闭，同时又有大批人员失业。当时的宏观经济形势导致美国本土出现了大量自由职业工作者，他们都在一定程度上对办公环境有着一定的需求，但是在传统经济模式下，他们很难找到合适的办公地点，同样，也是受到宏观经济环境的影响，美国出现了大量闲置的写字楼，于是就出现了对办公场地的需求增加同时又存在大量办公场地闲置的现象。WeWork 的出现就巧妙地协调了这种工序不匹配。由于经济环境不景气，那些闲置办公场地的业主对租金的"保留价格"往往很低，WeWork 可以以很实惠的价格租到这些场地，而业主也可以获得一笔合理的收入，对比之前的境况，业主一定是有"剩余"的；而那些难以找到合适办公地点的自由职业工作者往往愿意支付较高的价格来换取一个办公位，也就是说，其"保留价格"较高，这时 WeWork 就可以将其改造后的办公位以较为可观的价格出租给自由职业工作者，双方都获得"剩余"，这个交易使双方的境况都得到了改善。能使"合约相关者"均有"剩余"的合约就是有效的合约，在 2010 年 WeWork 成立时，美国

"一人公司"的数量已超过 2 000 万家，而且这个数字以每年 14% 的速度增长，如此广阔的市场加上 WeWork 富有创造力的商业模式，使得 WeWork 迅速成长。

而 WeWork 之所以会失败是因为其在给他人创造"剩余"的同时，并没有实现自己的"剩余"。WeWork 成功之后，吸引了不少大资本的注意，在获得几轮融资之后，WeWork 开始了疯狂扩张。对比行业最老牌的灵活办公服务商 IWG，1989 年成立于比利时。花了 30 年，IWG 才拥有 5 000 万平方英尺的空间。而 2017 年 WeWork 只有 1 000 万平方英尺，到 2018 年底，这个数字就变成了 4 500 万平方英尺。WeWork 在扩张的同时似乎忘了考虑社会对共享办公室需求的增长速度是有限的，导致 WeWork 扩张速度远远超过了需求的增长速度。据英国《金融时报》报道，WeWork 仅在中国深圳的 8 000 张办公桌中就有 65.3% 处于闲置状态，西安的办公室闲置率则达到 78.5%，有数据显示，想要达到收支平衡，WeWork 至少需要保持 65% 的平均入驻率。WeWork 盲目扩张，常年的亏损使其难以继续经营下去。

7.4 三个案例的共性发现

通过对以上三个案例的分析，不难发现，传统经济主要是商品的"所有权"交易，而共享经济则是将传统的"所有权"的交易转化为"使用权"交易，创造"合约相关者"均有更多"剩余"的机会，从而促使交易自动执行，这也是共享经济成功的关键原因。共享经济与传统经济的对比见表 7-1。接下来，通过对案例的内容分析，说明 CHS 理论对共享经济企业产生与发展的解释力。

表 7-1 共享经济与传统经济的对比

行业	相关者	传统经济	共享经济典型实例	对比结果
酒店	供给方	成本高昂：租赁、管理、推广、人工等费用	Airbnb：轻资产运营；使用房东的自有房产，出租闲置的房间	节省了大量固定成本和运营成本
	需求方	多样化需求难以满足，且价格高	满足个性化需求，便于体验当地人文气息；平均价格普遍低于当地普通酒店价格	以适宜的价格，享受个性化的服务
	第三方平台	具有区域性特点，客流量有限	自成立以来，Airbnb 在全球拥有超过 740 万个房源，超过了 8 家最大酒店集团所拥有的客房总和，分布范围超过 10 万个城市	开辟了全球市场，不受地域的限制连接房源，带来井喷式增长

续表

行　业	相关者	传统经济	共享经济典型实例	对比结果
出租车	供给方	人员、车型单一；工作时间固定；空载较多	Uber：供给人员、车型多样化；工作时间相对自由；闲置出租车、私家车的利用	提高了汽车的使用效率
出租车	需求方	打车不便，价格高	更容易地叫到车；满足价格、车型、人员差异化的需求；顺风车可以同时满足目的地不同的多位乘客的需求	打车更便利；价格比出租车更实惠
出租车	第三方平台	不知司机、车辆、乘客的组合情况，难以实时监管；存在安全隐患	精准的自动匹配算法，实时知道司机、车辆、乘客的匹配情况，具有司机和乘客的相互评价系统	供需匹配提高，服务质量上升，司机和乘客的安全性提高
办公场所	供给方	自建办公场所，周期长、沉淀资金大、回收周期长	Wework：租赁闲置场地，改造分割再出租。为租赁者平均每名员工节省57%成本，相比自建写字楼节省了66%的成本	降低了企业的固定成本、运营成本等
办公场所	需求方	只能租赁完整的办公室，较少享受其他服务	可以只租赁一个独立的办公空间，但可享受办公桌椅、沙发、会议室、Wi-Fi、会客室、打印室、零食和休闲设备	用一个工位的价格，享受了多种资源，节省了成本
办公场所	第三方平台	仅有少量"二房东"出租场地，第三方规模小	规模大，2019年，涉足全球29个国家、111个城市，拥有528个共享办公空间，全球会员数达到52.7万，收入达15.35亿美元	降低了创业公司的运营成本。市值为470亿美元，是世界上市值最高的独角兽公司

资料来源：Setting a new bar for belonging with our biggest night ever[EB/OL].https://news.airbnb.com/biggestnightever/；Wework 2019年8月14日向美国证券交易委员会（SEC）提交的IPO招股说明书[EB/OL].(2019-08-14).https://www.sec.gov/Archives/edgar/data/1533523/000119312519220499/d781982ds1.htm.

7.4.1 "闲置资源的利用"为供给方带来剩余

共享经济鼓励将自己闲置的资源利用起来，减轻额外的资金负担。如 Airbnb 鼓励个人房东，将自己公寓闲置的房间分享出来出租；Uber 对大量闲置的私家车资源进行整合出租，以满足用户的出行需求；WeWork 通过租赁闲置的办公场地，将其加以改造并分割，再出租。与传统模式的公司相比，轻资产模式的共享经济节省了一大笔运营成本和固定资产维护成本，提高了闲置资源的使用效率，为供给方带来了剩余。

7.4.2 "差异化产品"为需求方带来剩余

在需求爆炸的背景下，千篇一律的服务显然不能满足消费者的个性化需求，不同的人对同种消费，其"保留价格"各不相同。多样化的产品组合为满足各种消费者的需求提供了可能。如 Uber 针对不同的客户需求推出了不同类型的打车服务，价格从低到高，Uber 的打车服务可以分为人民优步、Uber Pool、UberX、Uber Taxi、Uber Black、Uber Lux、Uber Black SUV，差异化的打车服务，可以满足不同群体的出行需求，并获得灵活便捷的乘车体验。WeWork 考虑到不同人群或企业对办公场所的需求不同，将办公租赁的服务进一步细化：固定工位、移动工位、独立办公室。与传统经济相比，共享经济通过差异化服务，提升用户体验，为消费者带来了剩余。

7.4.3 "多产品组合策略"为第三方平台带来剩余

传统经济的盈利模式比较单一，而共享经济通过互联网，拓展了可能性空间，降低了交易成本，使第三方平台在让利给供需双方的同时，通过"多产品组合策略"，还可以保证自己有一定的剩余。

Uber 的低价车并不是其盈利的目标，而是为了让更多的乘客和司机从中获益，以吸引更多的消费者使用 Uber，之后随着用户量的增长和用户黏性的增强，再通过其他服务来获取"剩余"。同理，WeWork 尽管目前还未盈利，但仍然吸引了大量资本的青睐，由此可以看见，剩余是一种主观价值，即使没有客观利润，也不代表没有剩余。

综上所述，共享经济是将闲置的资源与有需求的顾客相连接，实现供需匹配，本质是将"所有权"交易转化为"使用权"交易。而 CHS 理论能有效地解释共享经济的爆炸性增长：以企业为中心的所有直接交易主体均有剩余，包括供给方、需求方、第三方平台等，而不仅仅是保证某一方的剩余。正因如此，CHS 大大地增强了参与者的意愿，促使共享经济爆炸性增长。

第三部分
CHS 理论应用的拓展

本部分收录了八篇与 CHS 理论相关的实证论文。是笔者与学生、导师合作的成果，从 2003 年发表在《管理工程学报》的帕累托改进，到 2019 年发表在《管理学报》的商业模式，时间跨度为 17 年。

八篇论文的逻辑结构是，前面三篇揭示了 CHS 理论在供需两方面的体现：第一篇"剩余"的价值主观性，第二篇锚定效应在"剩余"产生中的作用，第三篇政策对供给者剩余产生的影响；中间两篇"合约安排"是 CHS 理论的具体应用；后面三篇分别从历史事件、商业模式、创业绩效，检验 CHS 理论的有效性。

八篇论文可视为实证研究，为什么要做实证研究？因为，不少貌似十分有理的假说，经严格的实证检验，却不能成立。八篇论文中有四篇论文（第 8、11、12、13 章）采用了简单的案例分析方法；三篇（第 9、10、14 章）采用了模拟实验方法；最后一篇（第 15 章）为调查问卷，采用了结构方程建模方法。

尽管八篇论文为学术论文，但如果只读每篇论文的摘要、引言、结论与讨论，读者也可以理解论文的核心观点，从中得出自己的判断，产生属于自己的思想。

简而言之，读者可各取所需，不管八篇论文的主题或研究方法是什么，读者可以根据自己的兴趣，阅读自己关心的章节与段落。

第 8 章

单位住房分配的帕累托改进[①]
——第三方评估合理吗

摘　要：通过考察当前单位住房调配过程中的典型问题——住房装修补偿矛盾，发现许多单位现行的住房调配方式并不符合"帕累托效率"。本文运用消费者剩余及供给剩余对住房分配进行了分析，提出了单位住房分配的几种"帕累托改进"方法，并指出：没有采取有效的住房分配制度是住房分配中存在问题的根本原因。

关键词：住房装修补偿；帕累托改进；消费者剩余；供给者剩余

8.1　单位现行住房调配方式的典型问题

长期以来，我国的住房分配在很大程度上是以单位福利性分配为主。改革至今，不少单位职工住房的所有权，实际上，全部或大部分仍归属单位。即使单位职工已拥有自己住房的产权，单位也认为职工现有住房已经享受了单位福利，单位有权干预职工住房的买卖，因此，单位职工只有名义上的房产权，而没有实际上的房产权，即没有房屋的自由处置权和剩余索取权。由于种种原因，我们认为在相当长的时期内，这种现象在我国还会普遍存在。

在以上产权的状况下，2000年7月我们实地调查了湖南长沙的几所高校和几家政府机关单位的住房调配情况，并就类似情况对多家单位的住房分配进行了问卷调查。通过调查我们发现以下两个问题。

（1）住房调配后的装修补偿问题。随着生活水平的提高，人们购买更好住房的能力提高，住房搬迁比以前更加频繁，而对新迁入的住房进行装修是很普遍的现象。据我们本次调查，在20世纪90年代中期，长沙市一套70～80平方米住房的装修费用通常在1万～3万元人民币之间。而今，装修花费出现越来越高的

[①]　沈超红，肖代柏，李志坚. 单位住房分配的帕累托改进[J]. 管理工程学报，2003, 17(1): 7-9.

趋势。然而，当住户搬出原住房时，他的装修不宜随之搬走，但装修还具有一定的使用价值，因此，许多迁出户希望房子的新住户能对其原来的装修作出合理的货币补偿。根据我们的调查统计，迁出户有住房装修补偿意愿的约占我们调查对象的 85%。

但由于住房实际上属单位所有，装修属私人所有，而装修又不可能与住房剥离开单独交易，加之行政分房的刚性，装修补偿矛盾随之产生。有一部分迁入户认为：房子是单位分配给我的，我没有理由为原来的装修付钱；还有的认为房子原来的装修风格不符合自己的审美情趣，没有必要为自己不喜欢的东西花冤枉钱；有的迁出户由于得不到自己期望的装修补偿，而愤然砸瓷砖、撬地板；有的迁入户则"正告"迁出户，如果你把自己原来的装修砸掉，那么你就必须把住房恢复到装修前的原始状态；有的甚至发生暴力冲突。诸如此类，不一而足。产生这样的冲突对双方和单位都不利，它造成精神上的伤害和物质上的损失，影响单位住房分配的效率与效果。

（2）单位内住房分配不公平。现行住房分配所具有的单位福利性质，决定了单位有权以行政命令来干预住房调配。这样，当权者就有可能制订出有利于自己的住房调配方案。而且，当权者有可能在信息不对称的状况下，利用其权力之便，对住房调配进行暗箱操作，把位置优越、楼层好的住房分配给自己和自己的关系户。单位当权者的这种以权谋私的腐败现象，造成单位内住房分配不公，引起单位普通职工对现行福利性住房分配方式的严重不满。

以上两个问题中，装修补偿矛盾又更为明显、突出。

8.2　住房分配的消费者剩余与供给者剩余分析

如何解决以上问题，提高交易双方的满意度，我们利用"消费者剩余"和"供给者剩余"建立模型来进行分析。消费者剩余是指消费者对某种商品愿意支付的最高货币量与其实际支付的货币量之间的差额；供给者剩余是指供给者对某种商品实际获得的货币量与其愿意接受的最低货币量之间的差额。显然，剩余越大，满意度越高。

在住房交易活动中，住房供给与需求的集合构成一个住房交易市场。住房交易中的价格变动会影响交易双方的利益，即住房的消费者剩余与供给者剩余会发生增减变化。

我们把有关概念表述如下。

SS_i：第 i 笔住房交易中的供给者剩余；

SS：住房交易市场中的所有供给者剩余总和；

CS_i：第 i 笔住房交易中的消费者剩余；

CS：住房交易市场中的所有消费者剩余之和；

M_e^c：消费者愿意支付的最高货币量；

M_r^c：消费者实际支付的货币量；

M_e^s：供给者愿意接受的最低货币量；

M_r^s：供给者实际接受的货币量；

TS_i：第 i 笔住房交易中的消费者剩余与供给者剩余之和；

TS：所有住房交易市场中的消费者剩余与供给者剩余总和。

如果发生住房交易，则 $M_r^s = M_r^c$；即消费者实际支付的货币量，等于供给者实际接受的货币量，根据概念，我们建立以下模型：

$$SS_i = (M_r^s - M_e^s)$$
$$CS_i = (M_e^c - M_r^c)_i$$
$$TS_i = SS_i + CS_i \tag{8-1}$$

$$TS = \sum_{i=1}^{n} TS_i = \sum_{i=1}^{n} [(M_r^s - M_e^s)_i + (M_e^c - M_r^c)_i] \tag{8-2}$$

式（8-1）是一笔交易的总剩余，式（8-2）是一种分配制度下所有交易的总剩余。我们运用上述模型来分析某个住房交易市场：如果住房交易市场进行自由交易，则一笔成功交易的条件是供给者剩余和消费者剩余要大于或等于零，否则你可以不交易，即 $SS_i \geq 0$，$CS_i \geq 0$，所以 $TS_i \geq 0$，$TS \geq 0$。也就是说，此住房交易市场中可能存在正的供给者剩余和消费者剩余，并随着交易次数的增多，两者的剩余总和相应增大；如果住房交易受行政命令的影响，则可能会出现 $SS_i \leq 0$，$CS_i \leq 0$，$TS_i \leq 0$ 甚至 $TS \leq 0$，即住房交易市场中会出现负的供给者剩余和负的消费者剩余，造成交易双方都不满意，这种情况是我们要避免的。

由此我们知道，在现有住房分配方案的基础上，如果容许自由交易，则随着住房交易次数的增加和交易范围的扩大，消费者剩余与供给者剩余分别增多，总剩余会逐渐增大，整个员工的满意度会越来越高。这正是我们的住房分配和住房市场交易所追求的目标。

8.3 几种帕累托改进的方法

下面我们介绍几种改进现有单位住房分配制度的方法，先介绍是否可改进的判断标准——帕累托效率（Pareto efficiency），即如果没有其他住房分配方法可使一些住户的境况变得更好一些，而又不使另一些住户境况变得更差一些，那么，这个住房分配方法就是"帕累托有效的"，是"好"的办法，不便更改。相反，如果有办法使一部分人境况好一些，而又不使其他人的境况变差，则何乐而不为呢？这就是帕累托改进。现有住房分配方案不是帕累托有效的，我们已找到对迁出户、迁入户都有好处的帕累托改进办法。

1. 住房装修补偿引入第三方评估

我们在调查中了解到，有的单位引入第三方机构对迁出房原住房装修的价值进行评估，并提供一个住房装修补偿标准，即装修补偿价格 M_v，然后由迁出户与迁入户双方根据这一标准进行协商，以货币方式进行装修补偿。如果 M_v 满足 $M_e^c \geq M_v$，且 $M_v \geq M_e^s$，则 $SS_i = (M_r^s - M_e^s)_i \geq 0$，$CS_i = (M_e^c - M_r^c)_i \geq 0$，消费者剩余与供给者剩余都为正，那么这个评估价格双方都能接受，对双方都有利。

但是，引进第三方评估的方法有这样的问题：即使第三方评估非常客观，但由于迁出户与迁入户对住房装修的偏好可能不一样，对同一客观价值的东西，主观价值判断差异很大，从而出现迁出户和迁入户都不满的情况。迁出户认为第三方出价过低，即 $M_v < M_e^s$，所以 $SS_i < 0$；而迁入户则认为第三方出价过高，即 $M_v > M_e^c$，所以 $CS_i < 0$，从而 $TS_i < 0$，甚至 $TS < 0$。因此有必要寻找其他的途径来解决问题。

2. 有资格分房者内部市场化

在有资格分配住房的员工内部，单位主管部门对要分配的住房连同原有装修一起进行"拍卖"。在员工的工龄、职称、业绩等货币化的前提下，员工在资格平等的条件下，自由选购迁出户的原有住房，住房分配和装修补偿问题得以同时解决，迁出户与迁入户双方获得较满意的结果，即 $SS_i > 0$，$CS_i > 0$，所以 $TS_i > 0$，且 $TS > 0$，总剩余及满意度都得到增加。

但是，由于这种住房交易的范围有限，SS、CS、TS 的增加幅度也有限。因此，有必要找出使交易市场范围扩大的住房分配方法。

3. 单位内部市场化

单位内部市场化同样是把员工的工龄、职称、业绩等折算成货币进行补贴，在资格平等的基础上，单位员工都可以在单位范围内自由买卖各自的住房。买房者可以根据住房的位置、楼层以及对卖房者原有住房装修的喜好进行购买，住房的装修补偿问题通过住房的买卖得以解决。这种办法使买房者得到了合适的住房，即 $CS_i \geq 0$，$CS \geq 0$；卖房者也获得一定的住房装修补偿，即 $SS_i \geq 0$，$SS \geq 0$，买卖双方获得满意的效果，TS 增加的幅度会更大。

在单位因种种原因不愿将住房卖给"外人"的情况下，这种办法和前一种办法是较为现实的住房分配办法，它提高了职工的满意度，同时又满足了单位对住房对象的控制。

4. 住房分配完全市场化

住房分配完全市场化也是把员工的工龄、职称、业绩等折算成货币进行补贴，在资格平等的基础上，员工可以超越单位范围自由买卖住房。这样，住房交易市场范围更大，买方可以在更大的市场范围内搜寻住房，即 CS_i 与 CS 会逐渐增大，卖方也会有更大的市场范围出售自己的住房，即 SS_i 与 SS 会逐渐增大，买卖双方的选择范围扩大，从而 TS_i 增加的幅度会更大，总剩余 TS 就会大大增加。

住房分配完全市场化是员工对住房拥有真正的产权，住房和装修作为一个整体进行交易，装修补偿问题迎刃而解，住房分配变得更为流畅，迁出户与迁入户两者各自达到自己的目的，总满意度增加。

8.4 结束语

以上四种帕累托改进方法都有效地解决了单位住房分配中的装修补偿问题，使迁入户与迁出户双方的满意度都获得提高，同时，也避免了住房分配中的腐败现象发生。

由此可见，造成单位住房分配问题的根本原因是没有采取有效的住房分配制度。由此引申，许多问题是需要制度改革才能解决的。

第 9 章

锚定效应与消费者购买意愿关系研究[①]
——高价产品为何能促销

摘　要："锚定效应"在现实生活中普遍存在，然而，以往研究多集中于心理学领域，其对消费者购买意愿的影响尚未引起足够重视。本研究通过情境实验，研究了不同的"锚"对消费者购买意愿的影响及其作用机制。研究结果表明："高锚"与"低锚"相比，能产生更高的消费者购买意愿；"消费者剩余"在锚与消费者购买意愿之间起中介作用；"消费者知识"在锚与消费者购买意愿之间起调节作用，知识越少，锚对其购买意愿的影响越大。

关键字：锚定效应；消费者购买意愿；消费者剩余；消费者知识

9.1　引言

传统的经济学理论是以资源的稀缺性为前提（Mankiw，1998），然而，随着经济的不断发展，企业生产力大幅提高，原有的"稀缺"经济已被"过剩"经济所取代。同时，产品的种类也逐渐由原先的单一化向多样化发展，为消费者提供了多种选择（Simonson & Drolet，2004），市场逐渐由卖方主导变为买方主导。在这种新经济条件下，如何设计营销策略，提高消费者购买意愿，显得尤为重要。

实际经济生活中，消费者购买意愿受多种因素影响，而锚定效应是其中一个非常重要的因素。消费者对产品的价格估计、支付意愿等，容易受历史价格、广告价格等因素的锚定（Simonson & Drolet，2004）。然而，笔者经查阅文献发现，以往关于消费者购买意愿影响因素的研究多集中于消费者个性特征（Evanschitzky & Wunderlich，2006；Im et al., 2003）、消费者情绪（Oliver，1993）、产品线索（Aprak & Parameswaran，1986；Boulstridge & Carrigan，2000）、

[①]　沈超红，程飞，尉春霞. 锚定效应与消费者购买意愿关系研究 [J]. 消费经济，2016, 32(2): 57-63.

消费情境（Donovan et al., 1994; Park et al., 2015）等因素，忽视了锚定效应的影响。而以往关于锚定效应的研究，也多局限于心理学领域，忽视了其对购买意愿的影响。因此，从锚定效应的角度出发，为分析消费者购买意愿提供了一个全新的视角。

华为 Mate 和 iPhone 5C 两款手机的销售，充分体现了锚定效应对消费者购买意愿的影响。华为 Mate 发布之前，其"极致巨屏"的卖点吸引了大量关注。当时市场上大屏手机的价格多在 3 000 元以上，华为在新浪微博发起的"华为 Mate 价格大猜想"活动显示，超过 74% 的网友认为该手机价格在 3 000 元以上。而该产品最终价格仅为 2 688 元，大大低于人们的猜想，价格一公布便激发了人们的抢购热情。开售 3 小时内，销量高达 5 000 台，第二天销量突破 10 000 大关，连续两天成为整个天猫商城平台的人气之王。

而 iPhone 5C 在发布之前，网络上一直传言该手机会以较低价格销售，华尔街日报、苹果论坛等的报道中也纷纷给其冠上"廉价版"的头衔。人们普遍认为 C 表示"Cheap"，对其价格估计多在 3 000 元左右。然而，该手机实际售价为 4 488 元，远远高于人们的预期，价格一公布，人们的购买热情就削减了大半，尽管该款手机售价持续下降，仍未能扭转销量不畅的颓势。据华尔街日报报道，iPhone 5C 的组装厂商鸿海精密的订单减少了三分之一，另一提供零部件的供应商的订单数量更被削减了 50%。

两款手机销售效果相反，但其原因却相同，均是消费者被锚定了。锚定效应确实存在，但其对消费者购买意愿的影响是否具有普适性、其作用机制如何，值得进一步研究。本文将在文献回顾的基础上，提出研究假设、构建理论模型；然后，以消费者为被试，设计实验情境，检验理论模型的有效性；最后，分析该研究结果的现实意义。

9.2 研究假设

1. 锚的设置与消费者购买意愿

锚定效应，指个体在不确定情境下进行判断时，呈现的一些无关数值信息会影响其随后的数值估计，使其最后估计结果向该初始值的方向接近而产生偏差（刘石兰和甘艳玲，2015）。现实消费生活中，产品历史价格（Tversky & Kahneman, 1974）、广告参考价格（Chandrashekaran & Grewal, 2006）、商场促销标语（Wansink et al., 1998）等，都会成为锚而影响消费者的购买决策。

所谓"高锚"是"锚"所呈现的产品信息，使消费者对该产品产生的价格预期高于其实际价格；而"低锚"是"锚"所呈现的产品信息，使消费者产生的价格预期低于其实际价格。

不同的锚，会产生不同的结果。当决策环境中呈现的信息为高锚时，消费者对价格的接受程度会显著提高（Kopalle & Lindsey，2003）。美国奢侈品时尚品牌 Coach 每个旗舰店的展柜中，都会陈列一两个昂贵的女包，并用大字标识其价格。这些天价产品可能一个也卖不出去，但却作为高锚，不仅促进了同类低价产品的销售，还促进了其他产品的销售（Poundstone，2010）。Chandrashekaran 和 Grewal（2006）则发现，当广告参考价格（advertised reference price，ARP）较高时，消费者的内部参考价格（internal reference prices，IRP）也会在一定程度上提高。而当产品实际售价（sale prices，SP）低于其内部参考价格时，消费者会表现出较强的购买意愿。

当消费者决策环境中呈现的信息为低锚时，不利于提高购买意愿。消费者判断现在价格是否合理时，会以过去的价格作为锚点（Briesch et al.，1997；Jacobson & Obermiller，1990）。如果现价高于锚点，消费者倾向于把产品价格的上涨归因于零售商利润，进而产生价格不公平感，最终可能导致讨价还价，甚至不购买（Bolton et al.，2003）。因此，商品涨价时，通常不会直接提升销售价格，而是通过"隐性"缩小包装，实现变相涨价，以避免低锚可能带来的顾客流失（Chandrashekaran & Grewal，2006）。

可以看出，经济活动中，不同的锚会对消费者购买意愿产生不同的影响。基于以上分析，提出以下假设。

H1：锚对消费者购买意愿有显著影响。

H1a：与低锚相比，高锚能产生更高程度的消费者购买意愿。

2. 消费者剩余的中介作用

消费者剩余，是消费者为获得某一特定产品或者服务，愿意支付的最高价格与实际价格之间的差额（Marshall，1980）。

消费者剩余受到多种因素的影响，锚定效应则是其中一个不可忽视的重要因素。研究发现，产品的建议销售价格作为锚点，会影响消费者的出价（Kristensen & Gärling，2000）。实际销售中，企业常利用外部参考价格，如略高的甚至夸张的广告价格，来提高消费者能接触到的最高价格，以此提高消费者对产品的估价（Lichtenstein & Bearden，1989）。面对同样的实际售价，估价越高，相对来说剩余就越多。

即使是"无关锚"，也会影响消费者出价，进而导致其产生不同的剩余。Nunes 和 Boatwright（2004）发现，若购物环境中无关商品的广告体现出较高的价格，则消费者对他们想购买的产品的支付意愿会明显提高。消费者购买 CD（激光唱盘）时，其支付意愿会受到旁边运动衫价格的影响。当运动衫标价高（$80）时，消费者对 CD 的最高出价也高（$9.00）；反之（$10），最高出价降低（$7.29）。在产品实际标价一定的情况下，出价更高的消费者剩余也更多。

基于以上分析，提出以下假设。

H2：锚对消费者剩余有显著影响。

H2a：与低锚相比，高锚能给消费者带来更多的剩余。

交易过程中消费者对剩余的感知，会影响其购买意愿。消费者在评估某一商品的价格吸引力时，不仅仅依赖该商品的绝对价格，而是将实际售价与内心价格标准进行比较，从而决定是否购买。如果商品价格高于内部参考价格，则消费者没有剩余，不愿意购买（Thaler，1985；Winer，1986）。

因此，若产品起初以低于常规价格的方法销售，后期再将价格提高到常规水平会不利于销售，因为一旦消费者以初始价格接受产品，后期进行价格判断时就会以该低价作为锚定参考。当价格高于其锚点时，消费者没有剩余，购买意愿就会显著下降（Dodds et al.，1991）。

基于以上分析，提出以下假设。

H3：消费者剩余在锚和消费者购买意愿之间起中介作用。

3. 消费者知识的调节作用

消费者知识，即存储在消费者记忆中与消费相关的信息，是消费者选择产品时可依据的相关知识（Mitchell & Dacin，1996）。尽管学者们很早就意识到了消费者知识的重要性，但直到 20 世纪 80 年代，消费者知识才成为一个独立的研究领域并开始进行理论化（Alba & Hutchinson，1987）。

消费者的知识水平不同，其受锚定效应的影响不同（Cordell，1997）。Mussweiler 和 Strack（2000）通过实验证明，锚定效应依赖于判断者关于目标的知识，知识越少，关于目标值的不确定性越大，锚定效应越强。Wilson（1996）还发现，专业知识少的人更容易被锚定，知识丰富的人则不易受锚的影响。其原因在于以下两方面。

一方面，消费者知识的水平不同，其决策依据也不同。知识水平高的消费者更相信自己对产品作出的主观判断（Chang，2004），多根据自己对产品的了解，决定是否购买；而知识水平低的消费者，制定购买决策时则更依赖于外部信息，如价格等。消费者对产品价值的不确定性越大，情境因素对其购买意愿的影响越大（Simonson & Drolet，2004）。

另一方面，面对同样的营销信息，消费者的知识水平不同，对信息的加工程度和分辨能力也不同。知识丰富的消费者，更倾向于根据自身已有知识，对产品信息进行精细加工和评价；而知识基础薄弱的消费者，自身认知资源较少，更容易相信产品描述中传达的信息（Chi et al., 1981）。

不难看出，消费者对某一产品的熟悉度，对锚定效应有显著影响。对于有消费经验的产品，个体在价格估计中表现出较小的锚定效应；反之锚定效应显著。因此，提出以下假设。

H4：消费者知识在锚与消费者购买意愿之间起调节作用。

H4a：与消费者知识多时相比，当消费者知识少时，锚对其购买意愿的影响更大。

综上所述，本文提出的假设总结如图9-1所示。

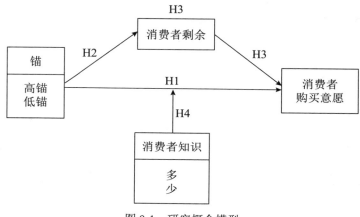

图 9-1　研究概念模型

9.3　研究方法

本文拟采用情景模拟实验方法，探索不同的锚对消费者购买意愿的影响，以及消费者剩余的中介作用以及消费者知识的调节作用。

1. 实验被试

选取济南某小区团购会的居民为被试，共154人，其中有效被试135人，高锚组、低锚组人数分别为69人、66人。

2. 实验材料

本研究以自变量的两个水平"高锚"和"低锚"为切入点，借鉴华为Mate的案例，模拟京东商城的净水机销售来完成。

之所以选取净水机作为实验产品，主要是基于消费者知识这一变量的考虑。

一方面，净水机作为一种新兴产品，产品宣传力度及销售范围都比较有限，没有购买经历的消费者对此几乎没有了解，相关知识非常少；另一方面，每个品牌净水机的型号有限，且主推产品的特色明显，有相应购买经历的顾客大多对其主要配置比较了解。因此，被试在评估自身消费者知识时难度小、模糊性低，有助于消费者评估其相关知识。

本研究将被试设定为注重饮水健康的消费者，在水污染日益严重的环境下，考虑购买一台净水机。通过在京东商城进行查询，发现美的 MRO1583-500 净水机即将发售。该产品采用国产 RO（反渗透）膜，5 级滤芯纯物理过滤，出水速度达 1 L/min，大流量无桶，并能实时显示滤芯寿命，寿命到期自动提醒，价格未知。

本研究共两个实验情境：实验 1 为高锚实验，向被试提供安吉尔 A8 和海尔 HRO500-5 净水机的参数信息，且价格均在 5 000 元以上。实验 2 为低锚实验，向被试提供太阳雨惠泽 C+ 和四季沐歌 MR50-B05 净水机的参数信息，且价格均在 2 000 元以下。阅读完实验材料后，要求被试猜测该美的 MRO1583-500 净水机的价格，并回答相应问题。

要注意的是，每个实验材料中都会呈现三款净水机的部分配置参数，如过滤等级、过滤精度、除水垢功能、功率等，看起来相差不大。然而实际上，这些参数只是产品参数的一部分。在实验材料未给出的配置上，这些净水机存在较大差别。

高锚组中的安吉尔 A8 和海尔 HRO500-5，均采用美国原装进口 RO 膜，而目标产品美的 MRO1583-500 净水机采用的是国产 RO 膜。国产膜除盐率为 90%，除菌率为 94%，而进口膜除盐率达 98%，除菌率达 99.99%，过滤效果更好。因此，这两款净水机配置实际上远超过美的 MRO1583-500 净水机，市场上同等配置的净水机售价也多在 5 000 元以上。

低锚组中的太阳雨惠泽 C+ 和四季沐歌 MR50-B05，出水速度均为 0.125 L/min，制水过程比较慢，因而配有储水桶。而美的 MRO1583-500 净水机，出水速度为 1 L/min，大流量无桶。有桶与无桶相比，其劣势在于：其一，有桶意味达不到现制现用、即滤即饮，水流新鲜度低于无桶设计；其二，需要中间储水过程，容易造成二次污染；其三，整套净水设备体积更大，占用厨房空间。因此，这两款净水机配置实际上比美的 MRO1583-500 差，市场上同等配置的净水机售价也多在 2 000 元左右。

3. 变量测量

1）消费者购买意愿

消费者购买意愿表示消费者购买某种产品的主观概率，是预测消费者行为的重要指标。本研究采用"我可能会购买该净水机"等五个题项对消费者购买意愿进行测量。每个题项均以李克特七点量表来测度其程度的高低，数字由 1 到 7 正向计分，1 表示非常不同意，7 表示非常同意，选择的数值越大，表明被试越同意题项观点。

经信度分析，该量表中五个题项的 Cronbach's α 系数分别为 0.853、0.853、0.758、0.843、0.855，量表的整体 Cronbach's α 系数为 0.878，远大于最低接受水平 0.65，说明量表满足信度要求。效度分析发现，量表 KMO 测度值为 0.871，经主成分分析共提取出 1 个成分，各题项的因子载荷为 0.818、0.820、0.800、0.850、0.814，累计方差解释率达到 67.340%，大于 60%，因此消费者购买意愿量表具有良好的结构效度。

2）消费者剩余

消费者剩余，指消费者愿意支付的最高价格与实际价格之间的差异，也是本文的一个关键变量。根据消费者剩余的定义及谭平（2012）对消费者剩余的拓展，结合具体实验情境，本研究用"该净水机的实际价格，比我预计的要低"等六个题项对消费者剩余进行测量。

经信度分析，该量表中六个题项的 Cronbach's α 系数分别为 0.893、0.897、0.897、0.898、0.792、0.893，量表的整体 Cronbach's α 系数为 0.911，大于最低可接受水平 0.65，说明量表满足信度要求。效度分析发现，量表 KMO 测度值为 0.914，经主成分分析共提取出 1 个成分，各题项的因子载荷为 0.846、0.826、0.820、0.816、0.846、0.843，累计方差解释率达到 69.371%，大于 60%。因此，消费者剩余测量量表具有较好的结构效度。

3）消费者知识

本研究中，为了方便数据处理，将消费者知识操作为类别变量，要求被试评估自身关于实验产品的知识，从而将自己归为消费者知识多或少的一类。为了检验其分类的效果，仍用量表进行测量。本文中将消费者知识分为熟悉度和产品知识两个维度。熟悉度用"我能熟练净水机的所有功能"等三个题项测量。而产品知识用主观知识表示，用"我了解如何选择净水机"等五个题项测量。之所以用主观知识代替产品知识，是因为：一方面，客观知识难以测量，且很难精准界定一个给定产品领域的"专家"应该具备什么（Zaichkowsky，1985），而主观知识，可通过跨产品领域的标准量表测量（Brucks，1985）；另一方面，主观知识与客观知识相比，对购买决策的影响更大，对购买意愿具有更强的预测力（Flynn & Goldsmith，1999）。

经信度分析，该量表中八个题项的 Cronbach's α 系数分别为 0.772、0.921、0.841、0.947、0.939、0.837、0.937、0.839。其中，熟悉度维度三个题项的整体 Cronbach's α 系数为 0.842，产品知识维度五个题项的五个 Cronbach's α 系数为 0.851，量表整体 Cronbach's α 系数为 0.863，大于最低可接受水平 0.65，说明量表满足信度要求。

经效度分析，量表 KMO 测度值为 0.919，经主成分分析共提取出 2 个成分。前三个题项为第一个成分，因子载荷各为 0.945、0.850、0.879；后五个题项为第二个成分，因子载荷各为 0.898、0.877、0.90、0.898、0.895，整个测量条目累计方差解释率为 79.940%，大于 60%，因此消费者知识测量量表具有较好的结构效度。

4. 实验过程

首先，进行预实验，检验实验过程设计的合理性，针对发现的问题进行修改；然后，进行正式实验，从消费者角度出发，探究锚对购买意愿的影响。

1）预实验

预实验中，将不同的锚作为组间设计，选取国美电器（济南万达店）的售货员和顾客共 16 名为被试。被试随机分为两组，第一组被试参与实验 1，第二组被试参与实验 2。

预实验结束后，S 教授随机抽取部分被试进行访谈，以发现实验设计中存在的问题。根据反馈结果，对实验进行了两方面改进：第一，背景信息中，对饮水质量现状和净水机功效进行描述，增强实验材料的代入性；第二，对题项的措辞进行修正，以使实验更贴近实际情境。

2）正式实验

正式实验中，自变量锚为组间设计，调节变量消费者知识由被试自我评估，归为知识多和少的两类。154 名被试随机分为两组，第一组参与实验 1，第二组参与实验 2。

实验程序具体如下：首先，由主持人向被试交代实验任务，介绍实验目的；然后，主试向被试发放实验材料，要求认真阅读题项要求，独立填写；最后，要求被试在问卷上填写个人信息。填写完毕后，主持人收回问卷，并向被试表示感谢。

9.4 研究结果

在假设检验之前，首先对锚、消费者购买意愿和消费者剩余三个变量进行相关性分析，结果如表 9-1 所示。自变量锚的设置是名义变量，用"1"代表高锚，"0"代表低锚。从表 9-1 可以看出，锚、消费者购买意愿和消费者剩余之间，存在显著的正相关关系。因此，可以初步推测，高锚条件下，能带来更多的消费者剩余，被试的购买意愿更高。

表 9-1　各变量间的相关性

变量	锚的设置	消费者购买意愿	消费者剩余
锚	1.000		
消费者购买意愿	0.616**	1.000	
消费者剩余	0.609**	0.698**	1.000

注：** 表示在 .01 水平（双侧）上显著相关。

1. 锚对消费者购买意愿是否有影响

为进一步探索锚对消费者购买意愿的影响，接下来以锚为分组变量、消费者购买意愿为检验变量，进行独立样本 T 检验，结果如表 9-2 所示。

表 9-2　消费者购买意愿的 T 检验结果

变量	高锚条件下的平均值	低锚条件下的平均值	t	Sig
消费者购买意愿	4.687 88	3.194 20	9.042**	0.000

注：** 表示 $P < 0.01$，下同。

从表 9-2 可以看出，高锚条件下，消费者购买意愿的均值为 4.687 88，低锚条件下为 3.194 29，T 检验结果为 0.000，小于 0.05，说明锚对消费者购买意愿有显著影响，且高锚下的消费者购买意愿更高，假设 H1 成立。

2. 为何有影响

锚之所以对消费者购买意愿有影响，一个可能的原因是消费者剩余在其中起中介作用。检验中介作用前，首先用独立样本 T 检验，检验锚对消费者剩余的影响，结果如表 9-3 所示。

表 9-3　消费者剩余的 T 检验结果

变量	高锚条件下的平均值	低锚条件下的平均值	t	Sig
消费者剩余	4.747 45	2.992 71	8.892**	0.000

从表 9-3 可以看出，高锚条件下，消费者剩余的均值为 4.747 45，低锚条件下为 2.992 71，且 T 检验结果为 0.000，小于 0.05，说明不同的锚对消费者剩余

有显著影响，且高锚下的消费者剩余高于低锚条件下，假设 H2 成立。

接下来，采用 Baron 和 Kenny（1986）提出的方法，分三步对消费者剩余在锚与消费者购买意愿间的中介作用进行检验，分析结果如表 9-4 所示。

表 9-4 消费者剩余中介作用分析结果

回归步骤	自变量	因变量	R^2	标准化系数 β	Sig
第一步	锚	消费者剩余	0.370	0.609	0.000
第二步	锚	消费者购买意愿	0.379	0.616	0.000
第三步	锚、消费者剩余	消费者购买意愿	0.545	0.303 / 0.513	0.000/0.000

从表 9-4 可以看出，第一步，以锚为自变量、消费者剩余为因变量进行回归，回归系数为 0.609，且线性关系显著；第二步，以锚为自变量、消费者购买意愿为因变量进行回归，回归系数为 0.616，且线性关系显著；第三步，以锚、消费者剩余为自变量，以消费者购买意愿为因变量进行回归，锚对消费者购买意愿的回归系数为 0.303，小于第二步中的 0.616，但线性关系仍显著。这表明，消费者剩余在锚与消费者购买意愿之间起中介作用，假设 H3 成立，但仅是部分中介。

3. 何时有影响

面对同样的锚，不同的消费者之所以产生不同的购买意愿，一个可能的原因是消费者知识在其中起调节作用。在检验调节作用之前，首先检验消费者知识的分组是否合理。从表 9-5 可以看出，消费者知识多的一组知识均值为 5.797 62，少的一组为 2.855 90，且 T 检验结果为 0.000，小于 0.05，因此认为被试对消费者知识的自我评估是有效的。

表 9-5 消费者知识的 T 检验结果

变量	消费者知识多	消费者知识少	t	Sig
消费者知识	5.797 62	2.855 90	22.543**	0.000

接下来，对消费者知识的调节作用进行检验。由于本研究中自变量"锚"和调节变量"消费者知识"均为类别变量，因此采用双因素方差分析法进行检验（温忠麟等，2005）。对 4 组被试的消费者购买意愿进行方差齐次性检验，$F=1.600$，概率 $P=0.193 > 0.05$，表明总体方差无显著性差异，可以进行方差分析。

然后，以锚和消费者知识作为控制变量，消费者购买意愿作为观测变量，得到固定效应非饱和模型，如表 9-6 所示。锚对消费者购买意愿的 F 值，显著性为 0.000，表明锚对消费者购买意愿的主效应存在。锚、消费者知识、锚×消费者

知识的概率 P 值分别为 0.000、0.859、0.000，这表明锚的主效应显著，消费者知识的主效应不显著，锚×消费者知识的交互作用显著。由此可以看出，消费者知识在锚对消费者购买意愿的影响中起调节作用，假设 H4 成立。

表 9-6　消费者购买意愿的多因素方差分析的非饱和模型

因变量：消费者购买意愿					
来源	Ⅲ型平方和	df	均方	F	Sig.
校正模型	94.352a	3	31.451	39.510	0.000
截距	2 089.770	1	2 089.770	2 625.309	0.000
锚	69.971	1	69.971	87.902	0.000
消费者知识	.025	1	.025	.032	0.859
锚×消费者知识	19.027	1	19.027	23.903	0.000
误差	104.277	131	.796		
总计	2 277.800	135			
校正的总计	198.629	134			

注：R^2=0.475（调整 R^2=0.463）。

进一步分析发现，当消费者知识少时，购买意愿的估算边际均值线更陡峭，即此时不同的锚对消费者购买意愿的估算边际均值的差值，大于消费者知识多的时候，具体如图 9-2 所示。因此，假设 H4a 成立。

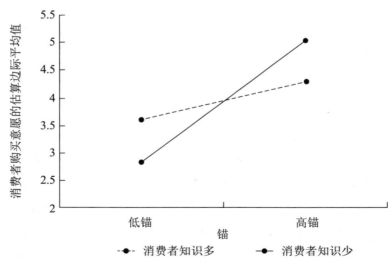

图 9-2　锚与消费者知识对消费者购买意愿的交互作用

9.5 研究结论

本研究采用实验研究方法，以消费者为被试，检验了锚对消费者购买意愿的影响及其作用机制，得出了以下结论。

第一，锚会对消费者购买意愿产生显著影响，且与低锚相比，高锚能导致更高程度的购买意愿。高锚条件下，消费者会对目标产品价格产生较高的估计，当实际价格低于其估计价格时，会有较高的购买意愿。而低锚条件下，消费者对目标产品的价格估计也较低，一旦实际价格超出其估计，就不太愿意购买。

第二，不同的锚之所以会导致不同的消费者购买意愿，其实质在于给消费者带来了不同的剩余。高锚条件下，消费者剩余较多，其达成交易的愿望就更强烈；而低锚条件下，消费者感知的剩余很少或没有，就不愿意达成交易。

第三，在同样的锚下，消费者知识不同，其购买意愿受影响的程度也不同。当消费者相关知识较少时，更倾向于根据外部情境信息判断产品价格，锚对其购买意愿的影响更大。而当消费者知识水平较高时，更倾向于根据自身知识进行决策，被锚定的程度小。

本研究的实践意义在于，为企业把握消费者对产品价格的感知、提高其购买意愿，提供了新手段。

首先，主动设置高锚，以促进销售。经济生活中锚的来源不同，有的是自然形成的，有的是卖家特意设置的。例如，Williams-Sonoma 厨具连锁店有一款售价 279 美元的面包机，销量一直不好。后来新增了一款型号稍大些的面包机，售价 429 美元。神奇的变化发生了，429 美元的面包机虽滞销严重，但 279 美元的面包机销量却翻了一番。429 美元的面包机虽然几乎没人选，但它却提高了消费者愿意为面包机支付的最高价格。由此可以看出，企业可主动运用锚定效应，设置高锚，以提高消费者的购买意愿，进而促进销售。

其次，防范低锚的出现。锚定效应普遍存在，消费者有时会在有意无意中被锚定。因此，企业管理者要时刻关注市场信息中的锚，当有低价流言时，要及时制止，防止消费者被锚定，以避免像 iPhone 5C 一样造成较低的价格估计，在价格宣传中处于被动地位。

然后，利用锚定效应，获取竞争优势。关注竞争产品的定价，运用锚定效应进行定价和宣传策划。当己方产品更具有价格优势时，要利用竞争产品的价格锚定消费者，以凸显己方产品的低价；而当竞争对手的产品价格更低时，则要强调自身产品的差异之处，防止消费者被锚定而影响销售。

最后，重视创新的重要性，充分理解创新的优势。创新产品第一次进入市场时，由于没有同类产品，消费者不会被市场价格所锚定，因此产品定价的灵活性较高。可采取适当高价，锚定消费者对该类产品的价格判断，提高产品定位，一方面赚取更多的利润，另一方面也为以后的调价提供更大的活动空间。

本研究虽具有一定的理论和现实意义，但仍存在可进一步研究的问题。其一，实际经济生活中，消费者的锚是不断变化的，旧的锚会被新的锚所代替，在这种动态环境中，锚定效应如何影响消费者购买意愿，值得进一步探讨；其二，本研究发现，消费者知识在锚对消费者购买意愿的影响中起调节作用，但是否还存在其他重要调节变量，有待进一步研究。

第 10 章

共享经济背景下政府规制与供给意愿关系研究[①]

——如何提高供给意愿

摘　要：共享经济能增加就业机会，提高闲置资产利用率，也会对传统企业造成冲击。政府如何应对共享经济，是一个有待研究的问题。在分析"滴滴出行"案例的基础上，发现了政府规制对供给意愿的影响。通过模拟共享出行实验发现，无政府规制、事前规制、事后规制对供给意愿的影响存在显著差异，无政府规制供给意愿最高，事前规制供给意愿最低，造成这种差异的原因在于规制导致的供给者剩余不同。进一步研究发现，"监管俘获"是政府规制的重要动因之一，对于政府如何应对共享经济提供了有益的启示。

关键词：政府规制；供给意愿；事前规制；事后规制；供给者剩余；监管俘获

10.1　引言

共享经济的爆炸性增长，使闲置资源得到了充分的利用，增加了就业机会，也使人们享受到了更舒适的服务。人们也因为各种各样的原因加入共享平台，比如平台高收入（Botsman & Rogers，2010）、社交愉悦、环境友好等（Hamari et al.，2016）。早期的滴滴出行，融资额和用户量增长速度很快。滴滴出行日订单量增长明显，越来越多的人通过滴滴出行获取收入。但是，共享经济也给传统企业带来威胁，加剧行业竞争。比如，传统出租车和网约车之间收益不平衡，导致出租车司机不满（Edelman & Geradin，2016）。因为这样的问题，共享出行经历了充满波折的政府规制。2016 年开始，滴滴出行频频被冠以"非法经营"的罪名，受到多方阻挠，甚至禁止（梅健，2016）。在滴滴消费者强大的舆论压力，以及平台对各地经济贡献逐渐显著的情况下，交通运输部、工信部等七部门在

[①] 沈超红，胡安. 共享经济背景下政府规制与供给意愿关系研究 [J]. 经济与管理评论，2018, 34(6): 47-59.

2016年联合发布了《网络预约出租汽车经营服务管理暂行办法》，网约车成为合法的出行方式。虽然网约车合法化了，但随之而来的是烦琐的政府规制。随着政府规制的越来越多，网约车进入市场的限制越来越多，网约车市场日渐萧条，共享企业发展受限，社会福利下降（元东艳等，2017）。

那么，政府应该如何对待共享经济？政府规制本是以社会福利最大化为目的，以寻求利益群体之间的平衡，保障行业顺利发展（Chen & Zhang，2012）。所以，有必要研究政府规制对共享企业发展的影响，尤其何种规制能最大化社会福利。因此，本文第二部分，在"滴滴出行"案例的基础上，探索政府规制对共享产品供给意愿的影响；第三部分，结合文献中的理论基础，构建政府规制和供给意愿关系的概念模型。第四部分，进一步通过模拟实验，检验政府规制和供给意愿的概念模型。最后，对实验结果进行讨论，并对政府部门提出针对性的建议。

10.2 典型案例

我国共享经济中的典型企业——滴滴出行，从2013年在市场出现，到2017年末已经是其发展的第五年。虽然发展时间不长，但是在这期间，滴滴出行经历了规制变化的三个时期，每个时期的规制情况如图10-1所示。

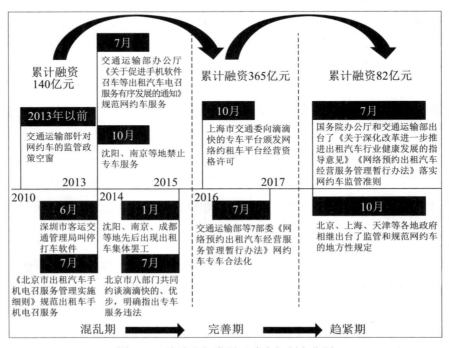

图10-1 滴滴出行发展及政府规制变化图

1. 政府规制的变化

在规制混乱期，并没有出台相关政策，但这一时期滴滴出行的融资增长和用户增长率是最高的。新进入平台的司机数量增长迅速，在高补贴的时候，滴滴打车日订单峰值达到 530 万单。根据滴滴出行平台 2016 年 4 月 26 日发布的《2015—2016 年移动出行就业促进报告》，截止到 2015 年，通过滴滴平台获取收入的就业人员共 1 332 万人。包括滴滴出行在内的智能出行平台上活跃着 3 亿乘客和 1 000 万司机（车主），注册用户数以月均 13% 的速度增长。在这一阶段，融资额累计约 140 亿元。

在规制完善期，滴滴出行频频被冠以"非法经营"，相比 2015 年的数据，这一阶段，滴滴司机数量的增长并不大，滴滴在众多一、二线城市受到多方阻挠，如来自出租车公司的举报和投诉，来自政府相关部门的限制甚至禁止。虽然服务供给量下降，但滴滴平台服务使用者的数量并没有减少，反而持续递增。

规制趋紧期，交通运输部、工信部等七部门在 2016 年联合发布的《网络预约出租汽车经营服务管理暂行办法》，对移动出行平台采取了默许或者肯定的态度。网约车成为合法的出行方式。但随之而来的是烦琐的政府规制。各个地方政府纷纷出台形式不一的网约车规制措施，供给者进入难度增大。这一阶段，滴滴出行的融资总额显著降低。

2. 服务供给意愿的变化

通过对长沙地区 12 名滴滴平台司机的访谈来看，在规制混乱期，快车司机和顺风车司机评价滴滴出行时，提到最多的词语是"高补贴""低门槛""高收入""接单量大"。在长沙地区，平均每个快车司机的收入达到 12 000 元，除去车辆的燃油费用和保养费用，月净收入达到 8 000 元。在这一阶段，车主们对平台的满意度非常高，进入意愿强烈，并且会推荐周围的亲戚朋友加入该平台。

随着政府规制逐渐完善，滴滴车辆减少，司机收入普遍减半。根据访谈文本整理，在这一阶段，司机提到最多的词语为"收入下降""进入麻烦""成本高""规制条件太多"。快车司机反映，政府规制使他们不得不重新进行资格审查，只有满足规制条件，才能继续运营。而这些规制，一方面，加大了他们的进入成本；另一方面，降低了他们对平台的好感度，特别是那些有固定工作的司机，认为规制提高了其机会成本，未来他们可能会选择放弃进入平台。

通过对滴滴出行政府规制和司机意愿的分析，本文发现政府规制对服务供给意愿的确存在影响。而服务供给量是共享平台发展的关键。因此，进一步检验政府规制与共享产品供给意愿的关系，有一定的现实意义。

10.3 研究假设

1. 政府规制与供给意愿

政府规制的目的是解决市场失灵（Peltzman，1976）。但是，研究表明，政府规制在很大程度上限制了企业的发展。以往研究中，通过研究政府规制对传统企业产品价格、质量、数量的影响，证实了政府规制对企业发展的负面影响（Koopman，2014）。本文的研究对象——共享企业，作为一个三方交易平台，其商业成功在于交易双方交易的达成（Rauch & Schleicher，2015）。而其交易双方，即服务提供者和服务使用者。Dodds（2002）认为，意愿是体现服务提供者未来加入可能性的重要指标，意愿越高，未来进入的可能性越大。

服务是产品的延伸，是体面生活的重要组成部分（商海岩和胡欢欢，2017）。在出行市场供不应求的情况下，服务提供者的数量决定了企业的发展。已有研究证明，政府规制会遏制企业的发展。因此，针对共享企业这一类特殊的企业，我们认为，政府规制会影响服务提供者的进入。而目前的政府规制，基本可分为两类：一类是事前规制，即在进入该平台前，需要符合政府提出的规定，只有这样才能加入该平台。另一类是事后规制，也可以称为惩罚规制，即达到平台基本要求即可加入，但是在参与平台交易中，若出现违规行为，则可能被禁止进入平台，或须满足规制条件，才能再次加入（Schaller，2007）。

研究表明，事后规制能够更有效地筛选合格的供给者，激励真正想提供服务的供给者。并且，事后规制减少了进入成本、降低了进入限制，为供给者提供了便利性（Edelman & Geradin，2016）。而事前规制，其烦琐的规制程序增加了进入成本。因此，这两种政府规制可能会带来不同的供给意愿。基于以上分析，本文提出以下假设。

H1：政府规制对供给意愿有显著影响。

H1a：政府规制会降低供给意愿。

H1b：相比事后规制，事前规制对供给意愿的负面作用更大。

2. 政府规制与供给者剩余

Besanko 和 Shanley（2007）认为，剩余可用于衡量产品差异，包括水平和垂直差异。其中，水平差异即功能差异，垂直差异即质量差异。Brynjolfsson 等（2003）将剩余应用到电子产品市场中，提出剩余会随电子平台呈现的产品多样性的增加而提高。同时，网络环境降低了交易者的搜索成本，提高了选择商品的便利性，也能提高剩余。虽然这些是针对消费者提出的，平台服务供给者作为平台的使用者，实际上也是一种"消费者"。

供给者剩余受到多种因素的影响，对于第三方共享平台而言，政府规制直接作用于服务供给者。因此，政府规制是影响供给者剩余的重要因素。研究发现，在共享经济中，政府规制会提高对进入者的要求。原本人们加入共享经济的原因之一是共享平台的便利性和自由性，这一原因是供给者剩余来源之一。但烦琐的政府规制，使得平台丧失了原有的便利性和自由性（Constantinides & Fountain，2008）。对于供给者来说，也就降低了从交易中获取的剩余。

滴滴出行在我国发展初期，也就是无政府规制情况下，呈现出爆炸性的增长。无政府规制，提升了用户体验和进入便利性，增加了剩余。而从无规制到有规制的变化，使进入便利性显著降低，提高了进入成本，最终减少了剩余。

一方面，事前规制，是指在供给者进入平台前进行的一系列的考核和审查；事后规制，是指满足平台基本要求后，即可进入平台，但一旦违反规定，则会禁止加入，或需重新满足规制条件，才能再进入。比如，Uber通过惩罚机制来对违反规定的进入者进行规制（Dudley et al.，2017）。实际上，事后规制对供给者进入前的剩余影响较小，优于事前规制。基于以上分析，本文提出以下假设。

H2：政府规制对供给者剩余有显著影响。

H2a：与有政府规制相比，无政府规制能给供给者带来更多的剩余。

H2b：与事前规制相比，事后规制能给供给者带来更多的剩余。

3. 供给者剩余的中介作用

交易过程中交易者对剩余的感知，会影响其供给意愿（Cheung，1983）。车主们在考虑是否进入该平台时，并不仅仅依赖该平台带来的绝对收入，而是会考虑该平台带来的剩余，从而决定是否进入。

从滴滴案例的分析中得出，滴滴在发展的这几年，经历了政府规制的不断变化，由最初的无政府规制，无论是乘客还是车主，都积极加入，虽然，进入共享平台受到很多因素的影响，比如：收入、时间、社交愉悦性等（Fraiberger & Sundararajan，2015）。但是，究其本质，剩余决定了是否加入或是否继续加入。由于无政府规制的自由性和便利性，加上发展初期的高补贴，人们纷纷加入。而规制完善期、趋紧期，虽然网约车合法化，但进入要求增加，直接导致司机增长速度放缓，甚至部分车主逐渐退出平台。

根据访谈资料，车主们纷纷表示，目前，政府部门规制要求多，加入前，要进行各种烦琐的资格审查，需要消耗大量的经济成本和时间成本。并且，平台的并购、补贴减少，乘客数量降低，导致供给者接单量下降，进一步减少了供给者剩余。

由此可看出，政府规制会影响供给意愿，而影响的本质在于供给者剩余的降低。只有供给者有剩余时，交易才可能发生。基于以上分析，本文提出假设3。

H3：供给者剩余在政府规制和供给意愿之间起中介作用。

4. 收入水平的调节作用

在对人们参与共享经济的动机分析中，Schor（2016）认为，经济不景气是人们加入共享平台的原因之一，因为加入平台可以提高家庭收入。此外，通过访谈，大部分滴滴司机在进入之前有固定工作或其他收入来源，滴滴司机表示，加入该平台之前，会根据已经进入者的收入情况来进行决策，比较进入者的平均收入和自身目前收入情况，实际上，这也是斯蒂格利茨提到的机会成本（opportunity cost），即资源被用于某一种用途意味着它不能被用于其他用途（Payne & Bettman，1996）。加入平台前的收入水平越高，加入平台的机会成本越大，也导致其对政府规制越敏感，最终降低供给意愿。

因此，收入状况的差异，会影响供给者对政府规制的评价，高收入的潜在供给者，对政府规制更敏感。基于以上分析，本文提出以下假设。

H4：供给者加入平台前的收入水平，在政府规制和供给意愿之间起调节作用。

H4a：供给者加入前的收入越低，政府规制对供给意愿的影响越小。

根据以上分析，得出了本文研究概念模型，如图10-2所示。其中政府规制为自变量，供给意愿为因变量，供给者剩余为中介变量。其中，自变量分为三个水平。

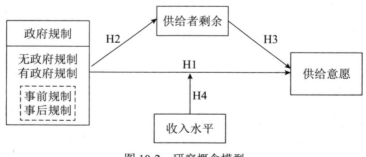

图10-2 研究概念模型

10.4 研究方法

本文将采用模拟实验方法，对自变量"政府规制"进行操纵和控制，分析它们对"供给者剩余"和"供给意愿"的影响，探索自变量3个取值和因变量之间的关系，并检验"供给者剩余"的中介作用。

1. 实验被试

根据小样本实验样本容量要求：实验样本数 $n > 30$ 即可。选取长沙某快餐店、超市以及小区的有车居民为被试，共 150 名，其中有效被试共 130 名，无规制组、事前规制组、事后规制组被试分别为 48 人、40 人、42 人。

2. 实验材料

本文以政府规制的不同情况作为切入点，分析三种情境下潜在车主供给意愿有何区别，其供给者剩余又有何不同。具体的实验材料，是受滴滴出行案例的启发，模拟新的出行平台，并重新设定政府规制条件，分别进行测量。

之所以选取全新的出行平台作为实验材料，而没有选择已有的滴滴平台作为实验背景材料，其原因在于：一方面，不会让供给者带入其他情感、被已有平台的现状锚定；另一方面，滴滴目前的规制引起了大众的不满，被试容易受到现阶段对该平台的看法的影响，供给意愿会因此出现偏差。通过重新设定，可以减小误差。本研究有三种实验情境，分别对应 3 个实验材料。

背景条件：近年来，不少私家车车主加入了共享汽车平台，一方面，它增加了一种获取收入、降低成本的方式；另一方面，它可以与各种各样的人打交道，丰富人们的社会阅历。

目前，市场上出现了一种新的共享汽车平台，车主可以选择全职或兼职。该平台除收取收入的 10% 的费用外，不收取其他费用。全职司机在长沙的平均月净收入为 7 000 元。如果和您的经济状况相似的一朋友，达到了该平台的基本要求（驾龄、车型、年检等），正考虑加入该平台。

实验情境 1 监管部门规定，达到平台基本要求，即可加入。

实验情境 2 监管部门规定，私家车进入该共享平台前，需进行审核，审核机制包括：

（1）参与培训，进行资格考核，考取网约车资格证；

（2）要跟出租车一样交保险，每台车要求缴纳 8 000 ~ 10 000 元的保险。

实验情境 3 监管部门规定：司机进入该平台之后，如有以下任何一种行为：

（1）拒载、绕道等恶性行为 3 次及以上；

（2）司机擅自提高收费标准；

（3）一个月内被客户投诉 3 次及以上。

则需满足以下两个条件，才能继续运营：

（1）参与培训，进行资格考核，获取网约车资格证；

（2）跟出租车一样，每台车要求缴纳 8 000 ~ 10 000 元 / 年的保险费。

这三种实验情境的背景条件都是一样，除了最后的政府规定不同，这样能保证在这个过程中影响人们进行选择的不同的因素只能是规制的不同,我们通过预实验发现,这三种情况下,人们选择的差异并不显著,同时,本文为了防止被试的社会称许性影响实验结果,在情境设置中,进行了角色转换。

3. 变量测量

(1) 政府规制。在本研究中,自变量"政府规制"有三个水平,分别为:无政府规制、事前规制、事后规制。为强化政府规制的作用,在给出不同的规制条件之后,要求被试根据规制条件对其严格程度进行评价,通过问题"您认为以上规定是否严格?"(请在数字上打"√")以促使其加深对实验材料中政府规制的感受和思考。

(2) 供给意愿。目前,对意愿的量表发表得比较完善。但是针对共享平台服务供给者的意愿的测量暂时没有,已有的实证研究尚未开发测量供给者意愿的量表,本研究借鉴 Dodds 等(1991)测量购买意愿的量表来测量。

Dodds 等(1991)的量表中包含 5 个题项,其中第三个题项与第四个题项存在部分重叠,因此删除第三个题项。同时,第一个题项与第五个题项也存在部分重叠,因此删除第五个题项,采用剩余 3 个题项。此外,为了进行更全面的测量,又根据 White 等(2012)和 Haemoon(1999)的研究,添加 4、5 两个题项,测量被试的优先选择和推荐该平台的意愿。最终,供给意愿的测量量表包含 5 个题项,如表 10-1 所示。

表 10-1 供给意愿测量量表

供给意愿测量题项	文 献 来 源
SI1:我会建议他加入该平台	Dodds, Monroe & Grewal(1991)
SI2:我认为他值得加入该平台	
SI3:我认为他可以考虑接受这个兼职或全职工作	White, Macdonnell & Ellard(2012)
SI4:相比其他平台,我会建议他优先选择该平台	Haemoon(1999)
SI5:我会推荐其他人加入该平台	

本研究中供给意愿的测量量表包括 5 个量表,经过信度分析,量表的整体 Cronbach's α 系数为 0.956,远大于 0.65,且将 5 个题项逐一删除后,其 Cronbach's α 系数均小于 0.956。因此,供给意愿量表具有较高的可靠性和一致性,5 个题项均被保留。KMO 样本测度值为 0.871 > 0.7,Barlett 球形度检验的近似卡方为 684.768,sig 值为 0.000,小于 0.05,且对供给意愿的累计方差解释达到 85.106% > 60%。因此,该变量的因子分析结果较为理想,满足结构效度要求。

(3) 供给者剩余。供给者剩余最早由 Marshall 于 1890 年提出,表示供给者从交易中所获得的福利,是本研究中的一个关键变量。本研究中,通过对剩余的内涵进行剖析,并结合具体实验情境,参考 Marshall(1890)和沈超红(2010)的研究,开发出包含 6 个题项的量表,如表 10-2 所示。

表 10-2 供给者剩余测量量表

供给者剩余测量题项	文 献 来 源
SS1:该平台的实际收入,比我预计的要高	Marshall(1890),结合情境
SS2:若该平台的收入再低一点点,我仍然愿意推荐他加入	沈超红等(2011)
SS3:相对其他平台而言,我认为该平台是值得的	
SS4:如果加入后,要他放弃这个平台,我认为很不值得	
SS5:我很希望他能找到更好的共享平台	结合情境
SS6:我认为他因获得这份收入,而感到高兴	

本研究中供给者剩余的测量量表包括 6 个题项,其信度分析结果 6 个题项的 CITC 值均大于 0.3,满足检验标准。量表的整体 Cronbach's α 系数为 0.792,远大于 0.65,说明量表的信度很高,能够满足一致性要求。且将 5 个题项逐一删除后,其 Cronbach's α 系数均小于 0.792。因此,消费者剩余量表具有较高的可靠性和一致性,6 个题项均被保留。

KMO 样本测度值为 $0.831 > 0.7$,符合 Kaiser 准则,供给者剩余的 Barlett 球形度检验的近似卡方为 413.332,且 p 值为 0.000,小于 0.05,拒绝零假设,这意味着相关系数矩阵和单位矩阵有显著差异。根据以上两项判断,供给者剩余的量表满足因子分析的条件。5 个题项的因子载荷均大于 0.5,且对供给者剩余的累计方差解释达到 $76.308\% > 60\%$。因此,该变量的因子分析结果较为理想,满足结构效度要求。

4. 实验过程

首先,进行预实验,检验实验过程设计的合理性,针对问题和实际情况进行改进,然后,再进行正式实验。探索变量关系和内在作用机制。

(1)预实验。预实验中,选取两个 MBA 班共 60 名为被试,随机参与实验一、实验二、实验三。实验材料回收后,统计发现结果并不显著,三种情况下,选择不加入该平台的人数达到 90%,没有车的被试达到 15 人。

访谈结果显示,实验存在如下问题:第一,情境的描述太复杂,被试的阅读负担太大,难以进入实验情境;第二,MBA 一般都有固定的职业,并且都是企业管理层员工,其收入较高,导致在进行自身评估时,政府规制对其的影响不大;第三,存在一定的社会称许性,导致被试的代入感不强。

针对以上问题，本实验对材料进行了如下修正：①对实验情境进行了简化，减少大量文字带来的阅读疲惫感，对平台基本要求进行简单的描述；②进行角色转换，由原来询问被试的供给意愿更改为"有一经济状况相似的朋友想加入，对他的建议"，降低社会称许性；③将"政府规制"安排在实验材料中显眼位置，并且在变量测量前让被试对政府规制的严格程度做一个简单的评价，加强被试对政府规制的注意，强化政府规制的代入感。

（2）正式实验。本研究共3个实验情境，其研究对象主要为共享汽车潜在供给者。考虑到实验中所涉及的被试的特殊性，一般为已经进入社会、并且有车的城市居民，本文采取现场实验的方式，选取城市中的普通民众为被试，主要对象为非学生群体，因为被试具有特殊性，主要通过在肯德基、麦当劳、快餐店、超市停车场、居民小区集中寻找合适的被试，在实验前，会进行简短的询问和介绍。最终，回收实验材料130份，其中实验一48份、实验二42份、实验三40份。

5. 实验结果

本实验共有被试150人，其中有效被试130人，其特征分布如表10-3所示。

表 10-3 被试特征分布表

序号	变量	类别	频次	所占百分比
1	性别	男	118	90.76
		女	12	9.24
2	年龄	25岁及以下	8	6.2
		26～35岁	69	53.1
		36～45岁	26	20.0
		46～55岁	27	20.8
		56岁及以上	0	0
3	文化程度	高中及以下	24	18.5
		大专	72	55.4
		本科	24	18.5
		硕士及以上	10	7.6
4	月均收入	2 000元以下	11	8.5
		2 000～4 000元	30	23.1
		4 000～6 000元	42	32.3
		6 000～8 000元	26	20.0

续表

序 号	变 量	类 别	频 次	所占百分比
4	月均收入	8 000元以上	21	16.2
5	职业状态	有固定工作	111	85.4
		有兼职	3	2.3
		失业或待业	16	12.3
6	牌照	本地牌照	122	93.8
		非本地牌照	8	6.2
7	是否参与过共享经济	参与过	14	10.7
		未参与过	116	89.3

从表 10-3 中可以看出，本实验的 130 名被试在年龄、文化程度、职业、行业等各个方面存在较大差异，实验被试都有私家车，能够满足实验对被试的需求。性别方面，男性占比为 90.76%，女性占比为 9.24%，由于本次研究对象是潜在共享汽车供给者，滴滴出行上的数据显示，男性司机占比较大，因此在选取被试时，会偏向于男性被试。年龄方面，更多的是 30 岁以上人群，他们既能充分理解实验材料，也是网约车司机中的主力军，对其进行试验调查具有很好的代表性和参考价值。文化程度方面，大专、本科、硕士及以上学历的被试占比为 81.5%，具有一定的文化水平，阅读和理解能力较好。月均收入方面，4 000～6 000 元的被试最多，占总人数的 32.3%，与出租车的月收入相似。职业方面，大部分为有固定职业的人群，占比为 85.4%。牌照情况，93.8% 的被试都是本地牌照。其中，89.3% 的人没有作为司机参与过共享出行。

（1）相关分析。运用 SPSS 对数据进行汇总后，首先对数据进行描述性统计，证实了被试具有随机性。然后，对变量进行简单的相关性分析，最后运用回归分析进行假设检验。相关分析结果见表 10-4。

表 10-4　相关分析结果

	政 府 规 制	供 给 意 愿	供 给 者 剩 余
政府规制	1.000		
供给意愿	−0.434**	1.000	
供给者剩余	−0.408**	0.563**	1.000

注：** 表示在 0.01 水平（双侧）上显著相关。

从表 10-4 可看出，政府规制和供给意愿、供给者剩余有显著负相关关系，因此，初步推测，在无规制状态下，能带来更高的供给者剩余，供给意愿更高。

（2）政府规制和供给意愿假设检验。从表10-5可以看出，无政府规制条件下，供给意愿最高，均值为5.137 5，事后规制条件下，供给意愿的均值为4.914 3，事前规制条件下，均值为3.735 0，并且单因素方差分析结果概率 p 值为0.000，小于0.05，说明政府规制对供给意愿有显著影响，并且，无政府规制条件下，供给意愿最高，事前规制相比事后规制，对供给意愿的抑制作用更大。假设H1成立。

表10-5　政府规制和供给意愿的单因素方差分析

	政府规制	N	均值	标准差	Sig
供给意愿	无政府规制	48	5.137 5	1.194 42	0.000
	事后规制	42	4.914 3	0.995 74	
	事前规制	40	3.735 0	1.278 93	

（3）政府规制和供给者剩余假设检验。从表10-6中可以看出，无政府规制条件下，被试对共享平台的剩余均值为4.749 6，而事后政府规制条件下则为4.448 3，事前规制更低，为3.608 7。进一步，做方差分析，政府规制和供给者剩余之间差异的概率 p 值为0.000＞0.05，也就是说，无政府规制组被试的剩余判断显著高于有政府规制组，而有政府规制组中，事后规制组被试显著高于事前规制组被试。假设H2成立。

表10-6　政府规制与供给者剩余假设

	政府规制	N	均值	标准差	Sig
供给者剩余	无政府规制	48	4.749 6	1.090 46	0.000
	事后规制	42	4.448 3	0.866 66	
	事前规制	40	3.608 7	1.134 08	

（4）供给者剩余的中介作用检验。政府规制之所以对供给意愿有影响，一个可能的原因是供给者剩余在其中起中介作用。本文分三步对消费者剩余的中介作用进行检验。

第一步，对自变量政府规制和中介变量供给者剩余进行回归，结果见表10-7，回归标准系数 a=-0.408，且概率 p 值=0.000＜0.05，因此认为政府规制与供给者剩余之间的线性关系显著。第二步，对自变量政府规制和因变量供给意愿进行回归，标准系数 c=-0.434，且概率 p 值=0.000＜0.05。第三步，将自变量政府规制、中介变量供给者剩余和因变量供给意愿回归，得到标准系数

c'= -0.245，b=0.463，且概率 p 值均＜0.05，因此，政府规制、供给者剩余两个自变量与供给意愿之间存在显著的线性关系。

表 10-7 中介作用分析结果

模型 β		非标准化系数		标准系数	t	Sig.
		标准误差	β			
1	（常数）	3.099	0.533		5.816	0.000
	政府规制	-0.388	0.122	-0.245	-3.172	0.002
	供给者剩余	0.532	0.089	0.463	5.997	0.000

综合三步，第一步回归系数 a=-0.408，第二步回归系数 c=-0.434，第三步回归系数 c'= -0.245，b=0.463。并且，a，c，c' 均达到显著水平，c' 的绝对值＜c 的绝对值 0.434，因此供给者剩余在政府规制和供给意愿中间，起部分中介作用。假设 3 成立。

（5）供给者收入的调节作用检验。本研究中，自变量为政府规制，基本信息中，本文测量了被试的月均收入，为了检验其是否在自变量和因变量关系中产生调节作用，本文验证了月均收入变量和自变量之间形成的交互项与因变量之间的显著性。将供给意愿作为观测变量，把监管类型和月均收入作为控制变量，得到如表 10-8 所示的固定效应非饱和模型。政府规制×月均收入的概率 p 值均为 0.468，大于 0.05，说明政府规制和月均收入的交互效应不显著，也就是收入水平在政府规制和供给意愿之间调节作用不显著。

表 10-8 调节作用检验结果

主体间效应的检验
因变量：供给意愿

源	平方和	自由度	均方	F	显著性
校正的模型	74.637[a]	14	5.331	4.238	0.000
截距	1 360.060	1	1 360.060	1 081.248	0.000
监管类型	17.891	2	8.945	7.112	0.001
月均收入	16.658	4	4.165	3.311	0.013
政府规制×月均收入	9.693	8	1.212	0.963	0.468
错误	144.654	115	1.258		
总计	3 010.720	130			
校正后的总变异	219.291	129			

注：[a]R^2 = .340（调整后的 R^2 = .260）。

本文在数据分析前，猜测收入水平会对人们选择意愿构成影响，实际处理结果发现，并不显著。但是这也不能完全否定它们的作用，因为通过方差分析，单独研究收入对供给意愿的影响，实际上在 0.05 的水平是显著的，也就是说月均收入会影响人们的供给意愿，但是没有对政府规制和供给意愿起到调节作用。并且，小样本实验数据规模较小，难以得出差异也是可能的原因之一。

10.5　研究结论与启示

政府规制是一个具有争议的问题，没有规制，共享企业能快速发展，但是，冲击了传统企业、影响了社会稳定性。有规制，限制了共享服务的供给，抑制共享企业创新与发展。本研究通过模拟实验，检验了政府规制对服务供给意愿的影响，得到如下结论与启示。

第一，政府规制对供给意愿有显著影响，无政府规制条件下，能使供给者产生更高程度的供给意愿。这也证实了市场的有效性，因为，无规制条件下，供给者能够自由进入和退出平台，供给者的剩余最大。

既然证实了政府规制的负面影响，如若行业能通过自我监管达到政府监管的效果，则可以考虑减少政府规制带来的发展限制。已有研究表明：平台应该被看作解决方案的一部分，而不是问题的一部分，应该把它们作为自律机制的关键参与者。自我监管是自然发生的现象，在整个经济活动历史中反复出现。通常每个行业随着发展，都会形成自我监管组织（self-regulation organization，SRO），这些组织通常政府参与有限，与促进行业福利的贸易组织不同的是，SRO 旨在通过集体规则制定的制度来监督行业，在这些制度中，行业中的企业聚集在一起开发，监控并执行标准来监管成员的行为。

第二，在政府规制的条件下，事前规制和事后规制的影响不同，事后规制条件下，潜在服务提供者的进入意愿高于事前规制的被试的供给意愿。事后规制相比事前规制，对供给意愿的影响较小，而其本质在于对供给者剩余的影响，事后规制未产生进入成本，而事前规制实际上提高了进入成本，也就降低了剩余。因此，即使同样是有规制条件，因为规制内容和规制阶段的不同，也会导致不同的剩余，从而导致不同的供给意愿。

那么，在必须通过政府规制来维护行业发展和社会稳定性的情形下，可以调整政府规制方案，以减小政府规制带来的负面影响。比如，事前规制和事后规制的结合，降低进入门槛，更注重惩罚机制。降低供给者进入该平台的程序复杂性和进入经济成本，进而减少对供给者剩余的影响。此外，在制定规则时，建立一个专门为网约车设计的新的监管制度,而不是沿用旧的出租车规章制度,毕竟,共享经济是一个全新的行业,需要匹配这个行业内的从业者,这样才能保证公正的竞争。在保护传统企业的同时,鼓励新企业的生存和创新。

第三,供给者剩余在政府规制与供给意愿之间起中介作用。首先,规制条件不同,给被试带来的供给者剩余也不同,无规制,供给者剩余最高;事前规制,供给者剩余最低;事后规制,供给者剩余居中。并且,经过方差分析发现,这个差异在统计学上是显著的。实际上,这就是经济学家 Marshall(1890)的剩余的本质。在交易活动中,只有交易双方存在剩余,交易才有可能达成。也就是政府规制不能损害交易双方的剩余,否则,政府规制只会降低社会福利。

实际上,通过文献研究发现,监管机构常出现"监管俘获"的现象,这一现象会降低交易者的剩余。它表现在两个方面:一是监管部门被俘获,和已有被规制主体成为利益共同体,监管部门会制定有利于已有被规制主体的规定,以减少竞争、维护私利。二是监管者希望在监管生涯结束后,成为有组织利益的雇员。这样监管不仅不能解决市场失灵问题,反而会减少社会福利。因此,"监管俘获"后,监管者不会从交易双方剩余最大化角度出发,而会为了私利,损害市场中交易者的剩余。为确保政府规制实现社会福利最大化,在制定政策时,必须举行"听证会",以听取各方意见,防止"监管俘获"发生,开发出公正、有效的监管方案。

综上所述,共享经济能促进就业、提高闲置资产利用率,应该得到支持,政府规制的目的是解决共享经济的问题,而不是阻碍其发展、降低社会福利。正如哈耶克(1997)在《自由秩序原理》中提到的"法律的目的不是取消或限制自由,而是维护和扩大自由"。政府规制应该扬长避短,在共享经济蓬勃发展的科技时代,成为维护自由、提高福利的象征,而不是限制企业创新、阻碍社会发展的枷锁。

第 11 章
合约安排与节能服务项目的市场拓展[①]
——如何制定有效合约

摘　要：节能减排是全球关注的重要议题，为克服推广节能减排项目中的工作阻力，我国的节能减排工作由政府强制实施向市场自动执行转化显得十分重要。通过案例分析，发现在市场机制的基础上，不同的合约安排对节能项目的实施效果会产生显著性差异：一方面，节能服务公司在拓展市场的三种合约安排——现销、融资租赁以及合同能源管理中，合同能源管理最为有效；另一方面，节能厂商在自身资源有限的条件下，通过售后回租的合约安排，可以实现设备的无限供给。研究结果对我国节能减排项目的推广具有重要的指导意义，同时，也为管理研究者挖掘管理实践中的民间智慧、构建管理理论提供了有益的启示。

关键词：合约安排；合同能源管理；售后回租；合约相关者剩余；自动执行机制

11.1　引言

近年来，我国政府通过强制执行制度来推动节能减排工作，一直面临着认知、技术和融资三大障碍，并没有达到预期的效果：①认知障碍，政府主导自上而下将任务分配到各省区市和重点企业来执行，企业不能认识到节能减排对自身生存和发展的意义；②技术障碍，节能减排技术市场的不规范和信息不对称，企业质疑项目的节能效益，甚至担心影响企业的正常运作；③融资障碍，政府的财务支持有限，投资机构兴趣淡薄使得节能项目难以开展。鉴于此，节能服务供应商资源有限，市场难以打开，总体节能效果不佳。从 1997 年到 2005 年底，我

[①]　沈超红，谭平，李敏，等. 合约安排与节能服务项目的市场拓展 [J]. 2010, 7(11): 1660-1664.

国节能服务一期项目仅 3 家示范性节能服务公司,8 年内只完成了 423 个节能项目。"十一五"前 4 年节能减排效果差强人意,单位 GDP 能耗累计下降 14.38%。根据工业和信息化部节能与综合利用司(2010)报告,要完成 20% 的"十一五"节能任务还相当艰巨,2010 年全年还要再降 5.62%,远超过前 4 年的单位 GDP 能耗量,而 2010 年第一季度单位 GDP 能耗不降反升 3.2%。造成这种局面的一个重要原因在于忽视了合约安排的重要性。

漠视合约安排是经济学和管理实践的严重缺环,使我们难以正确地描述现实世界、解释经济现象,甚至阻碍社会经济发展。张五常(2007)指出:"从史密斯到马歇尔,这些安排被注意到,但一知半解,没有详尽或深入的分析。说什么资源使用,论什么收入分配,漠视了合约安排是经济学的大失败。"他认为,合约安排包括所有的约束竞争行为的各种正式的或非正式的规限,合约相关者至少要包括两个人,且在某种程度上相互遵守这种规限。这种合约安排可以是权力界定、法律、制度、风俗习惯等。在资源稀缺的限制下,人人争取利益最大化,必须有合约的安排进行约束才可以共存,使合约相关者剩余最大化,实现多方共赢(Cheung,1983)。Williamson 等(1975)也认为,不同的合约安排应该与不同的交易相匹配,以减少交易成本:合约安排与交易相匹配时,交易能够顺利进行,达到预期效果;合约安排与交易不匹配时,交易可能受阻,或需要付出更多交易费用。事实也证明了这一点,日本明治维新时期,"将土地私人使用权加上自由转让权,土地使用的合约安排修改一处,日本的经济就起飞了"(张五常,2007),而中国的人民公社漠视合约安排成了中国经济制度改革的致命伤,严重阻碍了中国近代的经济发展。

企业的不同合约安排最终会影响企业运营绩效。Williamson 等(1975)早就提出,任何交易都是由合约产生和完成的,不同的交易会有不同的合约安排。企业的合约安排必须与交易相匹配。Vistnes(1994)认为合约内容安排的不同,会对交易成本和合约双方的利益造成影响,最终影响绩效。

合约安排对节能服务项目的市场拓展有着重要影响。安排一种科学的合约形式,有助于提高节能服务公司的经营绩效,促进节能服务由政府推动向市场吸引、强制实施向自动执行转变。下面将以 Y 公司(Telser,1980)为例,分析在市场拓展的三种合约——现销、融资租赁和合同能源管理(energy performance contracting,EPC)中,哪种合约安排形式最有效;在资源有限的情况下,厂商如何利用合约安排实现节能设备的无限供给;不同的合约安排导致企业运营绩效和市场拓展差异的内部机制。

11.2 案例

现以 Y 公司为例,探讨市场拓展合约安排、厂商供给合约安排与其推广效果的关系。Y 公司是一家集研发、生产、销售于一体的节能设备开发企业。Y 公司生产的水泵变频节能设备,采用成熟的中央空调变频节能控制技术对中央空调进行改造,以达到节省能源、减少废气排放、降低运行成本的目的。

11.2.1 Y 公司市场拓展的合约安排

M 酒店是一家五星级豪华商务酒店,日耗电总量高达 6 624 ~ 7 488 度,其中,中央空调耗电量最大,平均可以达到年总用电量的 50% ~ 60%。Y 公司对 M 酒店原中央空调机组进行能耗分析,发现冷冻水泵和冷却水泵具备很大的节电空间,决定在冷水泵上安装变频节能控制设备,以降低 M 酒店的耗电量。

改造方案确定后,Y 公司与 M 酒店采用 EPC 的合约安排——Y 公司提供设备,M 酒店零投入,使用该设备的节能收益双方共享:①节能效益分享期限为设备运行 40 000 小时,约为 10 年,并保证节能效率在 30% 以上。②节电分成的比例分为两个时段:设备运行 20 000 小时内,设备所有权归 Y 公司,Y 公司与 M 酒店的节能收益分成比例为 6∶4;设备运行时间达到 20 000 小时后,分成比例为 4∶6,设备所有权转归 M 酒店所有。

自 2008 年 9 月项目启动至 2009 年 9 月,年节电总量为 236 578.9 度(表 11-1),按 0.616 元的电费单价计算,年节电总额为 145 732.6 元,酒店的变频节能系统年平均节电率高于 60%,远远超过了合约所规定的 30% 节电标准。

表 11-1 2008 年 9 月至 2009 年 9 月 M 酒店中央空调系统节电明细   元

时间	冷冻水泵电费			冷却水泵电费		
	改造前	改造后	节约电费	改造前	改造后	节约电费
2008 年 9 月	17 781.00	5 010.10	12 770.90	13 299.40	4 776.40	8 523.00
2008 年 10 月	4 445.20	1 355.20	3 090.00	3 246.60	1 232.00	2 014.60
2008 年 11 月至 2009 年 6 月	30 628.20	8 944.30	21 683.90	23 860.80	9 585.00	14 275.80
2009 年 7 月	32 777.50	9 018.20	23 759.30	26 246.80	10 053.10	16 193.70
2009 年 8 月	35 464.30	9 708.20	25 756.10	28 359.10	10 693.80	17 665.30
总节约电费	145 732.60					

Y 公司市场拓展中,有三种合约安排:现销、融资租赁和 EPC 模式。该案例中,Y 公司采用 EPC 合约安排的原因如下。

1. M酒店不接受现销模式

在现销合约安排下,M 酒店向 Y 公司支付 22 万元取得节能设备后,自行维护,将会承担很大的财务风险和运营风险:①M 酒店当时还处于投入期,资金压力比较大。②该地区同行业使用节能设备不是很普遍,对节能设备的技术有所顾虑,担心无法达到预期的节电效率,更担心安装设备会影响企业的正常运行。③对方不提供维护、升级等服务,无法解决节能设备长期运营过程中维护、升级的问题。

2. Y公司不接受融资租赁模式

融资租赁的合约安排下,租赁期为 30 年,M 酒店取得该设备时,须向 Y 公司交纳担保费用 2 万元,然后,每年向 Y 公司支付固定租金 2.67 万元,此时有担保的税后利率为 13%。设备产生的全部节能收益归 M 酒店。租赁期满,M 酒店取得设备的所有权。

谈判中,M 酒店可以考虑融资租赁,而 Y 公司不同意。对于 M 酒店而言,取得该设备时只需交纳少许的担保费用,分期偿付设备价款,这不会给 M 酒店资金周转带来太大压力,并且还能享有全部节能收益;但 Y 公司根据自己的经验判断,融资租赁的获利水平低,而且投资回收期很长,故不愿采用融资租赁方式。

3. 双方都愿意接受EPC模式

EPC 模式中,M 酒店零投入,享有节能收益,无须承担任何运营风险,自然愿意接受这种合约安排。因为 M 酒店取得使用设备时无须投入资金,Y 公司不仅提供设备,而且提供维护、升级等附加服务,承担节能设备运营的全部风险,这是前面两种合约安排所不具备的。

Y 公司也愿意接受 EPC 模式,因为在该模式下 Y 公司的获利水平很高,并且投资回收期较短。Y 公司的实施成本会因合约安排方式不同略有差异,如果现销和融资租赁的实施成本为 10 万元,EPC 模式下实施成本为 10.06 万元。根据表 11-1 数据,比较 Y 公司三种合约安排下的投资财务指标(表 11-2)可发现,Y 公司接受 EPC 模式净现值率几乎是融资租赁的 3 倍,动态投资回收期远低于融资租赁的 1/2。也就是说,相对于融资租赁模式,Y 公司采用 EPC 模式的获利水平大大提高,而且资金回收速度加快,对 Y 公司提升运营能力非常有利。

表 11-2 各种合约安排下 Y 公司的投资财务指标比较

合约安排	净现值/元	净现值率	动态投资回收期/年
现销	120 000.00	1.200	0.00
融资租赁	120 145.00	1.201	4.04
EPC模式	362 671.10	3.421	1.37

该案例说明，EPC 模式是节能服务公司拓展市场的一种有效的合约安排。通过访谈发现，Y 公司主要是通过 EPC 模式开拓市场，在已开拓的市场中，有 92% 项目采用这种合约安排。通过这种合约安排打开节能市场之后，节能服务公司又遇到了另一个难题：在自身资源有限的情况下，如何满足市场的大量需求？

11.2.2　Y 公司设备供给的合约安排

通过对 Y 公司的 X 总裁进行深度访谈，发现在节能设备供给的方面，存在一个非常有效的合约安排——售后回租。所谓售后回租，是指节能服务公司先把自己拥有的设备卖给租赁公司获得现金，然后再作为承租方将所出售的设备租回，分期付租金。下面仍以 Y 公司为例，分析售后回租在实践中的优越性。

Y 公司在成立之初的第 2 个月，出现了 16 家用能单位购买 Y 公司节能设备进行节能改造的意向。当时，Y 公司只有 5 套设备，剩余资金已不足以生产第 6 台设备。Y 公司技术部对 16 家用能单位的用能工况资料进行分析，发现其中有 12 家存在很大的节能空间，远远超过公司采用 EPC 模式实施节能项目的标准。根据上面估算的结果可知，除去实施成本 10.6 万元，平均每投资 1 套设备净赚 36 万元，那么，若投资这 12 个节能项目，将会获得 432 万元的净利润。这时，Y 公司 X 总裁明白，若能拿下出现在面前的全部项目，那对公司发展将是一个难得的契机。

面对这个天赐良机，Y 公司却一筹莫展、束手无策，因为要把这批项目拿下来，首先需要资金生产其余的 7 台设备。最初，Y 公司向银行申请贷款，银行在对 Y 公司资料进行审核评估后，表示 Y 公司的固定资产不足以用来担保，不符合贷款条件。随后，Y 公司联系租赁公司，希望能通过直接租赁取得设备，即租赁公司按 Y 公司的规格要求购买该设备，再将设备租给 Y 公司。同样，租赁公司也以公司资产不足以担保为由，拒绝了直接租赁的请求。但租赁公司随后给 Y 公司提供了一个建议，Y 公司可以通过售后回租方式获得再生产节能设备的资金，这样可以降低租赁公司的风险。Y 公司考虑再三，意识到这是一种有效的融资方式，两天后，与租赁公司共同签署了售后回租协议，最后，顺利地生产了其他 7 台设备。

该案例说明，售后回租是一种非常有效的合约安排方式。理论上，节能服务公司只要拥有 1 台设备，就可实现设备的无限供给。首先，节能服务公司将 1 台设备卖给租赁公司，它就获得生产第 2 台设备的资金，然后，通过回租方式取得第 1 台设备的使用权，供用能单位使用，获得的节能收益足以支付租赁公司所需利息，还有利润。接下来再将生产的第 2 台设备卖给租赁公司，获得生产第 3 台设备的资金。如此循环，可以实现设备的无限供给，从而满足扩大的市场需求。

总之，节能厂商在资金不足、规模有限的情况下，通过售后回租的合约安排，可以有效突破融资难的瓶颈，实现设备的无限供给。

11.3 合约安排的有效性解释

不同的合约安排导致企业不同运营绩效的实质在于，合约相关者是否有剩余，只有在合约相关者均有剩余的情况下，一个项目才可能被各方接受，自动执行。在古典经济学中，"交易"会产生"消费者剩余"和"供给者剩余"（Schumpeter，1934）。受这一概念启示，我们构建了"合约相关者剩余"概念，解释合约安排影响企业运营绩效的内在机制（Donaldson & Preston，1995）。"合约相关者剩余"包括"消费者剩余"和"供给者剩余"。"消费者剩余"是消费者购买某商品愿意支付的最高价格与实际支付的价格之间的差额，而"供给者剩余"是供给者卖出某商品的实际价格与愿意卖出的最低价格之间的差额。在自由自主的情况下，双方都有"剩余"才会交易，任何一方没有"剩余"，则交易不成。"剩余"就是"价值"，价值由交易而产生。换言之，合约安排以合约各方"剩余"价值为中介影响企业的运营绩效（Bacharach，1989）。不同的合约安排，合约相关者剩余不同，最终导致企业运营绩效的差异。

11.3.1 市场拓展合约安排的有效性解释

Y公司市场拓展的三种合约安排——现销、融资租赁和EPC中，合约相关者剩余机制存在很大的差异。

1. 现销合约

主要是"消费者剩余"低。其主要表现如下：①在"一手交钱、一手交货"的销售模式下，消费者必须以全额购买节能设备，初期投入非常大；②消费者自行实施节能改造、保养、维护和升级等工作，将承担很大的运营风险；③消费者对设备性能的判断具有不确定性，担心花费巨大人力、物力和财力的同时，节能设备对企业正常运作产生负面影响。基于以上考虑，消费者往往不愿意出很高的价格购买节能设备，消费者愿意支付的最高价格与实际支付的价格之间的差额低，消费者剩余也就低，甚至是负数，这时节能设备交易失败。

2. 融资租赁合约

"消费者剩余"和"供给者剩余"都比较低。"消费者剩余"方面：①消费者自行实施节能改造、保养、维护和升级等工作，将承担很大的运营风险，这点与现销合约相同。②消费者的财务风险大。虽然消费者能独自享有节能收益，但这部分收益并不一定稳定，而且项目初期消费者要先付一笔高额的设备租赁保证金，后续还要付租金，消费者的效益难以保证。"供给者剩余"方面：①在节能设备价值低的情况下，以设备价值为基础的融资租赁收益不高。②节能租赁模式的周期很长，单纯地依靠定期定额的租金来偿还节能设备的本金，需要的时间很长，一般都占节能设备经济寿命的 75% 以上，这会使节能服务资金周转速度放慢，加大了供给者的资金压力。换言之，消费者愿意支付的最高价格与实际支付的价格之间的差额低，消费者剩余低；而供给者卖出某商品的实际价格与愿意卖出的最低价格之间的差额低，供给者剩余低。

3. EPC

"消费者剩余"和"供给者剩余"都很高。"消费者剩余"方面：①消费者零投入，财务风险低。节能服务公司负责节能改造，设备安装、保养、维护和升级等服务。②消费者运营风险低。消费者与节能服务公司按比例分享节能效益，二者的利益相关，消费者不再怀疑节能设备的性能和对自身正常运营的影响。③消费者能分享每期的节能效益。合约期满后，消费者将拥有节能设备所有权，并独自享有节能效益。"供给者剩余"方面：①节能服务公司能够从项目中长期稳定地获得大部分的节能收益，收回投资的同时，获得合理利润。这部分利润将远远高于现销和融资租赁的收益。②有了客户信任和长期稳定的收入，节能服务公司可以通过同类项目的开发来大量拓展节能市场。换言之，消费者实际支付的价格为零，分享节能效益而愿意支付的最高价格就是消费者剩余，与实际支付价格不为零的现销和融资租赁方式相比，消费者剩余更大；供给者实际卖出价格也为零，考虑到设备运行后所带来的高额收益，为了使消费者接受交易，供给者不仅不收一分钱，还愿意付出很高的额外成本，此时，愿意付出的额外成本就是供给者剩余。总之，合同能源管理中，消费者与供给者的剩余都很高。

11.3.2　厂商无限供给合约安排的有效性解释

Y 公司的厂商无限供给合约中，用能单位、租赁公司和节能服务公司三方都有剩余：①用能单位实施合同能源管理，其消费者剩余不变。②租赁公司的剩余体现在，第一，租赁公司以一定的资金购买设备后再将设备出租，可以获得长期稳定的租金收入，其收益远大于该笔资金存入银行的利息收入。第二，租赁公司拥有节能设备所有权，并且能预见节能设备所能带来稳定的节能效益，其财务风险非常低。③节能服务公司的剩余体现在，第一，节能服务公司资金有限时，用出售设备所得的现款再回租节能设备，可以改善公司的财务，为下一个节能项目提供资金。通过回租方式的"复制",节能公司能实现节能设备的无限供给,不断拓展节能市场。第二,节能服务公司将与用能单位交易所获得的一部分剩余分给了租赁公司,但是下一个节能项目所带来的收益将远大于所失去的剩余。换言之,用能单位、租赁公司和节能服务公司都获得了剩余,实现了多方共赢。综上所述,节能服务公司的市场拓展合约和厂商无限供给合约中,合约相关者剩余的不同导致了节能服务公司经营绩效和市场拓展的差异。只有当合约相关者都有剩余时,合约才会被各方接受,自动执行,任何一方没有剩余,则交易不成。另外,合约相关者剩余越多,合约各方的接受度、自动执行效率、交易所带来的价值也越高。

11.4 结语

本文以 Y 公司为例,分析了在市场机制中,不同合约安排对节能项目实施效果产生的显著差异。需求方面,节能服务公司拓展市场的合约安排有三种,即现销、融资租赁和合同能源管理,其中,合同能源管理最为有效;供给方面,节能服务公司在自身资源有限的情况下,通过售后回租的合约安排,可以实现节能设备的无限供应。另外,以"合约相关者剩余"为基础,解释了节能服务公司合约安排影响企业运营绩效的内在机制,即不同合约安排之所以产生不同效果,在于合约相关者是否有剩余,只有当合约相关者都有剩余时,合约才会被合约各方接受,自动执行,任何一方没有剩余则交易不成。

本研究结果的意义在于,理论上,构建了"合约相关者剩余"概念,揭示了自动执行机制的内在动力,为研究管理现象提供了一个新的视角(Eisenhardt,1989)。同时,也为管理研究者挖掘管理实践中的民间智慧、构建管理理论提供了有益的启示。实践中,为克服推广节能减排项目的工作阻力,促进我国的节能减排工作由政府强制实施向市场自动执行转化,提供了成功的范例(Bartunek et al.,2006)。

第 12 章
合约安排与市场拓展关系研究[①]
——合约成败的根源

摘　要：合约机作为一种新颖的营销手段，被电信运营商广泛采用。中国联通先后推出了 CDMA 和 WCDMA 两种合约机，然而二者市场拓展效果却差异显著。个中原因，值得探索。以湖南省常德市联通分公司为例，通过访谈资深员工、查阅历史资料、分析数据、对比竞争性解释，发现合约安排是导致两种合约机市场拓展效果差异的重要原因，而合约相关者剩余是其作用的内在本质。该研究在理论上，验证了合约安排是解释经济现象的一个重要自变量，构建了以"合约相关者剩余"为中介变量的合约安排与市场拓展关系的概念模型；实践中，为挖掘最优的合约安排、提高电信运营商市场拓展绩效，提供了重要的启示。

关键词：合约安排；客户获取；客户保留；合约相关者剩余；竞争性解释

自 1994 年移动电话出现以来，为了抢占市场份额，移动通信市场的电信运营商开发了各种各样的营销策略，手机合约机就是其中一种新颖的营销手段，吸引了众多管理学者的关注。中国联通公司以"预存话费获手机"的形式，于 2002 年和 2010 年先后推出了 CDMA（Code Division Multiple Access，码分多址无线通信技术）合约机、WCDMA（Wideband Code Division Multiple Access，宽带码分多址技术）合约机拓展市场。然而，这两种合约机的市场拓展效果差异显著，其原因何在，却很少有人进行研究。本文以湖南省常德市联通分公司为例，从"合约安排"的视角，探讨这两种合约机市场拓展效果差异的原因，并揭示其作用的内在机制。

12.1　文献回顾

中国联通两种合约机的市场拓展效果显著不同，本研究认为是由于合约安排

[①] 沈超红，卢孟孟，刘芝兰. 合约安排与市场拓展关系研究——基于联通公司的案例分析 [J]. 中南大学学报（社会科学版），2014, 20(6): 86-93.

的不同所致，而"合约相关者剩余"是影响其效果差异的内在机制。为了使本研究建立在坚实的基础上，下面对研究中的自变量"合约安排"、因变量"客户获取"与"客户保留"、中介变量"合约相关者剩余"进行文献综述。

12.1.1 合约安排

合约安排是交易方式的选择，它是交易的内容与形式、权利与义务的组合，由 Alchian 等（1972）和 Cheung（1983）在探索企业性质的过程中提出。合约安排有多种表现形式，Williamson（1979）交易费用经济学认为，经济组织都是一种合约安排，是一种经济节约的机制；张五常（2007）认为，对人与人之间竞争行为的一些约束是合约安排，这种合约安排可以是产权制度、承包责任制、土地的权利设计等。

之所以会存在不同的合约安排，是因为：第一，由于自然风险的存在，不同的合约安排将会在合约各方之间，产生不同的收入分配差异；第二，不同的合约安排，产生的交易费用也不同（Cheung，1969）。前人的文献研究发现，从总体上来说，交易成本、信息不对称（Dahlman，1979）等因素，导致了不完全契约的存在；从微观方面而言，交易经验（Ryall & Sampson，2009）、交易次数等因素都会影响合约安排的具体内容和形式。

不同的合约安排会产生不同的结果（Williamson et al.，1975）。在佃农耕种地主土地的交易中，Cheung（1969）提出工资合约、收入分成合约、租金合约这三种合约安排，他认为收入分成合约具有分担风险的优势，而其他两种合约则具有降低交易成本的优势；在调查中国农业的合约安排与合约执行之间的关系中，Guo 等（2008）发现，不同的合约安排会导致小农合约履行率的不同；在企业发展的策略中，Klein 等（1997）认为，"垂直一体化"是促进合约自动执行的一种特殊合约安排，在市场不确定情况下，相比于特定性能的合约安排，垂直一体化更可能保证租金的事后分布；Agrawal 等（1995）经研究发现，特许经营合约中版税率和监督成本合约安排的不同，对特许经营许可人和被许可人的作用影响不同。

12.1.2 客户获取

客户获取，有两种不同的界定方式（Blattberg & Deighton，1996）：一种只包括一个客户的初次购买；另一种不仅包括一个客户的初次购买，还应该包括公司与他购买后的非购买联系，直到该客户作出第二次购买为止。研究者广泛认可后一种界定方式，因为它不仅涵盖了客户与企业之间的最初联系，还描述了客户与企业之间的后续发展阶段，在这个过程中，客户会对这个企业的产品和附加服务进行评价，以确定是否再一次进行交易。

影响客户获取的因素有多种。张进智等（2008）通过实证研究发现，客户获取主要受客户重视程度、公司品牌以及转换障碍三个因素的影响，其中客户重视程度、公司品牌与客户获取呈正相关，而对已使用相似产品的客户，转换障碍与客户获取则呈负相关。Villanueva等（2003）认为，客户获取的驱动要素主要包括：第一，新的进入者，它们的出现对客户获取有很大影响，是因为新进入者会想方设法地吸引客户，从而提高了客户获取的难度；第二，转换成本，如果客户在未来具有很高的转换成本，则企业在未来获取这种客户就会特别困难，相应地，竞争也会相当激烈；第三，产品购买频率，对于购买频率很低的产品，由于客户保留很难增加，则更要重视客户获取；第四，产品的生命周期，其不同阶段，对企业客户获取有不同的影响。

12.1.3 客户保留

在过去的文献中，对于客户保留的认知有三种观点：第一种观点认为，客户保留是一种行为的体现，如Hennig-Thurau等（1997）将"客户保留"定义为重复的光顾或购买；第二种观点认为，客户保留是一种态度的体现，如Jones等（2000）将"客户保留"定义为一种"再购买的意愿"；第三种观点认为，客户保留是态度和行为的综合体现，如Gerpott等（2001）认为客户保留是维持企业和客户之间建立的交易关系，它包括客户购买行为以及对未来保持的态度倾向。

上面三种观点揭示了客户保留的内涵，而从其前因上来看，影响客户保留的因素有多种，如客户满意、客户忠诚、转换成本等（Sed et al.，2008）。其中，Gerpott等（2001）认为，客户满意通过客户忠诚影响客户保留；金立印（2009）认为，转换成本对客户保留有显著的正影响；而吴兆龙等（2004）经研究发现，客户保留是客户忠诚和转换成本共同作用的结果。

对于客户保留的后果，学者一致地认为客户保留和企业盈利水平之间关系比较密切。Steenkamp（1989）认为，客户保留对企业营销份额会产生直接和即时的影响。Reichheld（1996）研究发现，客户保留率会直接和间接地影响企业盈利水平，其直接影响为：维持在某一微小变化上的客户保留率，会影响企业拥有客户的数量；其间接影响为：客户保留率对客户关系维持的平均时间长度的影响，对于大多数的产品，客户关系持续的时间越长，客户每年的平均消费就越多。跨行业的研究发现，当客户保留率增加5%时，平均客户生命周期利润就会增加50%，而在保险行业中，甚至会增加90%（Gillies et al.，2002）；当客户离去率减少5%时，企业获利可增加25%～85%左右（Reichheld & Sasser，1990）。

12.1.4 合约相关者剩余

合约相关者剩余是指"愿意成交的极限价格，与实际成交价格之间，交易主体所期盼的差异"。它是在吸收"合约"、"利益相关者"（Freeman，1984）、"消费者剩余"（Marshall，1890）这三大理论的基础上提出的。

CHS具有很强的理论价值。在继承了"剩余"这一主观价值理念的基础上，第一，提出了"格式塔合约"（Wertheime，1921）和"非格式塔合约"，用其描述多方合约的整体性质；第二，提出了"合约相关者"，用其弥补"利益相关者"边界较模糊的缺陷；第三，拓展了剩余的主体，不仅包括消费者、供给者的剩余，而且涵盖了企业家、中介组织者等的剩余，从整体视角，用一个概念将所有交易主体的剩余包含其中。

CHS主要应用在以下三个方面：①测度创业绩效。沈超红（2006）认为，创业组织是一个合约中心，创业的成功程度，外在形式上可以用合约的数量与质量来测度，而内在本质上是用"创业项目所创造的CHS"来测度。CHS越高的创业，则其创业绩效、创业成功率就越高。②解释企业的产生。CHS为企业的产生提供了一个新的视角，该理论认为，在平等自由的条件下，企业的产生是构建了一个合约相关者均有剩余的机会，只有当诸合约相关者从企业交易中获得的剩余高于其从市场交易中获得的剩余时，企业才有产生的价值。③解释合约安排影响市场拓展效果差异的内在作用（沈超红等，2010）。节能服务公司不同的合约安排，导致其市场拓展绩效的差异，其本质在于诸合约相关者剩余的差异。只有当合约相关者都有剩余时，合约才能自动执行，其市场才能有效拓展。

综上所述，客户获取和客户保留，是多种因素作用的结果，其中合约安排是个关键的因素，可以用CHS来解释合约安排影响市场拓展的作用机制。因此，本研究也试图从"CHS"的视角，揭示中国联通公司两种合约机市场拓展效果不同的内在机制。

12.2 研究方法

12.2.1 案例选择

本研究采用解释性案例研究方法，探索合约安排对产品市场拓展效果的影响及其内在作用机制，其原因在于：一方面，案例研究是提出新概念，构建和验证理论的一种有效方法，是研究"怎么样""为什么"问题的首选方案（Yin，

1981）；另一方面，在解释性、描述性、探索性三种类型案例研究中，解释性案例研究更侧重通过案例分析解释观察现象中的因果关系（Yin，1994）。

为了验证理论，案例研究应采用理论抽样（theoretical sampling）来进行案例选择（Glaser & Strauss，1967）。理论抽样的目的是有意选择独特的、具有代表性的样本作为研究对象。因此，选择湖南省常德联通作为案例，一方面，湖南省常德联通 CDMA 合约机和 WCDMA 合约机的营销，与本文研究问题契合；另一方面，能保证数据的可获取性和真实性，因湖南省常德联通总经理是笔者的 MBA 学生，能为获取真实有效的数据提供便利。

12.2.2　数据来源

数据获取遵循了多方法相结合的策略，包括：①文献资料。通过研究合约机相关文献，获取相关分析数据。②深度访谈。通过访谈湖南常德联通的资深员工，获取 CDMA 合约机和 WCDM 合约机的具体合约安排及相关信息。③档案记录。通过查阅两种合约机的相关档案记录，收集市场拓展效果相关的数据资料。

12.3　案例及其结果

12.3.1　案例背景

联通公司是中国三大电信运营商之一，但国内移动通信市场长期处于中国移动一家独大的局面。2009 年中国电信行业迎来了 3G 网络时代，中国联通抓住了契机，终于成功崛起，以新型 3G WCDMA，于 2010 年 9 月推出"预存话费送机"合约安排，在 3G 市场上发展了与中国移动持平的 3G 用户数，且在 3G 用户数的增长率上比中国移动更高，打破了中国移动一家独大的局面。然而，令人费解的是，早在 2002 年，中国联通就推出了"预存话费送机"的合约安排，试图以优于 GSM（Global System for Mobile Communications，全球移动通信系统）的 CDMA 推广 CDMA 合约机，提高自己在中国电信行业的竞争力，争取更多市场份额，但却未取得理想的推广效果。

CDMA 和 WCDMA 分别是 2G 网络和 3G 网络中最成熟的技术。前者是国家为了增强中国电信市场的竞争性，特许联通建设。它是第二次世界大战期间因战争需要，为防止敌方进行通信干扰而专门研发的军事专用通信技术，与 2G 网络技术 GSM 相比，CDMA 具有辐射低、保密性强、上网快、可以直接升级到 3G 等技术优势。而后者是全球现有 3G 技术中最成熟且应用最广泛的技术，具有系统容量更大、话音质量更优、数据速率更快、抗衰落能力更强等技术优势，且能通过现有的 GSM 网络平稳过渡到 WCDMA 系统。2009 年中国电信业 3G 时代来临时，中国联通获得第三代移动通信牌照。

尽管 CDMA 和 WCDMA 分别是 2G 和 3G 网络中最成熟的技术，而且 2G 网络 CDMA 合约机的"预存话费租机"和 3G 网络 WCDMA 合约机的"预存话费送机"，都是以用户预存一定金额的话费免费获取手机的形式进行推广，但市场拓展效果却差异显著。

导致这种差异的原因有很多，网络、手机功能、消费者群体等方面的不同，对市场拓展效果都有一定影响。但是，合约安排是影响市场拓展效果的一个不可忽视的因素。现以湖南省常德联通为案例，对 2G 网络 CDMA 合约机和 3G 网络 WCDMA 合约机的合约安排进行分析。

12.3.2 合约安排及市场拓展

1. 2G网络CDMA合约机的合约安排及市场拓展效果

为了推广 2G 网络 CDMA 合约机，中国联通采取了一种特别的合约安排——"预存话费租机"，其中涉及三方合约主体，分别为 CDMA 手机供应商、常德联通分公司、CDMA 合约机用户。

（1）常德联通分公司与手机供应商。中国联通华盛有限公司负责与手机供应商洽谈，统一采购 CDMA 合约机的相应机型，再将手机分派到联通地市级分公司。通过合作，手机供应商将手机直接销售给华盛公司而获利，而联通公司也得到了稳定的合约终端机货源。

（2）常德联通分公司与 CDMA 合约机用户。常德联通将 CDMA 用户分为大众市场用户和高端市场用户，而针对不同市场用户制定的合约机合约安排，除了购机比例、承诺在网时长等有相应调整，合约安排形式无显著差异。为方便与 3G 网络 WCDMA 合约机对比，本研究选取高端用户市场"1.2 倍预存话费租机"的合约安排。

"1.2 倍预存话费租机"的具体合约安排是这样：在租机合约签订时，用户一次性向常德联通支付预存话费送机价 Y (Y=1.2× 手机零售价)，并选择相应资费套餐，同时承诺在网时长 12 个月，月最低消费额度 $Y/12$。签订合约后，常德联通将用户缴纳的一次性预存话费全部作为用户的"自由话费"，并为用户提供一部 CDMA 手机，但用户此时仅获得 CDMA 手机的"使用权"，在合约期满或一次性预存话费用完时，才能获得手机的"所有权"，否则用户必须将 CDMA 手机归还给常德联通。

不难看出,"1.2倍预存话费租机"合约安排对CDMA合约机用户和常德联通都有好处。对于CDMA合约机用户,签订合约后,不仅一次性预付款全部作为自己的自由话费,还可以获得一台CDMA手机;对于常德联通,签订合约不仅可以获得"0.2×手机零售价"的收益,还能提高用户至少保证12个月在网的可能。

然而,联通公司2G网络CDMA合约机并没有取得理想的市场拓展效果。根据常德联通提供的数据,CDMA用户的平均在网时长仅为11个月;不仅如此,不少合约机用户在用完首次支付的预存话费后,就不再使用此联通号码,此时CDMA手机归用户所有,而联通公司除了能从用户首次预存话费中获取收益外,不能再额外挣到一分钱利润。因此,"预存话费租机"合约安排并没有为联通公司带来预期的盈利。

2. 3G网络WCDMA合约机的合约安排及市场拓展效果

联通公司在3G时代来临时抓住契机,吸取了2G网络CDMA合约机拓展市场失败的教训,改进了当年CDMA合约机产品的"预存话费租机"合约安排,推出采用"预存话费送机"合约安排的联通3G网络WCDMA合约机。

3G网络WCDMA合约机的"预存话费送机"合约安排也涉及三方主体,分别为手机供应商、常德联通、WCDMA合约机用户。

(1)常德联通分公司和手机供应商。与2G网络CDMA合约机一样,3G网络WCDMA合约机的相应机型都由中国联通总部与手机供应商洽谈,统一收购,再将终端机分派到联通地市级分公司。通过合作,手机供应商直接销售手机给常德联通而获利,而常德联通也保证稳定的合约终端机供应。

(2)常德联通分公司和WCDMA合约机用户。对于"预存话费送机"的合约安排,首先,签订合约时,用户需选择手机机型、相应话费套餐及在网时间,月最低消费即为套餐资费;然后,一次性支付费用,用户即可获得一台相应WCDMA手机的"所有权",而且此费用全部变为用户的预存话费,但并不是作为无使用时间与使用额度限制的"自由话费",而是由常德联通在合约期内平均"分月返还"。

(3)与CDMA合约机的"预存话费租机"合约安排相比,WCDMA合约机的"预存话费送机"合约安排中有两点不同:第一,一次性缴纳预存话费后,用户即获得手机的"所有权",而不仅仅是"使用权";第二,用户在合约期内,返还的话费低于所选套餐资费,因此用户每个月必须向联通公司额外存入一笔话费。

联通公司3G网络WCDMA合约机取得了理想的市场拓展效果。"预存话费送机"的合约安排推出后,得到了消费者的广泛认可,发展了大量有效客户,还带动了 3G 用户总量的迅速增长。根据常德联通提供的数据，3G 网络 WCDMA 合约机平均每月新增用户仅 iPhone 合约机就高达 306 户，且平均用户在网时长长达 20 个月。由此看出，在客户获取和客户保留方面，联通公司 3G 网络 WCDMA 合约机取得了理想效果。

为何改进后的 3G 网络 WCDMA 合约机的"预存话费送机"合约安排，成功为中国联通争取到可观的市场份额，而 2G 网络 CDMA 合约机却没取得预期效果？我们将从合约相关者剩余的角度，对合约安排如何影响市场拓展效果进行分析。

12.4 理论模型与结果分析

12.4.1 理论模型

不同的合约安排，导致市场拓展效果不同，实质在于合约相关者是否均有剩余。只有在诸合约相关者均有剩余的情况下，一个合约才能顺利执行，任何一方没有剩余，交易就无法持续进行。

联通公司的 3G 网络 WCDMA 合约机的市场拓展成效显著，而 2G 网络 CDMA 合约机却难以为继，就是因为前者构建的合约安排保证了合约各方均有剩余，而后者的合约安排却无法保证联通公司自身的剩余。

因此，合约相关者是否有剩余，是合约安排是否有效的本质所在。本文将采用"合约相关者剩余"为中介变量的理论模型，以解释不同合约安排对市场拓展绩效的影响，如图 12-1 所示。

图 12-1　合约安排与市场拓展概念模型

12.4.2 结果分析

为了有效比较 2G 网络 CDMA 合约机与 3G 网络 WCDMA 合约机的合约安排，本文将在两种合约安排中，选取价格相近的合约机进行比较，2G 网络 CDMA 合约机选取一次性预存 5 592 元获取的"三星 W399"合约机，3G 网络 WCDMA 合约机选取一次性预存 5 499 元获取的"16G iPhone5"合约机。

1. 2G网络CDMA合约机的合约相关者剩余

一次性预存 5 592 元获取 2G 网络"三星 W399"合约机的合约安排,涉及三方合约主体,即手机供应商三星公司、常德联通和 CDMA 合约机用户,各方的剩余分析如下。

(1) 三星公司的剩余。常德联通以高出手机成本的价格,向三星公司大批采购"三星 W399"CDMA 手机。对于三星公司来说,首先,可以直接获得手机成交价与成本价之间的差额利润;其次,可以迅速收回生产"三星 W399"手机的成本;最后,按订单生产"三星 W399"手机,可将手机滞销风险转移给联通。不难看出,这种合约安排下,三星公司获得的剩余不少。

(2) CDMA 合约机用户的剩余。首先,与在市场上购买"三星 W399"裸机,再存入话费来保证每月的通话消费相比,虽然用户能享受同样的通信服务,但购买 CDMA 合约机用户大约可以节省 4 660 元,因为 CDMA 用户交付 5 592 元给常德联通后,不仅获得了一台价值 4 660 元的"三星 W399"CDMA 手机,同时,自己的 CDMA 手机号码中存有 5 592 元的"自由话费",用户可以选择每月只消费租赁协议中规定的每月最低消费额度,也可以超额消费,甚至根据自己的通话需求,一个月将 5 592 元的话费全部用完,因此可以节省 4 660+5 592-5 592= 4 660 元。其次,用户可以提前获得手机的"所有权"。因为 5 592 元自由话费没有使用时间和使用额度限制,而协议规定,首次预存话费 5 592 元用完时,合约机协议就自动终止,用户即可获得三星 W399 手机的"所有权"。因此,一旦用完首次预存话费,手机就归用户所有。显然,CDMA 合约机用户获得的剩余也很多。

(3) 常德联通的剩余。首先,常德联通需要承担一大批"三星 W399"CDMA 手机的滞销风险。其次,CDMA 合约安排并不能保证 CDMA 合约机用户的在网时间,因此不能保证为常德联通带来利润,因为 CDMA 合约机用户须保持在网时间达到 6 个月以上,常德联通才能开始盈利,但首次预存话费无使用额度和使用时间的限制,用户很可能在 6 个月之内,就用完 5 592 元的话费,不再使用此号码,转而使用其他手机号码,这样常德联通就没有额外盈利。毫无疑问,常德联通可能没有剩余。

从合约三方分析可知,2G 网络 CDMA 合约机的"预存话费租机"合约安排,虽然对于消费者和手机供应商都有剩余,但对常德联通来说却可能没有剩余。合约各方只要有一方没有剩余,合约就无法继续执行下去,所以 CDMA 合约机的合约安排,注定难以为继。

2. 3G网络WCDMA合约机的合约相关者剩余

一次性预存 5 499 元获取 3G 网络"16G iPhone5"合约机的合约安排，涉及三方主体，分别为手机供应商苹果公司、常德联通以及签订 iPhone5 合约机协议的常德联通用户，各方的剩余分析如下。

（1）苹果公司的剩余。首先，与联通公司一家合作，不仅可大大降低苹果公司的交易成本，还能降低库存成本，迅速回笼资金。其次，iPhone 与 WCDMA 结合，提升了苹果手机的声誉，因为 iPhone 产品需要好的 3G 网络才能彰显其性能的优越性，与最成熟的 3G 技术 WCDMA 相结合，可以使苹果手机的用户体验到更流畅的运行效果，促进了苹果手机口碑的建立。由此可见，苹果公司可获得的剩余很多。

（2）WCDMA 合约机用户的剩余。首先，与在官网上购买"16G iPhone5"裸机，且选择套餐月费为 286 相比，虽然用户能享受同样的通信服务，但购买合约机的用户大约可以节省 5 288 元，相当于免费获得一部 iPhone 手机。因为购买裸机且选择 286 的套餐月费，用户 24 个月的花费为：5 288+286×24=12 152 元；而购买合约机，用户 24 个月的花费为：5 499+ (286-217)×23+(286-208)×1-300= 6 864 元，因此用户可以节省 12 152-6 864=5 288 元。其次，用户与联通签订购买合约机的协议后，可以立即获得合约机的"所有权"，而不用等合约到期时才拥有，这样用户会真正感觉到 iPhone 手机是联通公司送的，自己没花一分钱。毫无疑问，选择联通 iPhone 合约机，用户肯定有剩余。

（3）常德联通的剩余。首先，通过与苹果公司合作，联通公司可以提升自身形象，为争夺 3G 市场份额增加了筹码；其次，合约期内每个月都能通过合约机用户盈利。由于常德联通每月返还给合约机用户的话费，低于用户选定的套餐月费，因此，若要保证合约机能正常使用，用户每月必须额外预存话费以满足套餐消费要求。不难看出，常德联通也一定有剩余。

从合约三方分析可知，联通公司 3G 网络 WCDMA 合约机的合约安排，对于手机供应商、常德联通和合约机用户三方均有剩余，因此合约能够顺利执行，WCDMA 合约机在营销上取得了成功。

12.4.3 外部效度

联通公司的 2G 网络 CDMA 合约机与 3G 网络 WCDMA 合约机，都以"预存话费送手机"的形式，在全国范围内进行推广，但因二者合约安排不同，合约相关者的剩余不同，市场拓展效果差异显著。前者于 2002 年开始推广，却因无法保证联通自身的剩余而难以为继；而后者于 2010 年 9 月底开始进行推广后，市场拓展效果显著,带来了 3G 用户数的持续大幅增长。2013 年 6 月,联通公司 3G 用户数就超过了 1 亿。

在联通公司 3G 网络 WCDMA 合约机市场拓展成功后,中国移动、中国电信也纷纷采用相似合约安排,且套餐资费都是以联通 3G 网络 WCDMA 合约机为标准进行设计。中国移动于 2012 年 1 月着手在全国范围内推广"预存话费 0 元购 3G 手机"活动;中国电信于 2012 年 3 月,以"存款送机"形式推出合约机,在当年第二季度净利润就达到 45.5 亿元,比 2011 年同期增长了至少 1 倍。

根据 Yin(1981)的复制逻辑(replication logic),当一个假设关系在多个案例中出现时,其有效性就得到了进一步的证实。从中国移动、中国电信都选择了模仿联通公司 3G WCDMA 合约机的合约安排,而非模仿 2G CDMA 合约机的合约安排,可以看出,3G WCDMA 合约机的市场拓展效果优于 2G CDMA 合约机。也就是说,不同的合约安排会导致不同的市场拓展效果。只有能为诸合约相关者都带来剩余的合约安排,才能取得理想的市场拓展效果,才会被持续采用。

12.4.4 竞争性解释

Yin(1994)指出,为提高研究假设的说服力,案例研究中还需寻求外在的有关主要证据的竞争性解释,并检查这些解释的说服力。否则,随着竞争性假设的减少,其说服力通常会下降。竞争性解释(rival explanation),就是从其他证据中寻找假设关系所蕴含的另类关联,并检视其合理性。因此,有必要从联通公司合约机市场拓展影响因素、合约安排作用机制两方面,讨论本研究的竞争性解释。

1. 影响因素的竞争性解释

由上述分析可知,合约安排的不同,是导致联通公司 CDMA 合约机和 WCDMA 合约机市场拓展效果差异显著的一个重要原因。然而,影响市场拓展的并不是只有合约安排这一个因素,还存在其他竞争性解释,其中不少人认为,是 2G 与 3G 通信网络的不同、功能手机和智能手机的区别,导致了市场拓展的不同。

当然,不能完全排除 2G 与 3G 通信网络的不同、功能手机和智能手机的区别对市场拓展效果的影响。从通信网络来看,2G CDMA 和 3G WCDMA 虽是不同网络技术,但都分属 2G 时代和 3G 时代中最成熟的技术,且优势都在于能为当时的人们提供最优质的通信服务,因此二者对人们的吸引力差异应该不大。

而从手机功能来看,虽然功能手机与智能手机在性能上差异显著,但从当时人们对手机功能的需求来看,二者都是合乎时宜的,且不管是属于功能手机时代的 CDMA 合约机,还是智能手机时代的 WCDMA 合约机,推出的合约机类型都属于当时的高性能手机。例如 CDMA 合约机型号有诺基亚、三星、LG 等当时的一线品牌，WCDMA 合约机型号也有 iPhone、三星等现今的一线品牌，因此，手机类型也不是影响合约机市场拓展效果差异的一个重要因素。

相反，从中国移动和中国电信对联通公司 3G 合约机的效仿来看，足以充分说明合约安排是能有效影响市场拓展的一个重要因素。否则，在 3G 网络、智能机盛行的时代，移动和电信也没必要大费周章地在全国范围内，以合约机形式进行市场拓展。

综上所述，网络的不同、手机类型的不同，虽然对合约机的市场拓展差异有一定影响，但都不是最主要的因素，而"合约安排"才是导致两种合约机市场拓展差异的最主要原因。

2. 作用机制的竞争性解释

合约安排影响市场拓展的本质原因，不仅可以从 CHS 的视角揭示，还能从机会主义行为的角度进行探索。由于合约的不完全性（张五常，2007），任何一种合约安排都存在着漏洞，因此不同的合约安排下，可能存在的机会主义行为不同，导致诸合约相关者剩余不同，从而得到不同的市场拓展效果。

在 CDMA 合约机的合约安排下，首次预存话费是以自由话费的形式，一次性全额返还给 CDMA 用户，因此用户存在机会主义行为，虽承诺了两年在网时长，但其可能会在用完预存话费后，就不再使用此号码，转而使用其他手机号码。若这样联通公司就会没有盈利而无法保证自身的剩余。而 WCDMA 合约机的合约安排，抑制了用户的机会主义行为，因为首次预存话费是平摊到整个承诺的在网时长内，分月返还给用户，且返回话费低于用户套餐话费，用户必须每月额外向联通公司缴纳一定话费，才能保证首次预存话费的正常返还。这样，联通公司每月都能盈利，其剩余得到了保证。

因此，机会主义也可以在一定程度上解释合约安排如何影响市场拓展效果，然而从上述分析可以看出，在本质上机会主义与 CHS 作用机制具有一定兼容性，机会主义行为会造成合约一方没有剩余，从而使得合约无法自动持续执行。因此，合约相关者是否有剩余，才是合约安排作用的本质所在。

12.5 结论

本文研究发现，同样是"预存话费获手机"的合约，CDMA 合约机运行失败，而 WCDMA 合约机却成效显著，其原因是这两种合约机合约安排的不同。尽管这两种合约机市场拓展效果的差异是多种原因导致的，不能排除网络、手机功能等因素变化的影响，合约安排仍是一个极其重要但容易被忽视的影响因素。毫无疑问，这为管理工作者提高营销绩效提供了一个新的视角。

不同的合约安排之所以会导致不同的效果，其实质在于合约相关者是否均有剩余。尽管 CDMA 和 WCDMA 的合约安排都保证了手机供应商和合约机用户的剩余，但是 CDMA 合约机不能保证联通的剩余。因其将用户首次预存话费全部设为"自由话费"，并一次性返还，大多数用户可能在用完一次性返还的话费后，就停止使用该手机卡，联通因不能维持足够的用户在网时长而得不到剩余，合约难以为继。而 WCDMA 合约机能够保证联通的剩余，因其将首次预存话费平均"分月返还"给用户，每月返还的额度却低于套餐月费。一方面，用户必须每月额外存入一笔话费，这样联通可以每月获利；另一方面，用户为了得到全部返还的话费必须保持足够的在网时长，这样联通可以长期获利。因此 WCDMA 合约机能够保证合约各方均有剩余，从而成效显著。不难看出，只有在合约各方都有剩余的情况下，一种合约安排才能被合约各方接受，从而自动执行，这为判断合约安排的有效性提供了理论依据。

要说明的是，电信运营商之所以能采取"预存话费获手机"的合约安排，是因为在一定条件下，多增加一个客户，其边际成本趋向于零。如果不考虑固定成本，只要用户开始额外支付话费，电信运营商就可以盈利；而如果考虑固定成本，只要用户保持足够的在网时长，支付的话费超过平均成本，电信运营商就可以盈利。

本文的研究意义在于，在理论上，不仅验证了"合约安排"是解释经济现象的一个重要自变量，如果忽视它，必然降低对经济现象的解释力与预测力，有时甚至会导致错误的结论（张五常，2007）；而且揭示了合约安排作用的本质，发现了"合约相关者剩余"是合约安排影响市场拓展效果的中介变量。其在实践上，为电信运营商提高市场拓展绩效提供了一个新的且有效的分析工具；为"边际生产成本趋向于零"的企业，如软件企业，以及过剩经济条件下的酒店、航空等企业，如何设计合约安排以提高市场拓展绩效提供了重要启示。

然而，本研究仍存在有待进一步探讨的问题：第一，合约安排的解释力问题。在对比 CDMA 合约机和 WCDMA 合约机时，合约安排对市场拓展效果变异的解释程度，还需要进一步实证研究。第二，同种合约机的不同合约安排问题。本研究只比较了不同合约机的不同合约安排，未对同一种合约机不同套餐的合约安排进行探讨，如 iPhone 合约机不同的合约套餐，哪种合约安排使得各方剩余最大，可以进一步探讨。

第13章
"合约相关者剩余"视角下的"封贡互市"协议[①]
——贸易能终结战争

摘 要：明蒙"封贡互市"协议之所以能结束明蒙双方长期对抗局面，有效地促进双方经济社会发展，从"合约相关者剩余"的视角看，是因为"封贡互市"协议为明朝政府、蒙古俺答政权、明朝人民和蒙古人民四大利益相关者创造了剩余。而"封贡互市"协议有效的边界条件，是明朝在边境的军事实力超过或者至少相当于蒙古。

关键词：明蒙"封贡互市"；经济协议；合约相关者剩余；边界条件

1571年明蒙双方达成的"封贡互市"协议，既是一个政治盟约，更主要的是一个经济交流协议。"封贡互市"的达成，不仅对结束明蒙双方长期对抗的局面起到了重要作用，对双方的经济社会发展更是起到了不可估量的重大作用。它极大地促进了边境地区经济的繁荣，而且还带动了明朝南北经济之间的交流。既往的历史研究，多集中在"封贡互市"协议的成因、意义及其主导者等方面进行论说。而从经济学角度，分析该协议何以如此有效的研究尚付阙如。本文拟基于"合作相关者剩余"视角，对这一问题进行探讨。

13.1 "合约相关者剩余"的基本概念

"合约相关者剩余"，是S教授基于"利益相关者"理论（Freeman，1984）和"消费者剩余"（Marshall，1980）思想而提出的概念，认为只有在合约相关者均有剩余的情况下，合约才会被各方接受，从而自动执行（沈超红，2006）。对于购买者来说，CHS指的是其愿意支付的最高价格与实际成交价格之差；对于

[①] 沈超红，喻路遥."合约相关者剩余"视角下的"封贡互市"协议[J]. 中南大学学报（社会科学版），2016, 22(4): 111-115.

供给者来说，CHS 指的是实际成交价格与其愿意成交的最低价格之差；对于既是购买者又是供给者的创业者来说，CHS 指的是创业的实际收入与愿意从事创业的最低收入之差。

CHS 的提出，一方面能弥补"利益相关者"边界不清晰的缺陷。Freeman（1984）在 *Strategic Management*: *A Stakeholder Approach* 一书中，将"利益相关者"定义为"任何会影响组织目标实现，或是被组织目标实现所影响的个人或群体"。但是，对于谁是企业的利益相关者，谁是更值得重视的对象，学界至今没有达成一致（Mitchell et al.，1997）。"合约相关者剩余"，将"相关者"清晰地界定为"合约中直接交易的各个主体"。另一方面，其能拓展"剩余"的外部效度，"合约相关者剩余"不仅包括消费者剩余，还包括供给者、生产者、企业家等的剩余，仅用一个概念就将所有交易主体均包含在内，表述更为简洁。

13.2　CHS 视角下"封贡互市"协议的有效性

一个合约能否达成，取决于合约相关者是否均有剩余，只有在合约相关者均有剩余的情况下，该合约才能被各方接受，从而自动执行；任何一方没有剩余，则交易不可能达成（沈超红等，2010）。而不同的合约安排，之所以会产生不同的效果，其根本原因就在于它们创造的 CHS 不同，CHS 越高的合约，越容易被各方接受，自动执行的效果也就越好，具体实现合作剩余的模型如图 13-1 所示。

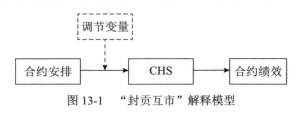

图 13-1　"封贡互市"解释模型

"封贡互市"是一个综合性的合约，从某种程度上来说，"封贡"的交易主体是官方，而"互市"的交易主体是民间。该协议有三个方面的含义："封"，即中原王朝册封周边属国贵族以爵位；"贡"，也作"贡赐"，即属国派使者进献贡品给中原王朝，中原王朝则赏赐相应物品给使者；"互市"，即在特定时间、特定地点，开通双边贸易，互通有无。

"封贡互市"其"合约相关者"包括四个方面的主体：明朝政府、蒙古俺答政权、明朝人民、蒙古人民，合约各方的剩余分析如下。

（1）明朝政府的剩余。对于明朝政府来说，愿意支付的最高价格，即抵御蒙古入侵所耗费的军费支出。"封贡互市"的达成，使得战争数量骤减，实际支付的军费大大减少，仅宣大三镇每年就可以节省 60 万两白银。从嘉靖三十五年（1556）到万历十四年（1586），短短 30 年间，仅直隶两省就节省了 1 128 万两白银（明神宗实录，1982）。另外，互市贸易的开启，使明朝边境贸易得以迅速发展，拉动了整个明朝经济的快速增长，政府通过征税获取了巨大的收益，每年的税收超过 100 万两白银。因此，在"封贡互市"达成的情况下，明朝政府有巨大的剩余。

（2）蒙古俺答政权的剩余。对于蒙古俺答政权来说，愿意获得的最低收益，即通过发动战争抢掠到的财物。这种抢掠所得需要分配给所有参战士兵，俺答自身获得的收益并不很多，而"封贡互市"的达成，使俺答可以获得极为丰厚的赏赐，"大抵虏寇则利归于部曲，虏款则利归于酋长"（瞿九思，2007）。另外，"封贡互市"的达成，使俺答获得了"政治"上的支持，巩固了其在蒙古的统治地位，得以"长北方诸部"（张廷玉等，2011a）。在此期间，规模宏大的归化城（今呼和浩特）也修筑起来了，这充分反映了俺答部落强大的经济和军事实力。因此，在"封贡互市"达成的情况下，蒙古俺答政权有巨大的剩余。

（3）明朝人民的剩余。对于明朝人民来说，以养马为例，自己养一匹马要花 24 两白银，即愿意支付的最高价格为 24 两白银。而通过互市贸易，从蒙古购买一匹上等马实际支付的价格仅为 8 两白银，原先养一匹所耗费的成本，通过互市贸易可以购买到三匹，而且质量更好。另外，战火的停息，使明朝边境之民再也不用流离失所，其农业生产得到了极大的恢复与发展，"八年以来，九边生齿日繁，守备日固，田野日辟，商贾日通，边民始知有生之乐"（张廷玉等，2011b）。因此，在"封贡互市"达成的情况下，明朝人民有巨大的剩余。

（4）蒙古人民的剩余。对于蒙古人民来说，受自然条件所限，要得到自身生产生活所必需的锅釜、布匹、茶叶等，只能通过牺牲一部分人的生命发动战争抢掠获得，愿意支付的最高价格高昂。"封贡互市"的达成，使他们可以用马、牛、羊等牲畜去交换自己所需，实际成交的价格相对于牺牲一部分人的生命来说，非常低廉。战火的停息，使得蒙古牧民免遭明军的"捣巢""烧荒"，自身畜牧业得到了极大的发展，"边地孳牧渐多"（陈子龙，1962a），4 年内仅在宣大三镇向明朝出售的马匹就高达 61 348 匹。另外，犁和种子等生产资料的输入，使蒙古地区的农业生产也得到了一定的发展，在归化城附近就开垦了耕田约 10 000 顷（1 顷≈0.067 平方千米）。"封贡互市"的达成，极大地改善了蒙古人民的生活，"饱酥酪而暖毡毲"（方逢时，2009）。因此，在"封贡互市"达成的情况下，蒙古人民有巨大的剩余。

由上述分析结果可知："封贡互市"的达成，之所以能够解决明蒙双方持续

200余年的矛盾，其内在本质就在于，它为合约各方均创造了剩余。一方面，明蒙双方政府均有剩余，不仅明朝政府节省了大量的军费，蒙古俺答政权也获取了更为丰厚的收益；另一方面，明蒙双方人民也都有剩余，通过互市贸易，双方人民以自己具有比较优势的产品换取自身所不足的产品，各自都获取了极为可观的收益。

13.3 "封贡互市"有效性的边界条件

"封贡互市"既然如此有效，那么，1571年以前，明蒙双方就没有想过采用这种方法，达成类似的协议吗？

事实上，类似的协议早已有之。永乐二年（1404），朵颜三卫头目脱儿火察等两百九十四人随尚都来朝贡马（张廷玉等，2011c）；永乐六年（1408），在甘州、凉州、兰州、宁夏设马市（明成祖实录，1982）；永乐七年（1409），封瓦剌头目马哈木为顺宁王、太平为贤义王、把秃孛罗为安乐王，"自是，岁一入贡"（张廷玉等，2011d）。在此之后的100多年间，明蒙之间的贡市贸易也一直断断续续地保持着，如"天顺六年，帝赐玺书奖励，敕孛来使臣"，"成化三年，会毛里孩再乞通贡，而别部长孛鲁乃亦遣人来朝，帝许之"（张廷玉等，2011a），就算是在对蒙古最为封闭的嘉靖时期，也曾在嘉靖三十年（1551）"开市大同，次及延宁"（张廷玉等，2011a）。

既然贡市贸易一直存在，为何以往的协议都没奏效，而1571年的"封贡互市"却如此有效？对明朝两个时期的内外部环境进行分析，就可以得出该类合约有效性的边界条件。

1571年以前类似的协议之所以没能奏效，其原因在于那时明朝的军事实力不够强大。从内部环境来看，明成祖之后，明朝奉行消极的防御型外交策略，自身军事实力不断下降。到明武宗时，明军的边备已基本废弛，当时京营在籍士兵38万余，但"存者不及十四万，中选者仅二万余"，而在嘉靖二十九年（1550）俺答逼近京师时，京营士兵"不及五六万人，驱出城门，皆流涕不敢前"（张廷玉等，2011e）。从外部环境来看，蒙古方面的军事实力却在不断增强。到明世宗时，俺答部落实力日益强大，其所有部众十余万，马四十万，橐驼牛羊百万，雄于诸部。

由于蒙强明弱，因此以往类似的协议，并没有有效地终结战争。有些部落一边照常进贡，一边肆意抢掠，"外为纳款，而数入寇甘、凉"（张廷玉等，2011a）；有些部落入贡是为了探清虚实，以便更好地抢掠，"去冬来朝，要我赏宴，窥我虚实"（张廷玉等，2011a）；由于得到的赏赐比进贡的物品要多得多，有些部落不断增加入贡人数，以期获得更多赏赐，"故事，瓦使不过五十人。利朝廷爵赏，交增至二千余人"（张廷玉等，2011d），并由此爆发了几乎动摇明朝统治的"土木堡之变"，明朝从此由盛转衰。

而"封贡互市"之所以能够不同于以往的"贡市贸易"，有效地解决了明蒙之间的矛盾，其根本原因就在于明朝军事实力的增强。到明穆宗（1567—1572）时，从外部环境来看，蒙古俺答的军事实力虽然依旧强盛，但并没有太大的提高。而从内部环境来看，随着谭纶、戚继光等优秀将领的起用，对军队进行大力整顿，明朝边镇军事实力得到了极大的提升，"边备大饬，敌不敢入犯"（张廷玉等，2011f）。对于俺答的入侵，给予了沉痛的打击，"隆庆二年，宣府总兵官马芳袭俺答于长水海子，又败之于鞍子山"，"隆庆三年，大同总兵官赵岢败俺答于弘赐堡"（张廷玉等，2011g）。在屡屡入犯均被明军狠狠反击之后，俺答也意识到再发动战争是极不划算的。隆庆四年（1570），俺答气势汹汹索要把汉那吉，但始终不敢大动干戈，正是由于"侦是处有兵，是处有粮，人有斗志，不敢入耳"（高拱，1997）。正是在这种情况下，明蒙双方才于1571年达成了"封贡互市"协议。

而协议达成之后的互相遵守，也需要建立在双方实力相当的情况下。"封贡互市"达成后，明朝进一步加强了边政建设，隆庆五年（1571），高拱力主大修边政，"趁此闲暇之时，积我钱粮，修我险隘，练我兵马，整我器械，开我屯田，理我盐法"（陈子龙，1962b）。万历初年（1573），"青把都拥兵至塞，多所要挟。兑谕以祸福，而耀武震之。青把都惧，贡如初"（张廷玉等，2011h），之后双方几次矛盾最终得以解决，和平共处的大局得以维系，根本的保障还是在于明朝军事实力的提升，使得蒙古不敢轻易入犯。

因此，"封贡互市"之所以能够不同于明蒙以往的贡市贸易，有效地解决双方矛盾，开创"自是边境休息，东起延、永，西抵嘉峪七镇，数千里军民乐业，不用兵戈"（张廷玉等，2011i）的和平友好局面，其根本的前提条件是：明朝在边境的军事实力超过或者至少相当于蒙古的军事实力。

13.4 小结

基于上述分析，我们构建"封贡互市"内在作用机制，如图 13-2 所示。

第一，自变量"封贡互市"对因变量"明蒙状况变化"的影响，可以由战争次数、驻兵数量、军费支出、粮食价格这四个变量来测度，如表 13-1 所示。

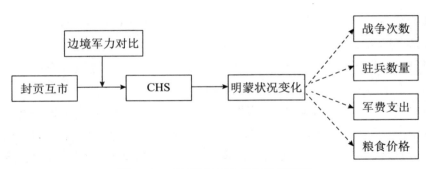

图 13-2 "封贡互市"作用机制模型

表 13-1 "封贡互市"前后数据对比

变量	"封贡互市"之前	"封贡互市"之后
战争次数/次	80	4
驻兵数量/人	312 517	219 864
军费支出/(万两白银/年)	87	27
粮食价格/(两/石)	2.2	1

从表 13-1 可以看出,"封贡互市"达成的效果非常显著。该协议的达成,大大降低了战争发生的次数,由之前的 80 次锐减到 4 次。战争次数的减少,使得明朝北方边境的驻兵数量也随之下降了许多,如宣大三镇的驻兵数量就由之前的 312 517 人缩减为 219 864 人,减少了约 1/3。战争次数的减少以及驻兵数量的下降,节省了大量的军费支出,如宣大三镇每年的军费支出由之前的 87 万两白银减少为 27 万两白银,节省了近 2/3。另外,由于战争次数的显著下降,边境地区得以安定下来,其农业生产很快得到了恢复和发展,粮食价格降低了 1/2 以上,由之前的 2.2 两/石下降到不足 1 两/石。

第二,自变量对因变量的作用是通过中介变量"CHS"发生的,即"封贡互市"之所以能够终结明蒙双方持续 200 余年的战争,开创和平友好共处的局面,是因为它给合约各方都创造了剩余。

第三,自变量对因变量的作用还受到调节变量"边境军力对比"的影响,即只有当明朝在边境地区的军事实力超过蒙古或者至少与之相当时,"封贡互市"才能起作用,一旦蒙古军事实力反超明朝,蒙古就很可能撕毁协议,发动战争掠取所需。

不难看出,"封贡互市"内在作用机制的揭示,对于解决当前的国际争端,无疑有着重要的启示作用。

第 14 章

基于"合约相关者剩余"的商业模式研究①

——何为有效的商业模式

摘　要：围绕"价值"主题，提出一个基于"合约相关者剩余"的商业模式；从交易主体、交易内容、支付时间出发，构建了一个结构化程度高、操作性强的三维分类体系。在此基础上，提出商业模式影响投资意愿的关系假设，通过模拟实验，对其有效性进行了检验。

关键词：商业模式；前范式阶段；价值；合约相关者剩余；模拟实验

14.1　研究背景

20 世纪 90 年代中期，伴随互联网的普及与电子商务的兴起，商业模式逐渐成为一个流行的商业术语（崔连广和张敬伟，2015）。作为一个简短的叙述工具，它被互联网企业的创业者们用来解释企业为什么值得投资。尽管这些新兴的互联网企业许多都未盈利，甚至都没有取得收入，但是投资者认为它们新颖的商业模式极具潜力，可以创造巨大的市场价值。

互联网泡沫破裂后，商业模式非但没有淡出人们的视线，反而获得了更多的关注，2001 年世界财富五百强企业的年度报告中，27% 都使用了这一术语。商业模式的重要性同样引起了学者们的共鸣，围绕它的研究呈现出快速增长趋势，*Journal of Management*、*Strategic Management Journal*、*Long Range Planning* 等多家外国主流期刊，均刊登了与之相关的文章。Johnson 等（2008）认为，一个好的商业模式能重塑整个产业，使企业获得惊人的成长。

然而，商业模式也遭受了不少学者的质疑：DaSilva 等（2014）表示，商业模式被误解和误用多年，对它的理解仍是不足的；Osterwalder 等（2005）指出，

---

① 沈超红，黄爽. 基于"合约相关者剩余"的商业模式研究 [J]. 管理学报，2019，16(2): 210-218.

学术界对于商业模式仍然知之甚少，尤其是作为一个研究领域而言。为此，本研究将在文献梳理的基础上，构建一个基于合约相关者剩余理论的商业模式，并用投资实验检验其有效性，以深化对于商业模式的理解。

14.2　研究现状

Zott 等（2011）指出，作为一个跨学科的研究主题，商业模式吸引了电子商务、战略、创新与技术管理等领域学者的关注。其研究取得了以下进展：①商业模式正在成为一个新的分析单元，它区别于传统的产品、公司、产业、网络等概念；②它寻求在系统水平上，以一种整体的方式解释企业如何做生意；③企业活动在概念化商业模式时起重要作用；④商业模式不仅寻求解释如何获取价值，还考虑如何创造价值。尽管如此，商业模式的研究仍存在着以下三个问题。

1. 概念缺乏聚合效度、区分效度

商业模式是什么？学者们对此众说纷纭，Amit 等（2001）认为，商业模式描绘了交易内容、结构和治理的设计；Casadesus-Masanell 和 Ricart（2010）认为，商业模式反映了企业所实现的战略；Teece（2010）认为，商业模式描述了价值创造、传递、获取机制的设计或架构。商业模式的定义差异过大，甚至包含一些相互矛盾的表述，这就很难在深化其理论价值上取得进展。

商业模式不仅缺乏自身的聚合效度，还缺乏与其他概念的区分效度。它经常被等同于"盈利模式""收入模式""经济模式""经营理念""业务流程建模"或是"战略"（DaSilva & Trkman，2014）。还有一些学者，将商业模式看作许多已有概念的堆砌，如 Osterwalder 等（2010）认为，商业模式由价值主张、关键业务、核心资源等九部分构成，这就使商业模式成为一个无所不包的"大伞概念"，而难以成为一个独立的、有启发性的分析单元。

2. 分类体系繁杂、结构化程度低

分类是认识深入的开始，研究早期，不少学者对电子商务模式的分类进行了探讨，如 Timmers（1998）总结了 11 种现实中已经存在的电子商务模式。随着研究的深入，商业模式的分类不再局限于互联网企业，而转为面向一般企业，如 Osterwalder 等（2010）结合一些流行的商业概念，阐述了 5 种商业模式，包括"非绑定模式""长尾模式""多边平台模式""免费模式"和"开放模式"。这些商业模式分类，一方面，与现实的联系非常紧密；另一方面，分类标准模糊，导致分类结果既不完备，也不确切。

值得借鉴的是，Weill 等（2005）提出 MIT（麻省理工学院）商业模式原型：

首先，作者主要依据"交易权利"，区分了4种基本的商业模式。①创造者：提供所有权，且买进和卖出的资产发生了显著性转化；②经销商：提供所有权，且买进和卖出的资产未发生显著性转化；③出租者：提供使用权；④经纪人：提供匹配权。随后，作者区分了4种"交易资产"：物质资产、金融资产、无形资产和人力资产。最后，作者将它们排列组合，形成了4×4=16种具体的商业模式。

这一分类体系的优点在于，一方面，分类标准明确，结构化程度高；另一方面，用"交易权利"来划分商业模式，超越了具体产品的限制，避免了"一种产品就有一种商业模式"这一缺乏抽象性、概括性的结果。然而，以"交易资产"作为商业模式的分类标准，仍没有超越产品本身的限制，有待改进。

3. 实证研究缺乏效度、对实践缺乏有效指导

商业模式的概念尚未达成一致，围绕它的实证研究却已展开。学者们的工作主要聚焦于两大主题：①商业模式与技术创新的关系，如 Chesbrough 和 Rosenbloom（2002）分析施乐（Xerox）及其衍生企业后发现，商业模式在技术创新和经济价值之间起到了中介作用；为了尽量释放出技术创新的经济价值，企业有必要对商业模式进行试错性调整。②商业模式与企业绩效的关系，如 Zott 等（2007）调查190家美国与欧洲的上市企业后发现：商业模式的新颖性与企业绩效呈正相关，而效率性与企业绩效的积极联系未获得足够支持；且如果同时提升商业模式的新颖性与效率性，效果可能适得其反。

实证研究是商业模式未来研究的重要方向之一，但是，以往的研究存在严重的效度问题。①概念模糊：商业模式这一概念，不同学者赋予它的含义大相径庭，因此，很难把科技成果的转化、企业绩效的差异归因于商业模式的不同，而很可能是战略等其他因素的差异所致。②采样有偏：学者们普遍将已经上市的企业作为样本，这就忽视了未能成功上市的企业，由于"生存效应"的存在，研究结论的有效性存疑，真实的结论甚至可能完全相反。③不存在放之四海而皆准的商业模式：商业模式本身是情境依赖、公司依赖、时间依赖的，因此，寻求普遍有效的商业模式这一思路本身就存在问题。

14.3　基于 CHS 理论的商业模式

在商业模式的整个概念化过程中，它被看作解释"价值"创造的核心概念，本研究分析的40个商业模式定义中，超过一半（52.5%）都提到了价值。然而，价值是什么？鲜有学者明确其含义，更没有说明其价值理论是什么。由此，本研究拟在前人研究的基础上，提出一种基于主观价值的商业模式，即基于"合约相

关者剩余"的商业模式。

1. CHS的理论渊源

CHS 是指"合约相关者愿意成交的极限价格，与实际成交价格之间，所期盼的差异"，"合约相关者"是以企业为中心的所有直接交易主体。CHS 这一概念，是 4 种经典理论的结合化成果（图 14-1）：①吸收了斯坦福研究院提出的"利益相关者"的合理内核，即"利益相关者是这样一些团体，没有其支持，组织就无法生存"；②吸取了 Alchian 等（1972）、Cheung（1983）提出的"企业是一个合约中心"的核心思想，只有满足"合约相关者"的利益，企业才能生存发展；③受惠于 Marshall（1980）的"消费者剩余"这一主观价值概念，它强调价值对于合约相关者是主观的；④受 Kahneman 等（1974）"锚定效应"的启发，只有超出原有参照系的锚定而有剩余，合约相关者才愿意加入交易体系中。

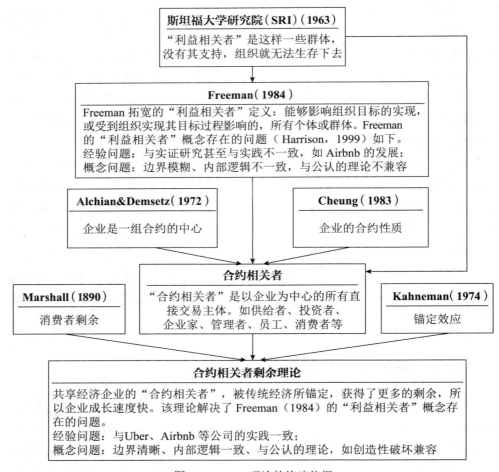

图 14-1　CHS 理论的构建依据

CHS 主要有以下三方面优点：①概念简洁；从本体论的角度而言，规律本身就是简单的；从认识论的角度而言，理论越简单、越抽象，认识就越深化，包含的经验越多，可证伪性越强；CHS 以一个概念，整合了消费者、生产者、企业家、管理者、投资者、中间商等的剩余。②边界清晰；相比 Freeman（1984）界定的利益相关者，合约相关者的边界更为清晰，它排除了未与企业形成交易关系的竞争者，更为精准地界定了剩余指向的主体。③逻辑一致；CHS 理论中的"剩余"都是主观价值，而不像以往商业模式的定义中，"创造价值和获取价值"将价值分割为主观的"效用"和客观的"利润"两种不同的含义。强调主观价值，与经济学发展具有一致性，正如 Hayek 所说："过去几百年里，经济理论的每一项重大进步，都是更加坚定地运用主观主义"（考德威尔，2007）。

要说明的是，CHS 与两个术语有显著性差异：①与剩余索取权中的"剩余"不同，这里的剩余是指企业收入减去各项合约支出后的余额或利润，它是一种客观价值。有利润不一定有剩余，但是有剩余一定有利润。利润虽然确是企业的基本目标，但它不足以解释为什么现实世界中，许多企业利润微薄仍维持经营，不少企业获利丰厚却关门歇业，而"剩余"这一主观价值概念，则能较好地解释这一现象：不同企业家对于利润的期望不同，只有超过了企业家的期望而有剩余，企业才会继续运营。②与组织租金不同，它是指组织获得的总收益，减去组织成员作为个人单干的收益之和，这也是一种客观价值。另外，就边界而言，组织租金只考虑了组织内的成员，而没有考虑顾客、供应商在内的其他交易主体，因此 CHS 考虑的边界要更为宽广。

2. 基于CHS理论的商业模式定义

基于 CHS 理论的商业模式，可以被定义为创造合约相关者剩余的整体性交易设计。商业模式创造的 CHS 越多，其可行性越强，越稳健；反之，则越脆弱。这一定义，不仅拥有较为深厚的理论渊源，而且具备以下三个重要特征。

1）捕捉到了商业模式的"交易"本质

商业的本质就是交易，交易也就创造了价值。正是信息通信技术尤其移动互联网的发展，大大降低了交易成本，拓宽了交易的可能性空间，使交易能够超越时空的限制，商业模式才广泛兴起。由此，从交易定义商业模式，是历史与逻辑的统一。在现实的研究中，魏炜等（2012）将商业模式定义为企业与其利益相关者的交易结构。不仅如此，从交易定义商业模式，是一个有希望的研究方向；正如 George 和 Bock（2011）指出，从交易视角来定义商业模式，是最为严谨和有吸引力的，它建立在可以观测的企业行为之上，为进一步的理论构建和实证检验提供了机会。

2）强调了商业模式的"整体性"

商业模式的研究者通常采用一种系统的、整体性的视角,而不是相反,采用一种局部的、功能性的视角（Zott et al.，2011）。基于 CHS 理论的商业模式,就具有这种整体性特征:作为一种多方共赢的交易方案,它不仅考虑为企业自身创造价值,还考虑为其他合约相关者创造价值,任何一方剩余为负时,则该商业模式不会自愿、自动地运行。有意思的是,学者们强调商业模式的整体性时,这个整体是 Freeman（1984）界定的利益相关者的"子集",而这个"子集"其实就是"合约相关者"。如 Zott 等（2008）认为,商业模式为所有的利益相关者创造价值,但是利益相关者不包含未与核心企业交易的竞争者;魏炜等（2012）认为,商业模式中的利益相关者,是具备独立利益诉求、与焦点企业存在交易关系的行为主体。这些定义与"合约相关者"是一致的。

3）揭示了商业模式的"主体间性"

对于投资者而言,判断一个商业模式好不好,不仅取决于他们自身的认知经验,还取决于他们对其他参与者的判断。投资者只有认为其他任何一方合约相关者都会接受某一商业模式时,他们才会接受这一商业模式,即"我之所以会接受,是因为我相信别人也会接受;我估计别人不会接受,我也不会接受",这就是商业模式的"主体间性";而每一个合约相关者是否接受一商业模式,取决于他们是否有剩余。

3. 基于CHS理论的商业模式建构维度

基于 CHS 理论的商业模式定义,可构建一个商业模式三维分类体系（图 14-2）,它从交易主体、交易内容、支付时间 3 个维度,将商业模式分成了 3×3×3=27 种基本类型。之所以采用这 3 个维度,一方面,商业模式本质上是一种交易模式,而 3 个维度是构成交易的基本要素;另一方面,3 个维度与 CHS 密切相关,企业家通过调整各维度上的取值,就可以改变创造的 CHS,使商业模式整体的可行性发生改变。

交易主体维度,企业可以与顾客进行双方交易、三方交易,甚至多方交易（Skjoett-Larsen，2000）。之所以如此划分,是因为交易主体数量的改变,往往会改变商业模式所创造的 CHS,使不可能的商业模式成为可能,第三方支付平台——支付宝就是其典范。电子商务兴起的一个重要原因,是减少了中间商,增加了买卖双方的剩余。但是在早期,买卖双方的"信任"问题妨碍了电子商务的发展。支付宝创造性地建立了"第三方担保"模式,化解了买卖双方不信任的难题,实现了合约相关者都有剩余的目标,从而取得了巨大的成功。

交易内容维度,企业可以提供产品的所有权、使用权,甚至观赏权（Charo,

第 14 章　基于"合约相关者剩余"的商业模式研究——何为有效的商业模式

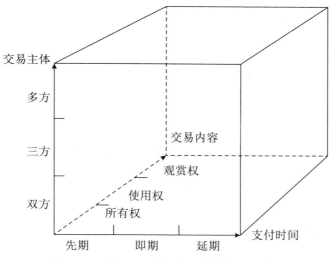

图 14-2　基于 CHS 理论的商业模式分类体系

2006）。交易权利揭示了交易内容中比较本质的一面，无论是有形产品的交易还是无形产品的交易，事实上都是这项产品的权利交易。交易权利的不同，也可以改变商业模式创造的 CHS，使商业模式产生质的不同。1856 年，对于美国的中低阶层家庭，一台 75～125 美元的缝纫机算是一个奢侈品。胜家（Singer）为了打破企业的销售困境，推出了"租赁—购买计划"。该模式下，顾客每月仅需支付 5 美元，就可使用缝纫机；当租金累积到购买价格时，顾客可以获得缝纫机的所有权。凭借这一先交易"使用权"、后交易"所有权"的商业模式，1890 年，胜家缝纫机占据了全球 80% 的市场份额。

支付时间维度，顾客可以采用先期支付、即期支付，甚至延期支付（Belleflamme & Lambert，2014）。作为交易方式的核心要素，支付时间也会改变商业模式创造的 CHS，使商业模式取得成功。作为全球首个无桩共享单车平台，ofo 采用的"押金模式"就是一种先期支付。该模式下，每位用户需支付 199 元的押金，另外支付 0.5 元 / 小时（教师和学生）或 1 元 / 小时（其他人员）的使用费。截至 2018 年 3 年，ofo 已经在全球的 250 座城市，连接了 1 000 万辆自行车与 2 亿用户，日交易量超 3 200 万笔，由此汇聚的巨大资金池，使 ofo 能够持续购买新的小黄车和进行其他投资。

要说明的是，基于 CHS 理论的商业模式分类，有三个显著性特点：①超越了具体产品的限制，避免了有无数种产品，就有无数种商业模式的误区；2006 年 IBM（国际商业机器公司）的全球调查报告中，商业模式创新就被当作与产品 / 服务创新相区别的概念。换言之，商业模式虽然基于具体的产品 / 服务，但它又超越了具体的产品/服务。②有较强的操作性，从上述 3 个维度刻画商业模式，捕捉到了交易的核心内容，构建了一个操作的可能性空间。③隐含了一种动态调整的观点：某一商业模式若不可行，不仅可以调整各维度上的单一取值，而且可以在一个维度上同时取两个以上的值，通过排列组合，达到合约相关者均有剩余的目的，使商业模式从不可行变得可行。

14.4　基于 CHS 理论的商业模式的实证研究

波普尔（1986）认为，科学理论的成长模式为：$P_1 - TT - EE - P_2$，即针对科学问题（Problem 1）提出试探性的理论（trial theory），用事实和数据排除错误（eliminate error），直至又遇到新的科学问题（Problem 2）。基于 CHS 理论的商业模式是否有效，有必要进行实证检验。

1. 研究假设

不少文献表明，商业模式对投资决策有显著性影响。Demil 和 Lecocq（2010）表示，创业者有必要呈现出商业模式的不同部分是协调一致的，这对于赢得投资者的青睐至关重要。许多风险投资者将其投资决策视为对商业模式的投资，当他们发觉商业模式难以运转，则会迫使商业模式进行转变。Chesbrough 和 Rosenbloom（2002）认为，商业模式需要为投资者提供可靠的、有吸引力的前景，才能吸引足够的资本用于成长；Teece（2010）认为，虽然互联网摧毁了唱片业、新闻业等传统的商业模式，但许多互联网公司也挣扎于创造有效的商业模式，创业者必须说服投资者相信，当前的 0 利润甚至是负利润至少是短期的，企业最终会找到高盈利的商业模式。不难看出，商业模式发生改变，会影响投资者的投资决策。同理，基于 CHS 理论的商业模式 3 个维度的改变，也会影响投资决策。基于此，提出以下假设。

假设 1　商业模式的交易主体不同，对投资意愿有显著影响。
假设 2　商业模式的交易内容不同，对投资意愿有显著影响。
假设 3　商业模式的支付时间不同，对投资意愿有显著影响。

商业模式影响投资意愿的本质，在于其创造了不同的 CHS。商业模式的不同选择，会产生不同的 CHS。交易主体维度，正如成文等（2014）指出，商业模式中的企业、顾客以及商业伙伴之间的联系和互动，创造和分享了价值；交易内容维度，不同的产权安排模式会产生不同的效益，产权安排应建立在交易权利效益最大化的基础上；支付时间维度，当企业提供的产品与竞争对手无显著性差异时，可以通过延期支付来打开市场，因为它使顾客能够对产品进行检查再决定是否交易，从而增加了消费者剩余。CHS 不同，将进一步对投资意愿产生影响，正如 Sarkar（2000）指出，项目的价值会影响投资决策，CHS 就是一种主观价值。基于此，提出如下假设。

假设 4 合约相关者剩余在交易主体与投资意愿之间起中介作用。

假设 5 合约相关者剩余在交易内容与投资意愿之间起中介作用。

假设 6 合约相关者剩余在支付时间与投资意愿之间起中介作用。

研究的理论模型见图 14-3。

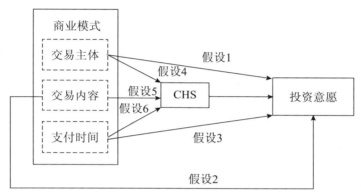

图 14-3 研究的理论模型

2. 研究方法

本研究采用模拟投资实验方法，检验商业模式对投资意愿的影响。该方法的优点在于，可以排除产品、企业家、团队成员等其他变量的影响，得到较为严谨的因果关系。

1）实验设计

本实验有 2×2×2=8 种商业模式情境，采取混合设计，所有被试被随机分为 4 组，每位被试需要对 2 种商业模式进行投资决策。组内变化为"支付时间"，组间变化为"交易主体""交易内容"，整体实验设计见表 14-1。

表 14-1 实验设计

实验分组	商业模式	各维度取值
I	"现销"模式	双方交易、所有权、即期支付
	"试用"模式	双方交易、所有权、延后支付
II	"现销和担保"模式	三方交易、所有权、即期支付
	"试用和担保"模式	三方交易、所有权、延后支付
III	"节能分享"模式	双方交易、使用权和所有权、即期支付

续表

实验分组	商业模式	各维度取值
Ⅲ	"试用和节能分享"模式	双方交易、使用权和所有权、延后支付
Ⅳ	"售后回租和节能分享"模式	三方交易、使用权和所有权、即期支付
	"试用和节能分享和售后回租"模式	三方交易、使用权和所有权、延后支付

2）实验对象

实验对象为湖南某重点高校的 MBA，共计 210 人，其中有效被试 194 名。被试的性别比例协调，男性和女性各占 50.0%；被试年龄方面，20～29 岁占 53.6%，30～39 岁占 44.8%，40～49 岁占 1.5%；职业类别方面，行政人事、市场销售、生产运作、技术研发都有所涉及；职业层级方面，低、中、高层管理者合计占 65.4%，普通员工占 26.8%，其他占 7.7%；月收入水平方面，3 000 元以下仅为 2.6%，9 000 元以上占 41.1%。上述信息显示，被试具备一定的工作经历，拥有一定的物质基础，满足成为个人投资者的条件。

3）实验材料

（1）商业模式的构建。实验材料来自现实访谈。湖南某重点高校教师成立了一家节能设备公司 A，其产品采用先进的变频节能控制技术，可降低中央空调的能耗 30% 以上，目标客户为酒店、学校等大型企事业单位。A 公司发现节电市场空间广阔，但遇到了市场拓展困难：一方面，A 公司处于创立初期，需要融资；另一方面，国内采用类似节电设备的情况还很罕见，客户担心它能否达到预期效果。为此，A 公司拟定了两种商业模式，请被试根据其进行投资决策。

材料Ⅰ：①"现销"模式，是指 A 公司一次性出售节能设备；②"试用"模式，是指 A 公司先提供 3 个月的设备试用期，再一次性出售节能设备。

材料Ⅱ：①"现销和担保"模式，是指 A 公司一次性出售节能设备，担保公司 B 对设备性能进行担保；②"试用和担保"模式，是指 A 公司先提供 3 个月的设备试用期，再一次性出售节能设备，担保公司 B 对设备性能进行担保。

材料Ⅲ：①"节能分享"模式，是指 A 公司以 0 价格提供设备的使用权，再与顾客对节约电费分成；分成至一定期限后，顾客获得设备的所有权。②"试用和节能分享"模式，是指 A 公司先提供 3 个月的设备试用期，再采用"节能分享"模式。

材料Ⅳ：①"售后回租和节能分享"模式，是指 A 公司先将设备卖给租赁公司 C，再从 C 处租回，并采用"节能分享"模式提供给顾客；②"试用和节能分享和售后回租"模式，是指 A 公司先向顾客提供 3 个月的设备试用期，再采用"售后回租和节能分享"模式。

（2）投资意愿的测量。投资意愿是指投资者在多大程度上愿意投资，它反映了投资者投资的倾向性，本研究参考 Aspara（2011）的做法，通过"您是否愿意作为股东，投资 A 公司"来测量投资意愿，采用 Likert 7 点量表，1 表示非常不愿意，7 表示非常愿意。

（3）CHS 的测量。CHS 的测量，采用 S 教授自行开发的量表。该量表的开发过程如下：①经过了企业家访谈，得到初步的条目；②通过经济管理专家讨论，修正条目；③决定测量采用 Likert 7 点量表形式；④在 4 个研究中，测试了题项的有效性，删除了"差"的题项；⑤经优化量表长度，得到 4 个题项的 CHS 量表，如"该方案，被交易各方接受的可能性较大"等。

4）实验过程

（1）预实验。本研究首先进行了预实验，以考察实验材料的编写是否恰当、准确。预实验对象为麦当劳、肯德基等场所的顾客，共计 48 人，随机分为 4 组。预实验结束后，对部分被试进行访谈，主要发现了以下问题：①环境背景的交代没有必要；②企业简介的部分描述不恰当，如"多数用能单位对 A 公司仍持观望态度"等表述，极大拉低了投资者的投资意愿，造成"地板效应"。

（2）正式实验。实验材料经修改后，正式实验以湖南某重点高校 5 个班的 MBA 学员为被试。实验地点为该高校的教学楼，实验总人数为 210 人。实验开始时，先介绍实验目的和要求，然后将实验材料按照Ⅰ、Ⅱ、Ⅲ、Ⅳ的顺序发放，被试被随机分为 4 组；被试独立完成实验，整个过程禁止被试交流。实验结束后，讲解整个商业模式体系，回答被试提出的问题。

3. 研究结果

1）CHS 量表的信效度检验

本研究对 CHS 量表进行了信效度检验。信度分析显示，测量 CHS 的 4 个题项，其 CITC 值依次为 0.753、0.718、0.721、0.560，均大于 0.3，满足检验标准。量表整体的 Cronbach's α 系数为 0.847，表明量表的信度是良好的。据此，该 CHS 量表具有可靠性和稳定性，4 个题项均被保留。

效度分析显示，CHS 量表的 KMO 值为 0.808＞0.6，采用主成分分析法提取出了 1 个成分，其因子载荷分别为 0.878、0.854、0.853、0.728，均大于 0.5，累积方差解释率为 68.984%＞60%，能够反映 CHS 的全部信息，其结构效度符合要求。

2）相关分析

对变量进行相关分析，结果见表 14-2。由表 14-2 可知：①"交易主体"和"投资意愿""CHS"的相关性都不显著；②"交易内容"和"投资意愿""CHS"

分别在 0.01、0.05 的显著性水平上正相关；③"支付时间"和"投资意愿""CHS"都在 0.01 的显著性水平上正相关；④"投资意愿"和"CHS"在 0.01 的显著性水平上呈正相关。

表 14-2　变量的相关矩阵（N=194）

变量	1	2	3	4	5	6	7	8	9	10
1 性别	1									
2 年龄	-0.243**	1								
3 职业类别	-0.106*	-0.084	1							
4 职业层级	-0.101*	0.191**	0.137**	1						
5 收入水平	-0.260**	0.388**	0.083	0.367**	1					
6 交易主体	0.021	-0.078	-0.042	-0.080	-0.099	1				
7 交易内容	0.031	0.107*	-0.131*	-0.022	0.013	-0.021	1			
8 支付时间	0.000	0.000	0.000	0.000	0.000	0.000	0.000	1		
9 投资意愿	-0.007	-0.066	-0.023	-0.083	0.054	0.009	0.133**	0.185**	1	
10 CHS	-0.027	-0.009	0.033	-0.043	0.070	0.006	0.116*	0.335**	0.585**	1

注：**、* 分别表示 $p<0.01$、$p<0.05$（双尾检验），下同。

3）商业模式对投资意愿的假设检验

相关分析反映了变量之间线性关系的强度和方向，接下来，通过多元方差分析，检验商业模式的交易主体、交易内容、支付时间及其交互搭配，是否会对投资意愿存在显著影响。投资意愿多因素方差分析结果见表 14-3。由表 14-3 可知，在显著性水平取 0.05 时：①商业模式的交易主体不同，没有对投资意愿产生显著影响，假设 1 被拒绝；②商业模式的交易内容不同，对投资者的投资意愿产生了显著的影响，假设 2 被支持；③商业模式的支付时间不同，对投资者的投资意愿程度产生了显著的影响，假设 3 被支持；④交易主体、交易内容、支付时间，任意两者没有对投资意愿程度产生显著的交互作用；⑤交易主体、交易内容、支付时间，三者对投资意愿程度产生了显著的交互作用。

表 14-3　投资意愿多因素方差分析结果

源	Ⅲ型平方和	df	均　方	F	Sig
校正模型	54.541ᵃ	7	7.792	4.250	0.000
截距	8 821.334	1	8 821.334	4 812.216	0.000

续表

源	III型平方和	df	均方	F	Sig
交易主体	0.111	1	0.111	0.061	0.806
交易内容	13.492	1	13.492	7.360	0.007
支付时间	25.123	1	25.123	13.705	0.000
交易主体×交易内容	1.351	1	1.351	0.737	0.391
交易主体×支付时间	5.00×10^{-5}	1	5.00×10^{-5}	0.000	0.996
交易内容×支付时间	4.679	1	4.679	2.533	0.111
交易主体×交易内容×支付时间	9.398	1	9.398	5.127	0.024
误差	696.583	380	1.833		
总计	9 572.000	388			
校正的总计	751.124	387			

注：a 表示 $R^2=0.073$（Adj-$R^2=0.056$）

4）CHS 的中介作用检验

相关分析表明，交易主体与投资意愿、CHS 均不相关，因此，没有必要讨论交易主体与投资意愿之间的中介作用，即假设 4 不成立；而交易内容、支付时间与投资意愿相关性显著，有必要采用 Baron 和 Kenny（1986）的三步法，检验 CHS 的中介作用：第一步，交易内容、支付时间对投资意愿进行回归，β_{1-1}、β_{1-2} 应显著；第二步，交易内容、支付时间对 CHS 进行回归，β_{2-1}、β_{2-2} 应显著；第三步，交易内容、支付时间、CHS 对投资意愿进行回归，β_{3-1}、β_{3-2} 应分别小于 β_{1-1}、β_{1-2}，β_{3-3} 应显著；若 β_{3-1}、β_{3-2} 不显著，则为完全中介，若显著，则为部分中介。

CHS 中介作用检验结果见表 14-4。由表 14-4 可知，CHS 在交易内容、支付时间与投资意愿之间起完全中介作用，假设 5、假设 6 成立。

表 14-4　CHS 中介作用检验结果

步骤	解释变量	被解释变量	β 值	假设成立条件
步骤1	自变量	因变量	β_{1-1}, β_{1-2}	β_1 应具显著性
	交易内容	投资意愿	0.133**	交易内容、支付时间均与投资意愿呈显著性正相关
	支付时间		0.185**	

续表

步　骤	解释变量	被解释变量	β值	假设成立条件
步骤2	自变量	中介变量	$\beta_{2\text{-}1}$, $\beta_{2\text{-}2}$	β_2应具显著性
	交易内容	CHS	0.116*	交易内容、支付时间均与CHS呈显著性正相关
	支付时间		0.335**	
步骤3	自变量、中介变量	因变量	$\beta_{3\text{-}1}$, $\beta_{3\text{-}2}$, $\beta_{3\text{-}3}$	$\beta_{3\text{-}3}$应具显著性
	交易内容	投资意愿	0.066	不显著，中介效应成立
	支付时间		−0.009	不显著，中介效应成立
	CHS		0.580**	显著，中介效应成立

4. 实证研究小结

实验结果显示，交易主体对于投资意愿的影响不显著，交易内容、交易权利对于投资意愿的影响是显著的。为何如此？解释如下：①交易主体维度：相比"双方交易"，"三方交易"的商业模式虽然在功能上更完备，但在创造的总经济价值既定的前提下，引入第三方势必导致原有商业模式中某一方利益减少，使各合约相关者能否获得剩余变得不确定，因此，投资者的投资意愿没有显著性差异。②交易内容维度：相比"所有权"，"使用权和所有权"的商业模式使顾客能以0成本获得设备的使用权，而无须支付高昂的购买费用；节能设备商的收入也能够通过节约电费获取大量收益，各方都有剩余，因此，投资者的投资意愿存在着显著性差异。③支付时间维度：相比"即期支付"，"延期支付"的商业模式使顾客能获得3个月的设备试用期，从而减轻对设备性能的担忧；节能企业急于打开市场，且3个月的试用期不会对设备造成严重影响，各方也都有剩余，因此，投资者的投资意愿呈现出显著差异。

要说明的是，假设1、假设4被证伪，似乎表明CHS理论失效，但它恰恰从反面证明了CHS理论的有效性：正是由于交易主体的变化，没有导致CHS的变化，才不影响投资意愿。而假设2、假设3、假设5、假设6成立，分别表明交易内容、支付时间，是通过影响CHS，才影响投资意愿，从正面支持了CHS理论的有效性。由此可见，CHS捕捉到了商业模式影响投资意愿的本质，理论被验证。

此外，根据波普尔（1986）理论，猜想被事实证伪，则应放弃，交易主体对投资意愿的影响不显著，有必要用一个新的维度——"交易产品"来代替"交易主体"。此时，新的商业模式分类体系不仅仅针对一种产品，而且包含了两种或多种产品。

14.5 研究结论与讨论

综上所述，商业模式的研究仍处于前范式阶段："没有一个公认的研究成果，为科学共同体、实践共同体提供指导，以整合事实，从而可以从事更精确、更深奥、更费心力的工作"（库恩，2004）。鉴于此，本研究在前人研究的基础上，构建了一个既有原创性，又有继承性的商业模式——基于CHS理论的商业模式，经实证研究，取得了如下进展。

1. 理论进展

1）为商业模式构建了一个解释力较强、可检验的理论

亨普尔（2006）认为，理论之所以重要，原因如下：①揭示了事物的本质，为非常多样的现象，提供了系统的、统一的说明；②理论会以一种不同的方式，来加深理解；③一个好的理论，也会通过预见和解释当理论提出时，还不知道的现象来扩展既有的知识和理解。

缺乏理论基础以及不明确的理论预期，会导致研究者不断复制已有的研究成果，难以为已有的知识带来增量。然而，Teece（2010）认为，商业模式缺乏相应的理论基础；Amit等（2001）则认为，商业模式建立在价值链分析、熊彼特创新、资源基础论、战略网络理论、交易成本经济学5种理论之上。然而，尚未发现相关研究，将一个理论贯穿于始终，对商业模式进行严格的定义、分类以及推出可实证检验的假设。基于CHS理论的商业模式弥补了这一缺点，它同时满足了理论评价的解释性和可检验性标准。

2）明确了商业模式的交易主体

在商业模式的研究中，不少学者用"利益相关者"来指代商业模式的主体，如魏炜等（2012）将商业模式定义为企业与其"利益相关者"的交易结构；Zott等（2008）认为，商业模式为所有的"利益相关者"创造价值；但是，"利益相关者"存在着严重的概念问题、经验问题：①边界模糊，谁是合法的利益相关者？一直存在争议；②内部逻辑不一致，它要求企业"既追求社会绩效，也追求经济绩效"隐含着两种绩效是分离的，但事实上并非如此；③与公认的理论不兼容，如"创造性破坏""卡尔多-希克斯改进"等；④难以解释优步等共享经济企业，为何能不顾部分利益相关者的利益，获得爆炸性成长。

"合约相关者"，是指以企业为中心的所有直接交易主体，它包含企业的顾

客、员工、供应商、投资者等,不包括竞争者,从而精准地界定了商业模式的主体。实际上,无论是魏炜等(2012)还是Zott等(2008)所指的利益相关者,都是Freeman(1984)"利益相关者"概念的子集,就是合约相关者。

3)深化了商业模式的价值内涵

虽然众多学者对于商业模式的定义都建立在价值之上,但价值本身就是模糊的,尤其"商业模式描述了如何创造价值和获取价值"的观点,实际上隐含的价值含义并不一致,前者是指主观的"效用",后者是指客观的"利润"。基于CHS理论的商业模式,价值对于合约相关者都是主观的,其含义具有内在的逻辑一致性;不仅如此,CHS这个主观价值能够有效测度,克服了泛泛而谈的肤浅状态,正如芝加哥社会科学系墙上所说,"你所掌握的知识如果是不能测量的,仍然是不足的或肤浅的";巧合的是,CHS还和经济学的发展方向具有一致性。

4)揭示了商业模式的主体间性

商业模式具有主体间性,它意味着投资者在判断一个商业模式时,不仅会从自身,更会从他人的角度,考虑商业模式能否得到认可。只有投资者相信,商业模式能够为所有的合约相关者带来剩余,得到他们的认可,他们也才会认可,即"一个商业模式我之所以会接受,是因为我相信别人也会接受"。如果投资者认为,商业模式难以为某一方合约相关者带来剩余,那么这样的商业模式将是有缺陷的,自然也就不会认可。在阅读文献的过程中,尚未发现有学者指出商业模式的这一特点。

2. 实践意义

没有什么比好的理论更具有实用性,基于CHS理论的商业模式,超越具体产品的限制,从交易的3个维度,将商业模式分成了27种基本类型。虽然实证结果显示,该商业模式分类的解释力相对有限(R^2=0.073),但是,对投资意愿产生了显著性影响,因此,对企业实践仍有如下指导意义。

1)认知加工负担轻,操作性强

基于CHS理论的商业模式分类,是一种演绎体系,其结构化程度高,各维度取值明确,建立了一个明确的可能性空间;商业模式被从3个维度,分成了3×3×3=27种基本类型,改进后的3个维度为交易产品、交易内容、支付时间。如果每个维度减少一个取值,即只选择"双产品"和"多产品","所有权"和"使用权","先期支付"和"延期支付",则可以精简为2×2×2=8种类型,认知加工负担更低。

在已有的研究中,学者们经常只是简单地枚举、归纳已存在的商业模式,如

Timmers（1998）总结了 11 种电子商务模式；Osterwalder 等（2010）阐述了 5 种商业模式；这些分类缺乏严格的分类标准，结构化程度低，纷繁复杂，缺乏规律性，对实践难以提供有效的指导。波普尔（1986）指出，理论越简单，认知加工负担就越轻，就越可能被实践者所运用，基于 CHS 理论的商业模式分类，满足了这一要求。

2）概括了经典的商业模式

知识的本质是概括，概括是科学的起源，基于 CHS 理论的商业模式三维分类体系，囊括了典型的商业模式，为学习商业模式最佳实践提供了便利。①交易产品维度：单产品上升到双产品的吉列"剃须刀 + 刀片"模式，雀巢"咖啡机 + 咖啡胶囊"模式，再上升到多产品的谷歌"免费"模式、阿里巴巴的"平台模式"，由多产品降为单产品的西南航空"毫无虚饰"模式。②交易内容维度：使用权交易的施乐复印机租赁模式，爱彼迎、优步共享经济模式；先使用权、后所有权的胜家缝纫机"租赁—购买"模式、能源绩效合约模式。③支付时间维度：预先支付的俱乐部模式；预先与即期支付相结合的 Mobike、ofo 的押金模式、iPhone 的合约机模式；延期支付的赊销模式；即期与延期支付相结合的分期付款模式等。

3）拓展了商业模式的选择性空间

基于 CHS 理论的商业模式三维分类体系，每一个维度，既可以进行单一取值，也可以进行复合取值，通过排列组合后，将会产生极大的商业模式可能性空间。这样，该分类体系不仅仅包括已有的商业模式，还能预见和解释并未在现实中实现的商业模式，为商业模式的变革、创新提供指导。

3. 未来研究方向

综上所述，基于 CHS 理论的商业模式，经理论构思和实证研究，取得了一定的进展，但是仍有四个问题有待进一步研究：①尽管交易产品维度在直觉上有很强的解释力，其是否有效仍需实证检验；②各商业模式的有效性的边界条件，有待进一步探索；③采用现场实验方法，检验各商业模式的生态效度；④用数学语言描述该商业模式，以提高该商业模式的精确性、严谨性。

第15章

创业绩效结构探索与合约解释[①]
——如何度量创业的成功程度

摘　要：本文在文献阅读与企业访谈的基础上，提出了创业绩效结构的一阶四维度模型假设，以206家企业为样本，用结构方程建模方法，对假设模型与竞争性模型进行拟合度对比，发现了一个二阶四维度的创业绩效结构。经内容分析，构建了基于"合约相关者剩余"的创业绩效理论，探索了二阶四维度的"合约"含义。该研究解决了创业绩效指标的不一致问题，深化了熊彼特的"企业家理论"，弥补了"创业机会论"的不足，对有效测量创业成功程度、改进创业管理具有重要的现实意义。

关键词：创业绩效结构；二阶四维绩效模型；创业合约相关者剩余；创业绩效合约论；创业合约论

15.1　引言

创业是促进经济增长、解决就业、实现创新的重要机制，引起了学术界、商界与政府的广泛关注。在广泛关注的创业问题中，有一个重要的课题——创业绩效结构，即如何测度创业企业成功程度的问题，有待进一步研究，该课题无论是在理论上还是在实践中都具有十分重要的意义。

在理论上，其涉及检验理论的有效性，因为，创业绩效作为最重要的因变量，或者说终极因变量，它是检验各种创业理论解释力和预见性的标准。如果创业绩效结构不明确，创业理论的解释力与预测力就得不到有效的检验，几种竞争性理论孰优孰劣将无法判断，这将阻碍创业理论的发展。

在实践中，绩效指标有着指挥棒的作用。有什么样的绩效指标，就意味着什么么重要，人们就会朝着指标测度的方向努力；不测量什么，人们就会忽视什么。

[①]　沈超红，王重鸣. 创业绩效结构探索与合约解释 [J]. 南京社会科学，2011(1): 36-42.

不明确创业绩效结构，将很难判断创业实践中哪种管理方法更有效，也就不能有效地指导创业实践。

"设法了解人们现在科学上讨论些什么，找出困难所在，把兴趣放在不一致的地方。这些就是你应该从事研究的问题"（Popper，1963）。创业绩效结构就是这样一个应该研究的问题，是学术界关注多年的课题，至今仍有研究价值。创业绩效是一种特殊的组织绩效，国外对组织绩效的研究探索已经持续了许多年，至今没有得到一致性的结论。40多年前，Katz 和 Kahn（1966）指出，开发满意的组织绩效指标很明显存在着问题，其解决方案还很不清楚。30多年前，Scott（1977）也认为组织效能测量的研究不尽如人意，在回顾了大量关于组织效能及其影响因素的文献之后，他指出：我认为我们对这一领域的了解还是少之又少。Venkatraman 和 Ramanujam（1986）指出绩效测量已经困惑战略研究者20多年。10多年前，Murphy 等（1996）在分析了51项创业研究中的绩效测量后，发现创业研究中所使用的绩效指标缺乏内部一致性，有的指标甚至负相关，指出：由于绩效明显缺乏结构效度，我们应考虑在研究中放弃"绩效"这一术语的使用。但是，近10年前，Davidsson 等（2001）认为，财富创造是创业的终极结果，研究创业绩效结构非常必要。

15.2 创业绩效结构的研究假设

在创业绩效结构的研究中，单维与多维结构是一个研究重点。大多数研究者都认为，多维度绩效测量比单维度测量提供了更丰富的图景。不过，何种维度的结合是最合适的，尚未达成一致性意见（Wiliford，1997）。通过文献回顾、企业访谈，我们提出了一阶四维度的创业绩效结构假设。

Van 等（1984）许多研究者把"企业生存"视为创业绩效的基本维度。创业企业区别于一般组织的关键在于，新创企业就像一个新生儿，首先必须能存活下去（Chrisman et al.，1998）。当新创企业不能承担债权人的财务责任，或者它不能达到企业所有者的目标时，就可能失败。如果企业能生存下来，就表明它已具有一定的管理与技术水平。因此，企业生存是创业绩效的一个有效维度。

Chandler 等（1993）和 Tsai 等（1991）不少研究者认为，"企业成长"是创业绩效的另一个重要维度。一方面，新小企业常常没有盈利的历史，并且在最初大量投资的前几年，并不期望获利，收入和员工人数的增长作为绩效指标就反映了新创企业的特点（McGee et al.，1995；Merz & Sauber，1995）。另一方面，小企业过去收入的增长能够促进未来的成长，并且对小企业的持续发展能力起着非常重要的作用（Orser et al., 2000）。一些研究者指出，企业成长隐含着企业的竞争优势，会影响未来的商业拓展和管理活动，预示着企业生存和发展的可能性。因此，企业成长也是创业绩效的一个维度。

在创业绩效的多维结构中，除了"企业生存"与"企业成长"，是否还有其他维度？Mair 和 Rata（2004）基于"利益相关者理论"的创业企业多维绩效模型，给我们提供了有益的启示。它包括财务绩效、客户满意度和员工满意度三个维度。该构思的优点在于，一方面，它将"结果绩效"和"过程绩效"结合在一起，也就是，将财务绩效与客户满意度、员工满意度相结合。但美中不足的是，该构思没有捕捉到创业企业的特点，没有反映创业企业的"不确定性"特征。因此，对其构思进行改造，吸收其合理内核，增加创业特征，成为我们努力的方向。经文献研究与访谈调查，我们将"员工满意度"与"客户满意度"分别改造为"员工承诺度"与"客户信任度"。

"员工承诺度"比"员工满意度"更能反映创业企业的不确定特点，因为创业企业与成熟企业不同，成熟企业已经获得了它自己的生命（Chandler & Alfred, 1977），其生存与发展已基本不受制于个人，个别人甚至核心员工的离任，对企业的生存发展影响不大。而对于创业企业，它对人员的依赖性非常大，不少企业核心员工的离任，就意味着企业的失败。

"员工承诺度"高表明员工对企业价值观的认同，情感的相容，愿意保留员工身份，为企业做出高水平的努力。访谈中发现，"员工承诺度"高，不仅有利于克服创业中难以预测的种种困难；而且能保持工作的连续性和相关知识的积累；更重要的是，能避免分裂而过早地培养了竞争对手，使企业赢得了学习、纠错时间。因此，"员工承诺度"比"员工满意度"能更好地反映创业企业的绩效。

同理，将"客户满意度"改造为"客户信任度"，更能反映创业的不确定性特征，因为新创企业没有历史的声誉，它面临着一个客户信任的创造问题，而且文献表明，在计划经济向市场经济转型的国家中，信任的创造尤为重要。访谈中发现，创业中的许多活动都是为了创造信任而进行的。

访谈中还发现，创业者的最初构想往往并不完善。而客户愿意接受、试用企业的产品或服务，就为企业检验其一系列假设提供了条件，为其学习改进提供了机会。创业有着各种各样的目的，但是，只有赢得了客户的信任，才能有实现自己目的的机会。因此，客户信任度应该是创业绩效的一个很重要的维度，它也是一个导致创业结果绩效的过程绩效。

综上所述，企业生存、企业成长、员工承诺、客户信任，分别测度了创业企业某一方面的成功程度。因此，我们提出如下假设。

假设：创业绩效为一阶四维度结构，包括企业生存、企业成长、员工承诺、客户信任，即图 15-1 中的 M3。

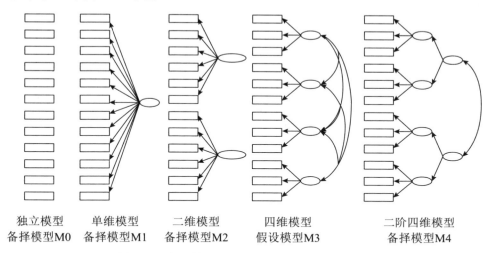

独立模型　　　单维模型　　　二维模型　　　四维模型　　　二阶四维模型
备择模型M0　　备择模型M1　　备择模型M2　　假设模型M3　　备择模型M4

图 15-1　创业绩效结构维度假设模型与备择模型

但是，四个方面的构思来自不同的文献，是否能形成一个结构有待调查数据的检验。它也可能是备择模型 M0，M1，M2，M4 中的任何一个。

15.3　创业绩效结构的研究结果

一个模型是否可以被接受，通常分析以下拟合指标：χ^2（卡方）和 χ^2/df 检验；RMSEA：根均方误差；GFI：拟合优度；AGFI：校正拟合优度；NFI：标准拟合指数；TLI：非标准性拟合指数；CFI：比较拟合指数。一般认为，当卡方值的显著性 $p \geqslant 0.05$ 时模型是可以接受的，当卡方值较小时，χ^2/df 检验的意义较少（MEDSKER et al.，1994）。RMSEA 对错误模型比较敏感，容易解释模型的质量，当 RMSEA 值小于 0.05 时表示完全拟合；当 RMSEA 值小于 0.08 时表示拟合得很好；当 RMSEA 值大于 0.1 时则拟合得很差。其他 5 个指标都要求大于或等于 0.90。TLI 和 CFI 这两个指标不受样本大小影响，在实际研究过程中特别需要加以关注。创业绩效五种可能模型的比较结果见表 15-1。

表 15-1　创业绩效假设模型与备择模型拟合指标

拟合指标	χ^2/df	GFI	NFI	IFI	TLI	CFI	RMSEA
备择模型 M0	20.15	0.37					
备择模型 M1	12.23	0.60	0.49	0.52	0.41	0.51	0.23

续表

拟 合 指 标	χ^2/df	GFI	NFI	IFI	TLI	CFI	RMSEA
备择模型 M2	5.76	0.76	0.77	0.80	0.752	0.80	0.152
假设模型 M3	1.69	0.93	0.93	0.97	0.96	0.97	0.06
备择模型 M4	1.66	0.94	0.94	0.97	0.97	0.97	0.06

从表 15-1 中各种模型的拟合指数可以发现，一方面，备择模型 M0、M1、M2 的 χ^2/df 值都大于 2，如 M1 的 χ^2/df 为 12.23，拟合优度指数 GFI 分别为 0.37，0.60，0.76，均小于 0.9，其他拟合指数也小于 0.9，没有达到模型拟合的临界水平，另一方面，备择模型 M1、M2 的 RMSEA 值均大于 0.1，说明备择模型 M0、M1、M2 与数据拟合程度低，没有竞争优势，应该放弃。

一阶四维模型 M3 与二阶四维模型 M4 在相对重要的 CFI，TLI 等拟合指标上均大于 0.9，两个模型谁更优，要通过比较模型的 $\Delta\chi^2$ 来做进一步的检验。

在本研究中，M4 — M3 的 $\Delta\chi^2$ 为 3.8，Δdf 为 1，查方差表可知，0.05 显著水平的 χ^2 值为 3.84。因此，假设模型 M3 与二阶四维模型 M4 在 0.05 水平上无显著差异。这样，假设模型 M3 与竞争性模型 M4 不分伯仲。

15.4 创业绩效结构研究的结论与讨论

1. 模型M3与模型M4的比较

假设模型若要成立，在实证中，它要优于备择模型；在理论上，必须符合逻辑，有内在自洽性。

研究结果表明，假设模型，即一阶四维模型 M3，与数据拟合度高，因此，假设成立。但是，二阶四维模型 M4 与数据拟合度也高，竞争性假设尚未排除，哪个构思更合理，需分析四个维度的内在含义。

经内容分析，我们发现了四个维度背后所隐含的"合约"意义。

"企业生存"表明企业达到了一定数量的合约；企业能持续生存，表明企业运行达到了盈亏平衡点。相反，低于一定数量的合约，企业可能亏损，也可能创造的"企业家剩余"不足以补偿创业者的机会成本，长期如此，企业创造的价值有限，则只好关门。

"企业成长"就是合约在数量上的增长，具体表现在销售的增长、员工的增加和收入的增长。合约的增长意味着创业提供的产品或服务的"市场接受度"的增长，隐含着企业有一定的竞争优势。

"员工承诺"度高，则员工继续保留在企业，表明以往签约执行的质量高，这等于员工与企业重复签约，降低了招聘新员工的交易成本。

"客户信任"度高，则客户优先购买、推荐购买、重复购买，表明以往企业与客户执行的合约质量高。这就降低了企业打广告、推销产品的成本。降低了交易成本，即降低了签订新合约的成本，提高了签订新合约的效率。四个创业绩效维度的合约特征见表15-2。

表 15-2 四个创业绩效维度的合约特征

维度特点	数量与质量	效率与效果	过程与结果
企业成长	合约数量	合约效果	结果绩效
企业生存			
客户信任	合约质量	合约效率	过程绩效
员工承诺			

从合约角度分析，模型 M4 含义如表 15-2 所示，其中二阶变量分别表明了创业企业合约的数量与质量、效率与效果、过程与结果。因此，模型 M4 是比假设模型 M3 更好的模型，它整合了创业绩效的四个维度，更深入地揭示了四个维度的内在含义，使之不再是不同构思的简单堆砌。

2. 模型M4隐含的理论

但是，为什么用合约的数量与质量，就可以测度创业绩效？

我们构建了一个基于创业"合约相关者剩余"（Surplus of Contract Holder）的创业绩效理论——"创业绩效合约论"，以解释模型 M4 的二阶含义。

Shane 和 Venkataraman（2000）认为，创业是不顾资源的限制，捕捉和利用机会，以创造价值的过程。"创业创造的价值"可以用交易各方的"剩余"来度量。要捕捉与利用创业机会，创业者就必须获得自己并不拥有的资源。一般说来，取得资源有四种方式：自行生产、强取、乞讨、交换。显然，"交换即交易是创业者获取资源的主要手段"。创业者与资源拥有者各方进行交易，资源拥有者有"剩余"才会进行交易，资源拥有者的"供给者剩余"是卖出该资源的实际收入与愿意卖出的最低价格之间的差额。如果通过一组合约调动了创业所需的各种资源，那么，创业机会的"总收入"超过购买各种资源的"总支出"部分，就是"企业家利润"，"企业家利润"超过企业家"最低期望收入"部分，就是"企业家剩余"。这样，创业"合约相关者剩余"之和就是一个创业机会所创造的"价值"。

不难得出，相对于竞争对手，一个创业机会所执行的"合约"越多，其创造的价值就越大；而执行合约的质量越好，再次签订合约的交易成本就越低。因此，用合约的"数量"与"质量"测度创业绩效，捕获到了创业的"价值创造"本质特征，其表象是合约，而本质是各方的"剩余"，即创业"合约相关者剩余"。

值得指出的是，创业绩效四维度中，形式上好像只测度了"客户的剩余"和"员工的剩余"，但实际上，投资者的剩余、创业者的剩余、其他供给者的剩余都隐含在企业的生存与成长维度上。企业能够持续生存，或者快速成长，给他们带来的剩余就大。因此，该模型的实际解释力，比表面上的解释力要强得多。

更有意义的是，由"创业绩效合约论"可提升到"创业合约论"：创业是用"剩余"测度机会，用"合约"调动资源而创造价值的过程。"合约论"弥补了创业"资源论"与"机会论"的不足。

3. 创业绩效结构研究的理论进展

在以往创业研究中，创业绩效测度存在以下三个方面的问题：一是绩效指标缺乏内部一致性，从而阻碍了创业理论的构建，也不利于对创业实践进行指导；二是绩效测量难以进行跨行业的比较，从而不利于外部效度更高的创业理论的构建；三是没有一个反映创业本质特征，即不顾资源的限制捕获和利用机会而创造价值的绩效理论。本研究在上述几个方面进行了有益的探索，得到了一些有意思的结果。

（1）构建了创业绩效二阶四维度模型。通过理论思考与实证检验，我们提出了创业绩效二阶四维度模型。由企业生存与企业成长两个因子构成一个"合约数量"二阶因子；由员工承诺与客户信任两个因子构成"合约质量"二阶因子。创业绩效可以用合约的数量与质量来测度。

以往创业研究中，创业绩效指标缺乏内部一致性，从而阻碍了创业理论的构建，不利于检验创业管理实践的有效性。本研究提出的创业绩效二阶四维度模型，不仅反映了创业的价值创造的本质特征，对价值创造有全面的测度，而且具有良好的内部一致性，为检验创业理论的有效性提供了重要的效标。

（2）构建了创业绩效合约论。本研究构建了基于创业"合约相关者剩余"的创业绩效理论，简称"创业绩效合约论"。

该理论从"合约"隐含着"价值"、隐含着合约各方的"剩余"出发，用合约的数量与质量分别测度创业绩效的效果与效率，反映了创业捕捉机会、创造价值的本质特征。在以下三个方面取得了理论进展。

一是组织绩效理论的新视角。基于"合约相关者剩余"的创业绩效理论，比以往的组织绩效理论更能反映创业的本质特征。创业研究中借用的绩效理论——

目标理论、系统资源理论、过程理论、利益相关者理论,均没有真正测度创业所创造的价值,不便于进行组织之间的绩效比较。我们提出的基于"合约相关者剩余"创业绩效理论为组织绩效理论提供了一个新的视角,它从合约所创造的剩余出发,用"合约相关者剩余",从数量和质量上测度组织所创造的价值,使组织绩效成为可以操作,并且可以进行跨行业比较的概念。

二是企业家理论认识的深化。Schumpeter(1934)在《经济发展理论》中,指出了企业家创新的价值在于最后的利润,这个利润就是超过成本的剩余,也叫"企业家剩余",它是企业家对生产所做贡献的价值的表现。

用创业"合约相关者剩余"测度企业家创造的价值,比用"利润"测度更深入全面。这是因为,一方面,企业家所创造的价值,不仅仅包括"企业家剩余",还应包括创业项目其他各方的"剩余",是创业项目的利益相关者剩余的总和。另一方面,严格说来,"企业家剩余"不应该等于最终的"利润",而应该是"最终利润"与企业家创业所"期望的最低利润"的"差"。因此,在一定程度上,基于"合约相关者剩余"的创业理论,更全面、准确地测度了企业家所创造的价值,完善与深化了 Schumpeter 的企业家理论。

更重要的是,"合约论相关者剩余"深化了 Schumpeter 的企业家创新理论。Schumpeter 认为创新是资源的重新组合,但是,没有解释为什么能重新组合。创业合约论回答了这一问题,企业家是通过为资源拥有者提供"剩余"而调动资源,是用"合约"这种形式调动资源,从本质与手段,"创业合约论"回答了"创新"何以能实现的动力机制问题。

三是创业理论的新范式。在创业领域,Shane 和 Venkataraman(2000)提出了创业"机会论",该理论受到了学者们的广泛好评(Gartner,2001)。但在2005 年的美国管理学年会上,"资源学派"与"机会学派"就创业的本质问题,进行了激烈的争论。实际上,这两个学派捕获到了创业不同侧面的特征:没有资源,只有机会,创业不可能成功;相反,没有机会,只有资源,创业也不可能成功。

本文提出的"创业合约论"整合了"资源论"和"机会论",指出:创业是用"剩余"测度机会,通过一组"合约"调动"资源",而捕捉和利用"机会",创造价值的过程。因此,"创业合约论"是创业"资源论"和"机会论"的整合、"创业机会论"的进化,是创业研究的新范式。

4. 创业绩效结构研究的实践意义

正如勒温所说:没有什么比好理论更具有实用价值的了。理论的深刻性和普适性,毫无疑问对实践有十分重要指导意义。

(1)测度创业绩效的系统性。在很大程度上,创业是创业者个人意志的体现，创业是挖掘个人潜能、实现个人目标的一种有效手段。这就容易导致只看结果、只用目标实现的程度来测量创业绩效的偏向。

基于合约的创业绩效理论，克服了测度创业绩效的片面性。一方面，创业绩效合约论将"结果绩效"与"过程绩效"相结合，共同评价创业绩效，将企业的目标、企业生存、企业成长与导致这个结果的过程与客户信任、员工承诺相结合，使创业者对创业绩效有比较全面的认识，为了赢得结果，就要注重过程。另一方面，创业绩效不仅仅包括创业者的所得利润，或"企业家剩余"，还包括其他创业合约相关者的剩余。创业者为了达到自己的目标，就要满足合约相关者的利益。因此，创业绩效合约论为创业绩效的测度提供了一个系统框架。

（2）指导创业实践的有效性。以往创业绩效指标，由于缺乏内部一致性使创业管理的有效性得不到明确的检验。一种管理实践用一种指标测度可能有效，而用另外一种指标测度则可能无效，甚至是负效果。因此，缺乏内部一致性的绩效指标体系，难以对管理实践产生前后一致的指导。

本研究构架的创业绩效结构维度，具有良好的内部一致性，它为创业者检验管理实践的有效性提供了前后一致的、稳定的效标，为创业者分配资源、改善管理、加强培训提供了理论依据。

5. 创业绩效结构研究的局限性与未来研究方向

由于主客观条件的限制，本研究还存在两个方面的局限性：一方面，本研究的调查对象均为存活企业，对失败企业缺乏调查，从理论上来说，样本数据是不全面的，所得结论可能会产生一定的偏差。如果样本中既有存活企业又有失败企业，研究所得结论的可靠性会更高，或许会有不同的发现。另一方面，本研究所用数据为主观数据。尽管有研究证据表明，主观绩效测度与客观绩效测度一样，有很好的聚合效度和辨别效度（Wall et al., 2004）。但是在研究中，若采用主观数据与客观数据相结合的方法，得出的结论可信度更高。从不同的来源获得不同的因果变量的数据，所得结论可靠性会更强。

未来研究可进行几个方面的改进：在研究对象上，将存活企业与失败企业结合在一起，进行对比研究，可减少结论的偏差。尽管失败企业失败的原因可能各不相同，但是，当样本足够大的时候，我们可能发现有意义的失败模式，它无疑是对存活企业研究的一种补充，使我们所得结论更加全面，更有说服力。在研究方法上，有必要进行纵向的准实验研究，以探索不同阶段创业企业在不同维度上的权重，以及绩效形成机制。在理论构建上，基于"合约相关者剩余"的"创业合约论"的内涵与外延要进一步挖掘，它能解释和预见什么现象，需要进一步的探索。

参 考 文 献

[1] 奥菲克. 第二天性：人类进化的经济起源 [M]. 张敦敏, 译. 北京：中国社会科学出版社, 2004.
[2] 波普尔. 猜想与反驳：科学知识的增长 [M]. 傅季重, 纪树立, 周昌忠, 等译. 上海：上海译文出版社, 2005.
[3] 波普尔. 科学发现的逻辑 [M]. 查汝强, 邱仁宗, 万木春, 译. 杭州：中国美术学院出版社, 2008.
[4] 陈子龙. 明经世文编·条复收胡马疏 [M]. 北京：中华书局, 1962.
[5] 陈子龙. 明经世文编·虏众内附边患称宁乞及时大修辩证以永国治安疏 [M]. 北京：中华书局, 1962.
[6] 李嘉图. 政治经济学及赋税原理 [M]. 郭大力, 王亚南, 译. 北京：商务印书馆, 1962.
[7] 多伊奇. 无穷的开始 [M]. 王艳红, 张韵, 译. 北京：人民邮电出版社, 2019.
[8] 方逢时. 大隐楼集 [M]. 李勤璞, 校注. 沈阳：辽宁人民出版社, 2009.
[9] 福井谦一. 学问的创造 [M]. 那日苏, 译. 石家庄：河北科学技术出版社, 2000.
[10] 福山. 历史的终结与最后的人 [M]. 陈高华, 译. 桂林：广西师范大学出版社, 2004.
[11] 高拱. 高文襄公文集 [M]. 济南：齐鲁社, 1997.
[12] 国务院工业和信息化部节能与综合利用司. 2009 年度中国节能服务产业发展报告 [R]. 北京：中国节能服务协会, 2010.
[13] 哈耶克. 自由秩序原理 [M]. 邓正来, 译. 上海：三联书店, 1997.
[14] 亨普尔. 自然科学的哲学 [M]. 张华夏, 译. 北京：中国人民大学出版社, 2006.
[15] HOLCOMBE R G. 奥地利学派的大师们 [M]. 李杨, 王敬敬, 董子云, 译. 北京：清华大学出版社, 2014.
[16] 侯杰泰, 温忠麟, 成子娟. 结构方程模型及其应用 [M]. 北京：教育科学出版社, 2004.
[17] 卡特赖特. 叔本华传 [M]. 何晓玲, 译. 杭州：浙江大学出版社, 2018.
[18] 凯恩斯. 就业、利息和货币通论 [M]. 徐毓枬, 译. 北京：商务印书馆, 1983.
[19] 坎特威茨, 罗迪格, 埃尔姆斯. 实验心理学 [M]. 郭秀艳, 杨治良, 译. 上海：华东师范大学出版社, 2010.
[20] 考德威尔. 哈耶克评传 [M]. 冯克利, 译. 北京：商务印书馆, 2007.
[21] 柯兹纳. 米塞斯评传 [M]. 朱海就, 译. 上海：上海译文出版社, 2010.
[22] 库恩. 科学革命的结构 [M]. 金吾伦, 胡新和, 译. 北京：北京大学出版社, 2004.
[23] 赖欣巴哈. 科学哲学的兴起 [M]. 伯尼, 译. 北京：商务印书馆, 1983.
[24] 劳丹. 进步及其问题 [M]. 刘新民, 译. 北京：华夏出版社, 1999.
[25] 李德昌, 张守凤. 三论系统复杂与创新的势科学机制及其应对战略 [J]. 系统科学学报,

2014, 22(4): 33-37.
- [26] 刘石兰, 甘艳玲. 消费者促销预期研究述评与展望 [J]. 外国经济与管理, 2015, 37(3): 40-52.
- [27] 韦特海默. 创造性思维 [M]. 林宗基, 译. 北京: 教育科学出版社, 1987.
- [28] 马歇尔. 经济学原理 [M]. 朱志泰, 陈良璧, 译. 北京: 商务印书馆, 2011.
- [29] 麦克劳. 创新的先知——熊彼特传 [M]. 陈叶盛, 译. 北京: 中信出版社, 2010.
- [30] 梅健. 中国网约车的规制范式研究 [J]. 中国市场, 2016 (36): 163-165.
- [31] 蒙克. 维特根斯坦传 [M]. 王宇光, 译. 杭州: 浙江大学出版社, 2011.
- [32] 台湾"中央"研究院历史语言研究所校勘. 明成祖实录 [M]. 上海: 上海书店, 1982.
- [33] 尼采. 教育家叔本华 [M]. 韦启昌, 译. 上海: 上海人民出版社, 2016.
- [34] 瞿九思. 明代蒙古汉籍史料汇编 (第四辑) [M]. 呼和浩特: 内蒙古大学出版社, 2007.
- [35] 沈超红. 创业绩效结构与绩效形成机制研究 [D]. 杭州: 浙江大学, 2006.
- [36] 沈超红, 肖代柏, 李志坚. 单位住房分配的帕累托改进 [J]. 管理工程学报, 2003(1): 7-9.
- [37] 沈超红, 谭平, 李敏, 等. 合约安排与节能服务项目的市场拓展 [J]. 管理学报, 2010, 7(11): 1660-1664.
- [38] 沈超红, 黄爽. 基于合约相关者剩余的商业模式研究 [J]. 管理学报, 2019, 16(2): 210-218.
- [39] 舒比格, 贝尔纳. 当世界年纪还小的时候 [M]. 廖云海, 译. 成都: 四川少年儿童出版社, 2006.
- [40] 王建国. 1P 理论——第三方买单的商业模式与模式营销 [M]. 北京: 北京大学出版社, 2016.
- [41] 魏炜, 朱武祥, 林桂平. 基于利益相关者交易结构的商业模式理论 [J]. 管理世界, 2012(12): 125-131.
- [42] 魏炜, 朱武祥, 林桂平. 商业模式的经济解释 [M]. 北京: 机械工业出版社, 2012.
- [43] 温忠麟, 侯杰泰, 张雷. 调节效应与中介效应的比较和应用 [J]. 心理学报, 2005, 37(2): 268-274.
- [44] 熊彼特. 资本主义、社会主义与民主 [M]. 吴良健, 译. 上海: 商务印书馆, 1999.
- [45] 熊彼特. 经济发展理论——对于利润、资本、信贷、利息和经济周期的考察 [M]. 何畏, 易家详, 等译. 上海: 商务印书馆, 2011.
- [46] 斯密. 国民财富的性质和原因的研究 [M]. 郭大力, 王亚南, 译. 北京: 商务印书馆, 1972.
- [47] 殷. 案例研究: 设计与方法 [M]. 周海涛, 李永贤, 张蘅, 译. 重庆: 重庆大学出版社有限公司, 2010.
- [48] 雷. 亚当·斯密传 [M]. 胡企林, 译. 上海: 商务印书馆, 1998.
- [49] 张五常. 经济学的缺环 [M]. 香港: 花千树出版社, 2007.
- [50] 张进智, 胡正明. 顾客获取驱动要素实证研究 [J]. 山东社会科学, 2008(10): 90-94.
- [51] 张廷玉, 等. 明史·鞑靼传 [M]. 北京: 中华书局, 2011.
- [52] 张廷玉, 等. 明史·方逢时传 [M]. 北京: 中华书局, 2011.
- [53] 张廷玉, 等. 明史·朵颜传 [M]. 北京: 中华书局, 2011.
- [54] 张廷玉, 等. 明史·瓦剌传 [M]. 北京: 中华书局, 2011.
- [55] 张廷玉, 等. 明史·兵志一 [M]. 北京: 中华书局, 2011.

[56] 张廷玉, 等. 明史·谭纶传 [M]. 北京: 中华书局, 2011.
[57] 张廷玉, 等. 明史·穆宗本纪 [M]. 北京: 中华书局, 2011.
[58] 张廷玉, 等. 明史·吴兑传 [M]. 北京: 中华书局, 2011.
[59] 张廷玉, 等. 明史·王崇古传 [M]. 北京: 中华书局, 2011.
[60] 黎东方. 细说明朝 [M]. 北京: 商务印书馆, 2015.
[61] ACKERMANN F, EDEN C. Strategic management of stakeholders: theory and practice[J]. Long range planning, 2011, 44(3): 179-196.
[62] AGARWAL R, AUDRETSCH D, SARKAR M B. The process of creative construction: knowledge spillover, entrepreneurship and economic growth [J]. Strategic entrepreneurship journal, 2007, 1(3-4): 263-286.
[63] AGRAWAL D, LAL R. Contractual arrangements in franchising: an empirical investigation[J]. Journal of marketing research, 1995, 32(2): 213-221.
[64] AKERLOF G A. The market for lemons: quality uncertainty and the market mechanism[J]. The quarterly journal of economics, 1970, 84(3): 488-500.
[65] ALBA J W, HUTCHINSON J W. Dimensions of consumer expertise[J]. Journal of consumer research, 1987, 13(4): 411-454.
[66] ALCHIAN A A, DEMSETZ H. Production, information costs, and economic organization[J]. The American economic review, 1972, 62(5): 777-795.
[67] ALVAREZ S A, BUSENITZ L W. The entrepreneurship of resource-based theory[J]. Journal of management, 2001, 27(6): 755-775.
[68] ALVAREZ S A, BARNEY J B. Organizing rent generation and appropriation: toward a theory of the entrepreneurial firm[J]. Journal of business venturing, 2004, 19(5): 621-635.
[69] ALEXY O, WEST J, KLAPPER H, et al. Surrendering control to gain advantage: reconciling openness and the resource-based view of the firm[J]. Strategic management journal, 2017, 39(6): 1704–1727.
[70] AMIT R, ZOTT C. Value creation in e-business[J]. Strategic management journal, 2001, 22(6/7): 493-520.
[71] AMIT R, ZOTT C. Creating value through business model innovation[J]. MIT Sloan management review, 2012, 53(3): 41.
[72] ANDERSON C K. Setting prices on Priceline [J]. Informs, 2009, 39(4): 307-315.
[73] APRAK A, PARAMESWARAN R. Strategy formulation in multinational marketing: a deductive, paradigm-integrating approach[J]. Advances in international marketing, 1986, 1: 21-45.
[74] ARENTZ J, SAUTET F, STORR V. Prior-knowledge and opportunity identification[J]. Small business economics, 2013, 41(2): 461-478.
[75] ARDICHVILI A, CARDOZO R, RAY S. A theory of entrepreneurial opportunity identification and development[J]. Journal of business venturing, 2003, 18(1): 105-123.
[76] Aspara J. The influence of product design evaluations on investors' willingness to invest in companies: theory and experiment with Finnish individual investors[J]. Design management

journal, 2011, 6(1): 79-93.

[77] ASPREMONT C D, GERARD L A. On Bayesian incentive compatible mechanisms[Z]. Core Discussion Papers, 2015.

[78] AZARIADIS C. Implicit contracts and underemployment equilibria [J]. Journal of political economy, 1975, 83(6): 1183-1202.

[79] BARBER A G. Linear type theories, semantics and action calculi[D]. Edinburgh: University of Edinburgh, 1997.

[80] BABBIE E R. The practice of social research[M]. Melbourne: Cengage, 2020.

[81] BACON F. The essays or counsels, civill and morall[M]. London: Oxford University Press, 1625.

[82] BACHARACH S B. Organizational theories: some criteria for evaluation[J]. Academy of management review, 1989, 14(4): 496-515.

[83] BAKER T, NELSON R E. Creating something from nothing: resource construction through entrepreneurial bricolage[J]. Administrative science quarterly, 2005, 50(3): 329-366.

[84] BARON R M, KENNY D A. The moderator–mediator variable distinction in social psychological research: conceptual, strategic, and statistical considerations[J]. Journal of personality and social psychology, 1986, 51(6): 1173.

[85] BARON R A, ENSLEY M D. Opportunity recognition as the detection of meaningful patterns: evidence from comparisons of novice and experienced entrepreneurs[J]. Management science, 2006, 52(9): 1331-1344.

[86] BARTUNEK J M, RYNRES S L, IRELAN R D. What make s management research interesting, and why does it matter [J]. Academy of management journal, 2006, 49(1): 9-15 .

[87] BAILY M N. Wages and employment under uncertain demand [J]. Review of economic studies, 1974, 41(1): 37-50.

[88] BESANKO D, DRANOVE D, SHANLEY M. Economics of strategy[M]. 4th ed. New York: John Wiley Sons, 2007.

[89] Belleflamme P, Lambert T. Crowdfunding: some empirical findings and microeconomic underpinnings[J]. Social science electronic publishing, 2014, 4(4): 288-296.

[90] BLATTBERG R C, DEIGHTON J. Manage marketing by the customer equity test [J]. Harvard business review, 1996, 74(4): 136.

[91] BIDHAN L, PARMAR R, FREEMAN E, et al. Stakeholder theory: the state of the art[J]. Academy of management annals, 2010, 3(1): 403-445.

[92] BOLTON L E, WARLOP L, ALBA J W. Consumer perceptions of price (un)fairness[J]. Journal of consumer research, 2003, 29(4): 474-491.

[93] BOULSTRIDGE E, CARRIGAN M. Do consumers really care about corporate responsibility? Highlighting the attitude-behaviour gap[J]. Journal of communication management, 2000, 4(4): 355-368.

[94] BOEHM B W, ROSS R, THEORY W. Theory-W software project management principles and examples[J]. IEEE transactions on software engineering, 1989, 15(7): 902-916.

[95] BOTSMAN R, ROGERS R. What's mine is yours : the rise of collaborative consumption[M]. New York: Harper Business, 2010.

[96] BRIESCH R A, KRISHNAMURTHI L, MAZUMDAR T, et al. A comparative analysis of reference price models[J]. Journal of consumer research, 1997, 24(2): 202-214.

[97] BRUCKS M. The effects of product class knowledge on information search behavior[J]. Journal of consumer research, 1985, 12(1): 1-16.

[98] BRYNJOLFSSON E, HITT L M. Computing productivity: firm-level evidence[J]. Review of economics and statistics, 2003 (4): 793-808.

[99] CALDWELL B, EBRARY I. Hayek's challenge : an intellectual biography of F. A. Hayek[M]. Chicago: University of Chicago Press, 2005.

[100] CASADESUS-MASANELL R, RICART J E. From strategy to business models and onto tactics[J]. Long range planning, 2010, 43(2/3): 195-215.

[101] CHANG C. The interplay of product class knowledge and trial experience in attitude formation[J]. Journal of advertising, 2004, 33(1): 83-92.

[102] CHANDRASHEKARAN R, GREWAL D. Anchoring effects of advertised reference price and sale price: the moderating role of saving presentation format[J]. Journal of business research, 2006, 59(10): 1063-1071.

[103] CHARO R A. Body of research: ownership and use of human tissue[J]. New England journal of medicine, 2006, 355(15): 1517-1519.

[104] CHANDLER G, HANKS S. Measuring the performance of emerging businesses: a validation study[J]. Journal of business venturing, 1993, 8: 391-408.

[105] CHANDLER J R, ALFRED D. The visible hand: the management revolution in American business[M]. Boston: Harvard University Press, 1977.

[106] CHEN G, ZHANG H. Government regulation function and its holistic governance in food safety: based on the perspective of holistic governance theory[J]. Journal of Yunnan University of Finance Economics, 2012(5): 367-370.

[107] CHESBROUGH H, ROSENBLOOM R S. The role of the business model in capturing value from innovation: evidence from Xerox Corporation's technology spin‐off companies[J]. Industrial and corporate change, 2002, 11(3): 529-555.

[108] CHEUNG S N S. The theory of share tenancy [M]. Chicago: University of Chicago Press, 1969.

[109] CHEUNG S N S. The contractual nature of the firm[J]. The journal of law and economics, 1983, 26(1): 1-21.

[110] CHI M T H, FELTOVICH P J, GLASER R. Categorization and representation of physics problems by experts and novices[J]. Cognitive science, 1981, 5(2): 121-152.

[111] CHRISMAN J J, BAUERSCHMIDT A, HOFER C W. The determinants of new venture performance: an extended model[J]. Entrepreneurship: theory and practice, 1998, 23(1): 5-29.

[112] CLARKSON M B E. A risk based model of stakeholder theory[C]//Proceedings of the second Toronto Conference on Stakeholder Theory, 1994: 18-19.

[113] COASE R H. The nature of the firm [J]. Economic, 1937, 4(16): 18-33.

[114] COASE R H. The nature of the firm: meaning [J]. Journal of law, economics, organization, 1988, 4(1): 19-32.

[115] CONSTANTINIDES E, FOUNTAIN S J. Web 2.0: conceptual foundations and marketing issues[J]. Journal of direct, data and digital marketing practice, 2008, 9(3): 231-244.

[116] CONITZER V, TAYLOR C R, WAGMAN L. Hide and seek: costly consumer privacy in a market with repeat purchases [J]. Marketing science, 2012, 31(2): 277-292.

[117] COOPER J, ZANNA M P, TAVES P A. Arousal as a necessary condition for attitude change following induced compliance[J]. Journal of personality and social psychology, 1978, 36(10): 1101.

[118] CORDELL V V. Consumer knowledge measures as predictors in product evaluation[J]. Psychology marketing, 1997, 14(3): 241-260.

[119] CRILLY D, ZOLLO M, HANSEN M T. Faking it or muddling through? Understanding decoupling in response to stakeholder pressures [J]. Academy of management journal, 2012, 56(2): 1429-1448.

[120] DAHLMAN C J. The problem of externality[J]. Journal of law and economics, 1979, 22(1): 141-162.

[121] DASILVA C M, TRKMAN P. Business model: what it is and what it is not[J]. Long range planning, 2014, 47(6): 379-389.

[122] DAVIDSSON P, LOW M B, WRIGHT M. Editor's introduction: low and MacMillan ten years on achievements and future directions for entrepreneurship research[J]. Entrepreneurship: theory and practice, 2001, 25: 5-15.

[123] DEMIL B, LECOCQ X. Business model evolution: in search of dynamic consistency[J]. Long range planning, 2010, 43(2/3): 227-246.

[124] DEVELLIS R. F. Scale development: theory and applications[M]. London: Sage publications Inc, 1991.

[125] DEUTSCH D. The beginning of infinity: explanations that transform the world[M]. London: Allen Lane, 2011.

[126] DODDS W B, MONROE K B, GREWAL D. Effects of price, brand, and store information on buyers' product evaluations[J]. Journal of marketing research, 1991, 28(3): 307-319.

[127] DODDS W K. Fresh water ecology: concepts and environmental applications[M]. Amsterdam: Elsevier, 2002.

[128] DONOVAN R J, ROSSITER J R, MARCOOLYN G, et al. Store atmosphere and purchasing behavior[J]. Journal of retailing, 1994, 70(3): 283-294.

[129] DONALDSON T, PRESTON L E. The stakeholder theory of the corporation: concepts, evidence, and implications[J]. Academy of management review, 1995, 20 (1): 65-91.

[130] DONALDSON T. Response: making stakeholder theory whole[J]. Academy of management review, 1999, 24(2): 237-241.

[131] DRUCKER P F, MACIARIELLO J A. The daily drucker: 366 days of insight and motivation for getting the right things done[M]. London: Butterworth-Heinemann, 2004.

[132] DUDLEY G, BANISTER D, SCHWANEN T. The rise of Uber and regulating the disruptive innovator[J]. The political quarterly, 2017(3): 1-10.

[133] EARLE T C. Thinking aloud about trust: a protocol analysis of trust in risk management[J]. Risk analysis: an international journal, 2004, 24(1): 169-183.

[134] EDELMAN B G, GERADIN D. Efficiencies and regulatory shortcuts: how should we regulate companies like Airbnb and Uber?[J]. Social science electronic publishing, 2016(10): 102-105.

[135] EISENHARDT K M. Building theories from case study research[J]. Academy of management review, 1989, 14(4): 532-550.

[136] ERRIGO III J J. Stakeholder theory and value creation within corporate communication: corporate LGBT inclusion and fairness through the lens of Rawls's theory of justice[D]. Minneapolis, MN: Capella University, 2016.

[137] EVANSCHITZKY H, WUNDERLICH M. An examination of moderator effects in the four-stage loyalty model[J]. Journal of service research, 2006, 8(4): 330-345.

[138] FAY S. Competitive reasons for the Name-Your-Own-Price channel [J]. Market letters, 2009, 20: 277-293.

[139] FEYERABEND P. Against method[M]. London: New Left Books, 1975.

[140] FLYNN L R, GOLDSMITH R E. A short, reliable measure of subjective knowledge[J]. Journal of business research, 1999, 46(1): 57-66.

[141] FOSS N J, SAEBI T. Fifteen years of research on business model innovation: how far have we come, and where should we go?[J]. Journal of management, 2017, 43(1): 200-227.

[142] FRAIBERGER S P, SUNDARARAJAN A. Peer-to-Peer rental markets in the sharing economy[J]. Social science electronic publishing, 2015(12): 23-68.

[143] FREDERICK W C, DAVIS K, POST J E. Business and society: corporate strategy, public policy, ethics[M]. New York: Irwin / McGraw-Hill, 2002.

[144] FREEMAN R E. Strategic management: a stakeholder approach[M]. Boston, MA: Pitman Publishing, 1984.

[145] FRIEDMAN H L. Ionic solution theory: based on cluster expansion methods[M]. New York: Interscience Publishers, 1962.

[146] FURNHAM A, BOO H C. A literature review of the anchoring effect [J]. The Journal of socio-economics, 2011, 40(1): 35-42.

[147] GARTNER W B. Is there an elephant in entrepreneurship? Blind assumptions in theory development[J]. Entrepreneurship: theory and practice, 2001(25): 27-39.

[148] GARVER N. What theory is[J]. Journal of folklore research, 2008: 63-70.

[149] GEORGE G, BOCK A J. The business model in practice and its implications for entrepreneurship research[J]. Entrepreneurship theory and practice, 2011, 35(1): 83-111.

[150] GERPOTT T J, RAMS W, SCHINDLER A. Customer retention, loyalty, and satisfaction in the German mobile cellular telecommunications market[J]. Telecommunications policy, 2001, 25(4): 249-269.

[151] GILLIES C, RIGBY D, REICHHELD F. The story behind successful customer relations

[152] GRANT R M. Toward a knowledge-based theory of the firm [J]. Strategic management journal, 1996, 17: 109-122.

[153] GLASER B G, STRAUSS A L. The discovery of grounded theory: strategies of qualitative research [M]. London: Wledenfeld and Nicholson, 1967.

[154] GODLEY A. Selling the sewing machine around the world: Singer's international marketing strategies[J]. Enterprise and society, 2006, 7(2): 266-314.

[155] GORDON D F. A neo-classical theory of Keynesian unemployment [J]. Economic inquiry, 1974, 12(1): 431-459.

[156] GRÉGOIRE D A, SHEPHERD D A, SCHURER LAMBERT L. Measuring opportunity-recognition beliefs: illustrating and validating an experimental approach[J]. Organizational research methods, 2010, 13(1): 114–145.

[157] GROSSMAN S J, HART O D. The costs and benefits of ownership: a theory of vertical and lateral integration [J]. The journal of political economy, 1986, 94(4): 691-719.

[158] GUO H, JOLLY R W. Contractual arrangements and enforcement in transition agriculture: theory and evidence from china[J]. Food policy, 2008, 33(6): 570-575.

[159] HAEMOON. Service quality, customer satisfaction and customer value: a holistic perspective[J]. International journal of hospitality management, 1999(1): 67-82.

[160] HAMARI J, SJÖKLINT M, UKKONEN A. The sharing economy: why people participate in collaborative consumption[J]. Journal of the association for information science and technology, 2016, 67(9): 2047-2059.

[161] HARA C. Pareto improvement and agenda control of sequential financial innovations[J]. Journal of mathematical economics, 2011, 47(3): 336-345.

[162] HARRISON J S, FREEMAN R E. Stakeholders, social responsibility, and performance: empirical evidence and theoretical perspectives[J]. Academy of management journal, 1999, 42(5): 479-487.

[163] HARRISON J S, WICKS A C. Stakeholder theory, value, and firm performance[J]. Business ethics quarterly, 2013, 23(1): 97-125.

[164] HAYEK F A. The sensory order[M]. Chicago: University of Chicago Press, 1952.

[165] HEMPEL C G. Philosophy of natural science[J]. British journal for the philosophy of science, 1966, 18(1): 70-72.

[166] HENDRY J. Missing the target: normative stakeholder theory and the corporate governance debate[J]. Business ethics quarterly, 2001, 11(1): 159.

[167] HENNIG-THURAU T, KLEE A. The impact of customer satisfaction and relationship quality on customer retention: a critical reassessment and model development[J]. Psychology marketing, 1997, 14(8): 737-764.

[168] HITT L M, CHEN P. Bundling with customer self-selection: a simple approach to bundling low-marginal-cost goods[J]. Management science, 2005, 51(10): 1481-1493.

[169] HICKS J R. The rehabilitation of consumers' surplus[J]. The review of economic studies,

1941, 8(2): 108-116.

[170] HICKS J R, ALLEN R G D. A reconsideration of the theory of value. Part II [J]. Economic, 1934, 1(2): 196-219.

[171] HOLCOMBE R G. 15 great Austrian economists[M]. Auburn, AL: Ludwig Von Mises Institute, 1999.

[172] HONG Z. Energy security concerns of China and ASEAN: trigger for conflict or cooperation in the South China Sea?[J]. Asia Europe journal, 2010, 8(3): 413-426.

[173] HOROWITZ J K, MCCONNELL K E. A review of WTA/WTP studies[J]. Working papers, 2002, 44(3): 426-447.

[174] HURWICZ L. On informationally decentralized systems[M]. Decision and Organization: A volume in Honor of Jacob Marschak, 1972.

[175] IM S, BAYUS B L, MASON C H. An empirical study of innate consumer innovativeness, personal characteristics, and new-product adoption behavior[J]. Journal of the academy of marketing science, 2003, 31(1): 61-73.

[176] JACOBSON R, OBERMILLER C. The formation of expected future price: a reference price for forward-looking consumers[J]. Journal of consumer research, 1990, 16(4): 420-432.

[177] JENSEN M C. Value maximization, stakeholder theory, and the corporate objective function[J]. Business ethics quarterly, 2002, 7(2): 297-317.

[178] JESÚS H D S, AFFAIRS I O E. The Austrian school : market order and entrepreneurial creativity[M]. Cheltenham: Edward Elgar Publishing, 2008.

[179] JOHNSON M W, CHRISTENSEN C M, KAGERMANN H. Reinventing your business model[J]. Harvard business review, 2008, 86(12): 57-68.

[180] JONES T M. Corporate social responsibility revisited, redefined[J]. California management review, 1980, 22(3): 59-67.

[181] JONES T M, WICKS A C. Convergent stakeholder theory[J]. Academy of management review, 1999, 24(2): 206.

[182] JONES M A, MOTHERSBAUGH D L, BEATTY S E. Switching barriers and repurchase intentions in services[J]. Journal of retailing, 2000, 76(2): 259-274.

[183] KAHNEMAN D, SLOVIC P, TVERSKY A. Judgment under uncertainty: heuristics and biases[M]. New York: Cambridge University Press, 1982.

[184] KAHNEMAN D, TVERSKY A. Choices, values, and frames[J]. American psychologist, 1984, 39(4): 341-350.

[185] KAHNEMAN D. A psychological point of view: violations of rational rules as a diagnostic of mental processes[J]. Behavioral and brain sciences, 2000, 23(5): 681-683.

[186] KAPLAN A. The conduct of inquiry: methodology for behavioral science[M]. San Francisco, CA: Chandler Publishing Company, 1964.

[187] KATZ D, KAHN R L. The social psychology of organizations[M]. New York: Wiley, 1966.

[188] KEY S. Toward a new theory of the firm: a critique of stakeholder theory[J]. Management decision, 1999, 37(4): 317-328.

[189] KEYNES J. Mr. JM Keynes' general theory of employment, interest and money[M]. London: Macmillan for the Royal Economic Socially, 1936.
[190] KOTLER P. Marketing management[M]. New York: Pearson Education India, 2009.
[191] LICHTENSTEIN D R, BEARDEN W O. Contextual influences on perceptions of merchant-supplied reference prices[J]. Journal of consumer research, 1989, 16(1): 55-66.
[192] KIRZNER I M. Competition and entrepreneurship[M]. Chicago, IL: University of Chicago Press, 1973.
[193] KLEIN B, MURPHY K M. Vertical integration as a self-enforcing contractual arrangement [J]. The American economic review, 1997, 87(2): 415-420.
[194] KNIGHT F H. Risk, uncertainty and profit[M]. Boston: Houghton Mifflin, 1921.
[195] KOOPMAN C, MITCHELL M D, THIERER A D. The sharing economy and consumer protection regulation: the case for policy change[J]. Social science electronic publishing, 2014, (15): 5-13.
[196] KOPALLE P K, LINDSEY M J. The impact of external reference price on consumer price expectations[J]. Journal of retailing, 2003, 79(4): 225-236.
[197] KRISTENSEN H, GÄRLING T. Anchor points, reference points, and counteroffers in negotiations[J]. Group decision and negotiation, 2000, 9(6): 493-505.
[198] KULL A J, MENA J A, KORSCHUN D. A resource-based view of stakeholder marketing[J]. Journal of business research, 2016, 69(12): 5553-5560.
[199] KUHN T S. The structure of scientific revolutions[M]. Chicago, IL: University of Chicago Press, 1962.
[200] LAMPE M. Mediation as an ethical adjunct of stakeholder theory[J]. Journal of business ethics, 2001, 31(2): 165-173.
[201] LANIVICH S E, SMITH A, LEVASSEU R L, et al. Advancing entrepreneurial alertness: review, synthesis, and future research directions[J]. Journal of business research, 2022(139): 1165-1176.
[202] LAUDAN L. Progress and its problems[M]. Berkeley, CA: University of California Press, 1977.
[203] LEWIN K. Psychology and the process of group living[J]. The journal of social psychology, 1943, 17(1): 113-131.
[204] MACHLUP F. Theories of the firm: marginalist, behavioral, managerial[J]. American economic review, 1967, 57(1): 201-220.
[205] MARSHALL A. Principles of economics [M]. London: Macmillan Press, 1890.
[206] MARX K, ENGELS F. Marx Engels collected works Vol 40: Marx and Engels: 1856-1859[M]. London: Lawrence Wishart, 1983.
[207] MAIR J, RATA C. Corporate entrepreneurship: linking strategic roles to multiple dimensions of performance[R]. Entrepreneurship conference paper, 2004: 19.
[208] MANKIW N G. Symposium on Keynesian economics today[J]. Journal of economic perspectives, 1998, 7(1): 3-4.

[209] MAINARDES E W, ALVES H, RAPOSO M. Stakeholder theory: issues to resolve[J]. Management decision, 2011, 9(2): 226-252.

[210] MCCLINE R L, BHAT S, BAJ P. Opportunity recognition: an exploratory investigation of a component of the entrepreneurial process in the context of the health care industry[J]. Entrepreneurship theory and practice, 2000, 25(2): 81–94.

[211] MCDONALD R M, EISENHARDT K M. Parallel play: startups, nascent markets, and effective business-model design[J]. Administrative science quarterly, 2020, 65(2): 483-523.

[212] MCKENZIE R B, TULLOCK G. Why some goods are free [M]//MCKENZIE R B, TULLOCK G. The new world of economics. Berlin: Springer. 2012: 245-267.

[213] MEDSKER G J, WILLIAMS L J, HOLAHAN P J. A review of current practices for evaluating causal models in organizational behavior and human resources management research[J]. Journal of management, 1994, 20(2): 439-464.

[214] MERZ G R, SAUBER M H. Profiles of managerial activities in small firm[J]. Strategic management journal, 1995, 16: 551-564.

[215] MERTON R K. Social theory and social structure [J]. Quarterly review of biology, 1968, 34(4): 53-53.

[216] MERTON R K. On theoretical sociology: five essays old and new[M]. New York: The Free Press, 1967.

[217] MENGER C. Grundsätze der Volkswirtschaftslehre [Principles of Economics][M]. Wien: Wilhelm Braumuller, 1871.

[218] MCGEE J E, DOWING M J, MEGGSON W. Cooperative strategy and new venture performance: the role of business strategy and management experience[J]. Strategic management journal, 1995, 16: 565-580.

[219] MICHAEL S C, COMBS J G. Entrepreneurial failure: the case of franchisees [J]. Journal of small business management, 2008, 46(1): 73-90.

[220] MITCHELL A A, DACIN P A. The assessment of alternative measures of consumer expertise[J]. Journal of consumer research, 1996, 23(3): 219-239.

[221] MITCHELL R K, AGLE B R, WOOD D J. Toward a theory of stakeholder identification and salience: defining the principle of who and what really counts[J]. Academy of management review, 1997, 22(4): 853-886.

[222] MORRIS M H. Entrepreneurial intensity: sustainable advantages for individuals, organizations, and societies[M]. Westport: Quorum Books, 1998.

[223] MOUSSEAU M. Comparing new theory with prior beliefs: market civilization and the democratic peace[J]. Peace science society, 2005, 22(1): 63-77.

[224] MUSSWEILER T, STRACK F. Numeric judgments under uncertainty: the role of knowledge in anchoring[J]. Journal of experimental social psychology, 2000, 36(5): 495-518.

[225] MUNILLA L S, MILES M P. The corporate social responsibility continuum as a component of stakeholder theory[J]. Business society review, 2005, 110(4): 371-387.

[226] MURPHY G B, TRAILER J W, HILL R C. Measuring performance in entrepreneurship

[226] research[J]. Journal of business research, 1996, 36: 15-23.

[227] NÉRON P Y. Capitalism, corporations and the social contract: a critique of stakeholder theory[J]. Business ethics quarterly, 2015, 25(3): 393-396.

[228] NIFADKAR S S, TSUI A S. Great minds in management: the process of theory development[J]. Academy of management review, 2007, 32(1): 298-303.

[229] NONAKA I. A dynamic theory of organizational knowledge creation[J]. Organization science, 1994, 5(1): 14-37.

[230] NUNES J C, BOATWRIGHT P. Incidental prices and their effect on willingness to pay[J]. Journal of marketing research, 2004, 41(4): 457-466.

[231] OLIVER R L. Cognitive, affective, and attribute bases of the satisfaction response[J]. Journal of consumer research, 1993, 20(3): 418-430.

[232] ORSER B J, HOGARTH SCOTT S, RIDING A L. Performance firm size and management problem solving[J]. Journal of small business management, 2000, 38(4): 42-58.

[233] OSTERWALDER A, PIGNEUR Y, TUCCI C L. Clarifying business models: origins, present, and future of the concept[J]. communications of the association for information systems, 2005, 16(1): 1-40.

[234] OSTERWALDER A, PIGNEUR Y. Business model generation: a handbook for visionaries, game changers, and challengers[M]. Chichester: John Wiley Sons, 2010.

[235] OZGEN E, BARON R A. Social sources of information in opportunity recognition: effects of mentors, industry networks, and professional forums[J]. Journal of business venturing, 2007, 22(2): 174-192.

[236] PARK H H, JEON J O, SULLIVAN P. How does visual merchandising in fashion retail stores affect consumers' brand attitude and purchase intention?[J]. The international review of retail, distribution and consumer research, 2015, 25(1): 87-104.

[237] PAYNE J W, BETTMAN J R, LUCE M F. When time is money: decision behavior under opportunity-cost time pressure[J]. Organizational behavior and human decision processes, 1996, 66(2): 131-152.

[238] PEACH E K, STANLEY T D. Efficiency wages, productivity and simultaneity: a meta-regression analysis[J]. Journal of labor research, 2009, 30: 262-268.

[239] PELTZMAN S. Toward a more general theory of regulation[J]. Journal of law economics, 1976, 19(2): 211-240.

[240] PHILLIPS R, FREEMAN R E, WICKS A C. What stakeholder theory is not[J]. Business ethics quarterly, 2003, 13(4): 479-502.

[241] PHILLIPS R. Stakeholder legitimacy[J]. Business ethics quarterly, 2003, 13(1): 25-41.

[242] POPPER K R. Conjectures and refutations: the growth scientific knowledge[M]. London: Routledge, 1963.

[243] POPPER K R. Objective knowledge: an evolutionary approach[M]. Oxford: Clarendon Press, 1972.

[244] POUNDSTONE W. Priceless: the myth of fair value (and How to Take Advantage of It)[M].

London: Macmillan, 2010.

[245] PORTER M E. Creating shared value[Z]. Harvard business review, 2011: 1-13.

[246] RAUCH D E, SCHLEICHER D. Like Uber, but for local government law: the future of local regulation of the sharing economy[J]. Social science electronic publishing, 2015(2): 613-627.

[247] REICHENBACH H. The rise of scientific philosophy[M]. Berkeley, CA : University of California Press, 1954.

[248] REICHHELD F F, SASSER W E. Zero defections: quality comes to services [J]. Harvard business review, 1990, 68(5): 105-111.

[249] REICHHELD F F, TEAL T, TEAL T. The loyalty effect [M]. Boston: Harvard Business School Press, 1996.

[250] RYALL M D, SAMPSON R C. Formal contracts in the presence of relational enforcement mechanisms: evidence from technology development contracts [J]. Management science, forthcoming, 2009, 55(6): 906-925.

[251] SALBU S R. Evolving contract as a device for flexible coordination and control [J]. American business law journal, 1997, 34(3): 329-384

[252] SARASVATHY S D. Causation and effectuation: toward a theoretical shift from economic inevitability to entrepreneurial contingency[J]. Academy of management review, 2001, 26(2): 243-263.

[253] SARKAR S. On the investment: uncertainty relationship in a real options model[J]. Journal of economic dynamics control, 2000, 24(2): 219-225.

[254] SCHALLER B. Entry controls in taxi regulation: implications of US and Canadian experience for taxi regulation and deregulation[J]. Transport Policy, 2007 (6): 490-506.

[255] SCHUMPETER J A. The theory of economic development [M]. Cambridge, Mass: Harvard University Press, 1934.

[256] SCHUMPETER J A. Capitalism, socialism and democracy[M]. New York: Harper Row Publishers, 1942.

[257] SCHUBIGER J. Als die Welt noch jung war[M]. Weinheim: Beltz Publishing, 1996.

[258] SCHOR J. Debating the sharing economy[J]. Journal of self-governance and management economics, 2016, 4(3): 7-22.

[259] SCOTT W R. Effectiveness of organizational effectiveness studies: new perspectives on organizational effectiveness[M]. San Francisco: Jossey-Bass, 1977.

[260] SED D, RANGANATHAN C, BABAD Y. Two-level model of customer retention in the us mobile telecommunications service market [J]. Telecommunications policy, 2008, 32(3): 182-196.

[261] SHAPIRO C, STIGLITZ J E. Equilibrium unemployment as a worker discipline device[J]. The American economic review, 1984, 74(3): 433-444.

[262] SHANE S, VENKATARAMAN S. The promise of entrepreneurship as a field of research[J]. Academy of management review, 2000, 25(1): 217-226.

[263] SHANE S. Prior knowledge and the discovery of entrepreneurial opportunities[J].

Organizational science, 2000, 11(4): 448-469.

[264] SHANE S, ECKHARDT J. The individual-opportunity nexus. In handbook of entrepreneurship research: an interdisciplinary survey and introduction boston[M]. Boston: Springer, 2003.

[265] SHER S, MCKENZIE C R. Information leakage from logically equivalent frames[J]. Cognition, 2006, 101(3): 467-494.

[266] SIMONSON I, DROLET A. Anchoring effects on consumers' willingness-to-pay and willingness-to-accept[J]. Journal of consumer research, 2004, 31(3): 681-690.

[267] SIRMON D G, HITT M A, IRELAND R D, et al. Resource orchestration to create competitive advantage: breadth, depth and life cycle effects[J]. Journal of management, 2011, 37(5): 1390-1412.

[268] SKJOETT-LARSEN T. Third party logistics: from an inter-organizational point of view[J]. International journal of physical distribution logistics management, 2000, 30(2): 112-127.

[269] SOLOW R M. Another possible source of wage stickiness[J]. Journal of macroeconomics, 1979, 1(1): 79-82.

[270] SALOP S C. A model of the natural rate of unemployment[J]. The American economic review, 1979, 69(1): 117-125.

[271] TEENKAMP J B E. Product quality: an investigation into the concept and how it is perceived by consumers [M]. Assen Maastrich: Van Gorcum, 1989.

[272] STEVENSON H, HARMELING S. Entrepreneurial management's need for a more chaotic theory[J]. Journal of business venturing, 1990, 5(1): 1-4.

[273] STEFFENS P R, BAKER T, DAVIDSSON P, et al. When is less more? Boundary conditions of effective entrepreneurial bricolage[J]. Journal of management, 2023, 49(4): 1277-1311.

[274] SUDDABY R, BRUTON G D, SI S X. Entrepreneurship through a qualitative lens: insights on the construction and /or discovery of entrepreneurial opportunity[J]. Journal of business venturing, 2015, 30(1): 1-10.

[275] SUTTON R I, STAW B M. What theory is not[J]. Administrative science quarterly, 1995, 40(3): 371-384.

[276] TEECE D J. Business models, business strategy and innovation[J]. Long range planning, 2010, 43(2-3): 172-194.

[277] TEO T, YU Y. Online buying behavior: a transaction cost economics perspective [J]. Omega, 2005, 33(5): 451-465.

[278] TELSER L G. A theory of self-enforcing agreements[J]. Journal of business, 1980, 53(1): 27-44.

[279] THALER R. Mental accounting and consumer choice[J]. Marketing science, 1985, 4(3): 199-214.

[280] TIMMERS P. Business models for electronic markets[J]. Electronic markets, 1998, 8(2): 3-8.

[281] TSAI W M H, MACMILLAN I C, LOW M B. Effects of strategy and environment on corporate venture success in industrial markets[J]. Journal of business venturing, 1991, 6: 9-28.

[282] TVERSKY A, KAHNEMAN D. Judgment under uncertainty: heuristics and biases[J].

Science, 1974, 185(4157): 1124-1131.

[283] TULLBERG J. Stakeholder theory: some revisionist suggestions[J]. The journal of socio-economics, 2013, 42(323): 127-135.

[284] TURGOT A R J. Reflections on the formation and distribution of wealth[M]. Hamilton: McMaster University Archive for the History of Economic Thought, 1793.

[285] ULGEN F. Is the financial innovation destruction creative? A schumpeterian reappraisal [J]. Journal of innovation economics, 2013, 1: 231-249.

[286] VAN DE VEN A H. Nothing is quite so practical as a good theory[J]. Academy of management review, 1989, 14(4): 486-489.

[287] VENKATRAMAN N, RAMANUJAM V. Measurement of business performance in strategy research: a comparison of approaches[J]. Academy of management review, 1986, 11(4): 801-815.

[288] NEUMANN J V, MORGENSTERN O. Theory of games and economic behavior[M]. Princeton: Princeton University Press, 1944.

[289] VENKATARAMAN S, SARASVATHY S D, DEW N, et al. Reflections on the 2010 AMR decade award: whither the promise? Moving forward with entrepreneurship as a science of the artificial[J]. Academy of management review, 2012, 37(1): 21-33.

[290] VILLANUEVA J, YOO S, HANSSENS D M. Customer acquisition channels and customer equity: a long-run view[M]. Los Angeles: University of California, 2003.

[291] VISE D A, MALSEED M. The Google story[M]. New York: Delacorte Press, 2005.

[292] VISTNES G4. An empirical investigation of procurement contract structures[J]. The Rand journal of economics, 199, 25(2): 215-248.

[293] VLACHOS I, BOGDANOVIC A. Lean thinking in the European hotel industry[J]. Tourism management, 2013, 36: 354-363.

[294] WALL T D, MICHIE J, PATTERSON M, et al. On the validity of subjective measures of company performance[J]. Personnel psychology, 2004, 57(1): 95-118.

[295] WANSINK B, KENT R J, HOCH S. An anchoring and adjustment model of purchase quantity decisions[J]. Journal of marketing research, 1998, 35(1): 71-81.

[296] WEILL P, MALONE T W, D'URSO V T, et al. Do some business models perform better than others? A study of the 1000 largest US firms[J]. MIT center for coordination science, 2005, 226(1): 1-39.

[297] WITTGENSTEIN L. Tractatus logico-philosophicus(C. K. Ogden, Trans.)[M]. Troy, MO: Harcourt, Brace Company, 1921.

[298] WELTER C, MAUER R, WUEBKER R J. Bridging behavioral models and theoretical concepts: effectuation and bricolage in the opportunity creation framework[J]. Strategic entrepreneurship journal, 2016, 10(1): 5-20.

[299] WERNERFELT B. A resource-based view of the firm[J]. Strategic management journal, 1984, 5(2): 171-180.

[300] WERTHEIMER M. Untersuchungen zur lehre von der gestalt, I : prinzipielle

bemerkungen[J]. Psychologische forschung, 1921 (1): 47-58.

[301] WHITE K, MACDONNELL R, ELLARD J H. Belief in a just world: consumer intentions and behaviors toward ethical products[J]. Journal of marketing, 2012, 76(1): 103-118.

[302] WIJNBERG N M. Normative stakeholder theory and aristotle: the link between ethics and politics[J]. Journal of business ethics, 2000, 25(4): 329-342.

[303] WILIFORD S. Scorecard: a new way to manage business strategy[J]. Memphis business journal, 1997, 18(48): 7.

[304] WILSON T D, HOUSTON C E, ETLING K M, et al. A new look at anchoring effects: basic anchoring and its antecedents[J]. Journal of experimental psychology: general, 1996, 125(4): 387.

[305] WILLIAMSON O E, WACHTER M L, HARRIS J E. Understanding the employment relation: the analysis of idiosyncratic exchange[J]. The Bell journal of economics, 1975: 6(1): 250-278.

[306] WILLIAMSON O E. Transaction cost economics: the governance of contractual relations [J]. Journal of law and economics, 1979, 22(2): 233-261.

[307] WINER R S. A reference price model of brand choice for frequently purchased products[J]. Journal of consumer research, 1986, 13(2): 250-256.

[308] YIN R K. The case study crisis: some answers [J]. Administrative science quarterly, 1981, 26: 58-65.

[309] YIN R K. Case study research: design and methods[M]. 3rd ed. London: Sage, 1994.

[310] ZAICHKOWSKY J L. Familiarity: product use, involvement or expertise[J]. Advances in consumer research, 1985, 12(1): 296-299.

[311] ZAHRA S A, RANDERSON K, FAYOLLE A. Part I: the evolution and contributions of corporate entrepreneurship research[J]. Academy of management executive, 2013, 56(2): 549-572.

[312] ZOTT C, AMIT R. Business model design and the performance of entrepreneurial firms[J]. Organization science, 2007, 18(2): 181-199.

[313] ZOTT C, AMIT R. The fit between product market strategy and business model: Implications for firm performance[J]. Strategic management journal, 2008, 29(1): 1-26.

[314] ZOTT C, AMIT R, MASSA L. The business model: recent developments and future research[J]. Social science electronic publishing, 2011, 37(4): 1019-1042.

后　记

　　什么是理论？有多种表述。亨普尔（Hempel）认为，理论是对现象比较深入和精确的理解，是实体和过程背后起支配作用的东西；多伊奇（Deutsch）认为，理论是提供解释性的知识；而更简单明了的表述是，理论是回答"为什么"问题的（Kaplan，1964）。在科学史上，第谷（Tycho）数十年记录的天体运行观察数据不是理论，开普勒（Kepler）在分析此数据的基础上，提出的天体运行三大定律也不是理论。只有牛顿（Newton）提出"力和引力"两个非实体概念，解释了天上与地上的物体"为什么"这样运动，才是理论（Garver，2008）。

　　当然，并非所有的解释都是理论，散装的、碎片化的解释不是理论，人类早期普遍采用的类比化解释也不是理论，只有具有核心概念的解释才是理论。概念既有经验含义，又有理论含义，在一定程度上，理论就是以核心概念为中心的概念之网。

　　为什么要强调理论？这是因为，没有什么东西，比一个好的理论更具有实践意义（Van de Ven，1989）。人因真理而自由，好的理论揭示了事物的本质，使人们从必然王国，走向自由王国；更可推演出人们看不到，而且难以想象的现象。理论的力量之大，往往超出常人的想象。实际上，统治这个世界的，不过是各种各样的思想理论而已，许多实践者自认为不受学理之影响，却往往成为某个理论的奴隶（Keynes，1936）。

　　然而，我们从小到大所学的理论，无论是数学理论，还是理、化、生等自然科学领域的理论，或是经济、管理等社会科学领域的理论，基本上是外籍人士所创建。由国人所构建的理论，不是没有，却很稀少。故国内的学者一般没有建构理论的奢望，笔者也是如此，就像德国作者舒比格（Schubiger）"南瓜寓言"中的洋葱、胡萝卜、西红柿，不相信世界上有南瓜这种东西。

　　可是，不经意间，在浙江大学攻读博士学位时，笔者提出了合约相关者剩余概念，以测度创业绩效：一个项目创造的合约相关者剩余越多，则创业绩效越高。在博士论文答辩时，几位同门认为该概念既具有继承性，又具有原创性，可进一步发展。正是由于几位同门的认可与鼓励，笔者走上了10多年上下求索的道路：累积该概念能解释与预见的现象，寻思它与已有理论的异同，挖掘其隐含的前提假设，构思其数学表达形式，开发其测度的量表。

经过 10 多年每周的学术讨论，以及给博士、硕士生讲授"学位论文的理论建构与评价"课程，笔者对 CHS 的认识渐渐丰富。它既可以解释正面的现象，也可以解释负面的现象；既可以解释微观的企业产生，又可以测度宏观的人类文明程度。努力得到了回报，以 CHS 理论为核心，申请的国家自然科学基金面上项目、国家社会科学基金重点项目均获得批准，这在某种程度上说明 CHS 理论得到了学术界的认可。

CHS 理论，不是专门为共享经济现象而构建，但其作用可以延伸，本研究期望它能有效地解释共享经济为何能爆炸性增长。正如 Deutsch（2020）所言，一个好的理论，具有延伸性，一旦产生，它就有自主的意义和自主的适应领域。你不能把它局限在你挑选的领域。不管你喜欢还是不喜欢，它都要作出你已知和未知的预测。当然，该延伸是否恰当，还需读者悉心评议。

评价一个新创的理论，即探讨新理论与现实世界、原有理论的三角形关系。首先，是自洽性，新理论它自身是否严谨，有没有内在的逻辑矛盾；其次，是解释力，它能解释与预见多少真实世界中的现象，能否看到不同中的相同、相同中的不同；最后，是兼容性与新颖性，它与公认的理论是否兼容、不冲突；是否具有新颖性，能否解释已有理论不能解释的现象，没有增量，则没有存在的价值。CHS 理论，在何种程度上，满足上述评价标准，衷心希望读者朋友们提出宝贵意见。

至此，分享一下探索中的个人体会。其一，提出试探性的 CHS 理论，隐含了个人的意识形态与价值观，一个人不太可能提出一个自己都不认可的理论，因为在决策中，情感是过滤器，感觉愉悦的被认可，感觉厌恶的被排斥，逻辑理性不过是马后炮，以证明前面情感选择的正确性。其二，并不是因为个人聪明，也不是因为个人努力，才提出 CHS 理论，而是个人的偏好与知识储备，恰好与有待解决的问题所需要的知识结构相匹配，才使发明创造成为可能。正是导师的国家自然科学基金的重大课题，激活了笔者的思想，调动了已储备的知识，才提出 CHS 概念。由此可知，保持多样性的重要性：任何一个人口大国，如果保持多样性，就有其本身的优势，使发明创造有无限的可能；相反，"一刀切"的教育，就大大降低了发明创造的可能性。这样，从发明创造可造福于人类的角度，而不仅仅从认知审美的角度，可以理解哲学家罗素（Russell）的至理名言："参差多态，是幸福的本源！"

此刻，让我们欣赏一下舒比格（Schubiger）的南瓜寓言。他用四种稀松平常的蔬菜，构造了一个寓意深刻的故事，揭示了"锚定效应"，看到了相同中的不

后 记

同、不同中的相同,其洞察力与想象力,不得不令人佩服!

洋葱、胡萝卜和西红柿,
不相信世界上有南瓜这种东西。
它们认为那是一种空想。
南瓜不说话,
默默地成长着。

尽管"合约相关者剩余"概念是笔者在浙江大学攻读博士学位期间,不经意间提出的概念,但是从概念到理论,再到最后整合成书,得到了不少人的帮助。除了在正文中已特别感谢的硕士生导师、博士生导师等人之外,对其他帮助者,在此表示诚挚地感谢。

感谢浙江大学的同门师兄弟臧志博士,没有你的帮助,我不可能那么快地完成博士论文,而 CHS 概念源于我的博士论文;感谢苗青博士,你的一个提问,坚定了我用合约研究创业绩效的信心;感谢伍满桂博士,你对经济学的深刻认识,敏锐地发现了我博士论文的原创性,你的赞许激励着我十多年来持续不断地探索。

感谢浙江大学的校友郑海东教授,是你点明 CHS 概念是一个比利润、机会成本解释力更强、更充要的概念。感谢朱海就教授,在浙江大学圆正的两次面对面讨论中,你的提问使我进一步明确了 CHS 理论是基于个人主义的整体性思想体系,启发我完成了 CHS 理论的公理化体系;是你指出 CHS 理论与奥派经济学兼容,能有效地解释创造性破坏和市场经济的本质。

感谢中国人民大学的章凯教授,与你的沟通奠定了本书的理论建构与理论应用的板块结构。同时,根据论文的内容及相似性,确定了第三部分八篇论文的先后顺序,使其逻辑性、可读性更强。

感谢中南大学的同事们:傅沂教授,是你的启发使我绘出了 CHS 理论的渊源图,让人们更清晰地了解 CHS 理论的来源,同时感受到该理论的科学性、严谨性；尹华教授，你逐字逐句地通读了初稿，提出的建设性意见使全书的行文、结构更为合理。

感谢中南大学选择"学位论文的理论建构与评价"课程的博士、硕士研究生，十多年来，你们的投入与提问，让我对理论构建过程中的重点、难点有了更深刻、直观的感受，明确了 CHS 理论建构的努力方向。理论构建之难，是因为理论建构同时需要洞察力、逻辑思维、批判性思维能力、抽象概括和建构能力，而仅有其中的一种或几种能力，不足以构建理论。如果对现实世界不了解，又缺乏形式逻辑的训练，要构建理论则是难上加难。

感谢我的硕士、博士研究生——肖代柏、谭平、李敏、彭丹丹、李莉莉、卢孟孟、刘芝兰、程飞、尉春霞、喻路遥、黄爽、胡安、隋越崎，是你们和我一起完成了与 CHS 理论密切相关的一篇篇论文。廖立方，组织完成了本书第 7 章初稿的写作任务；侯霞，不仅完成了全书的录入、排版工作，而且为全书的篇章结构、遣词造句提出了不少建设性意见。

感谢北京大学王建国教授为本书写序。他多次阅读了本书的初稿，并多次与我长途电话联系，每次沟通时间持续一到两个小时，在解决了心中的疑问，认可了该书的价值后，他才动笔写序。其学术严谨性，思维的逻辑性、批判性、创造力，给我留下了深刻的印象。

感谢国防科技大学的朱亚宗教授，他是复旦大学哲学系毕业的高材生，80 多岁的高龄，才思依然敏捷，亲自一笔一画地为本书写序。老先生思维的深度、广度与高度，谋篇布局与遣词造句的能力，值得我永远学习。

最后，要感谢我的家人：感谢我的夫人，她承担了大部分的家务工作，使我可以不被琐事打扰，能有充裕的时间，静心地思考问题。感谢我的儿子，如果没有他的反复敦促，我不会提笔写书。他一直坚信我的研究有价值，并且劝我不要追寻完美主义，等到完全想好后再动笔，在写作过程中，思想、理论就会自然完善。不仅如此，他还对 CHS 理论做出了直接贡献。他在斯坦福大学攻读博士学位期间，帮助我得出了 CHS 理论的数学表达式 $CHS=D\times C$。如果将此公式进一步抽象为 $V=D\times C$，其中，V 为价值，D 为差别，C 为联系，则该公式的普适性、解释力更强。一个讲座，与听众的认知差异越大，与其生活和工作联系越紧，则该讲座的价值越大；同样的道理，一项研究，与前人研究的差异越大，与人们生活和工作的联系越紧，则该研究的价值越大。

CHS 理论的产生是机会眷顾、贵人相助的结果，不可能只有上述人员的帮助，对那些没来得及感谢的朋友，在此一并致谢！